从天文到人文

王凯 ● 著

本书由甘肃社会主义学院资助出版

中华文化
师法自然的智慧

北京时代华文书局

图书在版编目（CIP）数据

从天文到人文：中华文化师法自然的智慧 / 王凯著. — 北京 ： 北京时代华文书局，2023.4
ISBN 978-7-5699-4775-5

Ⅰ．①从… Ⅱ．①王… Ⅲ．①中华文化—文化研究 Ⅳ．①K203

中国国家版本馆CIP数据核字（2023）第012534号

拼音书名 | CONG TIANWEN DAO RENWEN: ZHONGHUA WENHUA SHIFA ZIRAN DE ZHIHUI

出 版 人 | 陈　涛
责任编辑 | 周海燕
执行编辑 | 崔志鹏
责任校对 | 李一之
装帧设计 | 程　慧　孙丽莉
责任印制 | 刘　银　訾　敬

出版发行 | 北京时代华文书局 http://www.bjsdsj.com.cn
　　　　　北京市东城区安定门外大街 138 号皇城国际大厦 A 座 8 层
　　　　　邮编：100011　电话：010 - 64263661　64261528
印　　刷 | 河北京平诚乾印刷有限公司　　电话：010-60247905
　　　　　（如发现印装质量问题，请与印刷厂联系调换）
开　　本 | 710 mm×1000 mm　1/16　印　张 | 17　字　数 | 230 千字
版　　次 | 2023 年 8 月第 1 版　　印　次 | 2023 年 8 月第 1 次印刷
成品尺寸 | 165 mm×235 mm
定　　价 | 88.00 元

前　言

　　中华民族在生生不息、光辉璀璨的漫长文明历程中，形成了独具一格的价值观念和哲学智慧。中华文明之所以源远流长，成为人类历史上5000多年从未中断湮没的文明，主要得益于自成风格的以理性、实用、辩证、包容、平衡为内蕴品性的哲学、伦理、文化。中华文化有两个优秀传统，一个是"以史为鉴"，另一个是"以天为则"。以天为则、师法自然、天人合一是中华文化的核心特征。换句话说，中华文化，特别是儒道两家的思想体系是一种在"天人互动"框架内展开的道德学说。

　　《周易·系辞下》曰："古者包牺氏之王天下也，仰则观象于天，俯则观法于地，观鸟兽之文与地之宜，近取诸身，远取诸物，于是始作八卦，以通神明之德，以类万物之情。"这句话高度总结了中华文化"直觉体悟""取象而生意""比德"的思维特点。一个"观"字，非同小可。《说文解字》解"观"：谛视也。《穀梁传》曰："常事曰视，非常曰观。""谛观"就是用不寻常的眼光看透事物的道理。《韵会》："所观也，示也。"《周易》观卦："大观在上，顺而巽，中正以观天下。"朱熹注曰："观者，有以中正示人而为人所仰也。""观"的内涵就是古人在观察事物时思维沿着一条从感性到理性的线程，对事物进行从普遍具体到高度抽象的认识，基于"象"

建立某种"义理"并以此言志抒怀,提升自我道德境界,进而教化世人,最终实现"观物—取象—尽意—教化"的"从天文到人文"的过程。

"天人合一"就是"以天为师"。庄子的"人与天一也"和董仲舒的"天人之际,合而为一"都是对《道德经》中"人法地,地法天,天法道,道法自然"的一种诠释和发展。今天我们提倡生态文明,侧重发掘"天人合一"思想中所蕴含的和谐生态观,就是告诉人们在追求物质和精神财富的同时,应与自然和谐共存,探寻可持续发展道路。这固然是正确的,但如果试图探寻中华文化的源头,就会发现在古人那里,天与人不仅是合一的关系,也是师徒的关系、贯通的关系。在中国人心中,世界是一个整体,天地万物间"道通为一"。天地在造就万物的同时,也把自强不息、厚德载物等诸多德性、智慧赋予万物,人作为"万物之灵"理当顺应、借鉴和把握"天地之道",才能更好地实现人类社会的存续和发展。换言之,人的生命的有限性借助天的无限性得到"扩充"。今天,我们继承和弘扬中华优秀传统文化,推动中华优秀传统文化创造性转化与创新性发展,需认真体会古圣先贤的良苦用心,以格物致知诚意正心之法探寻中华文化的源头活水处,才能更加自信地以人文"化成天下"。本书旨在以观天之道、则天之明为主线,帮助读者理解中华文化对天地自然之道的诸多阐述和镜鉴,经历一次从"观其然"到"知其然",再到"知其所以然"的文化之旅。

目　录

导　论

在《周易》贲卦中有几句名言："刚柔交错，天文也；文明以止，人文也。观乎天文，以察时变；观乎人文，以化成天下。"这几句话不仅是"文明""文化""天文""人文"这些重要词语的来源，而且揭示了中华文明人文化成的缘起是来自对"刚柔交错"之"天文"的系统性观察、领悟、总结和效法。这一"文化"思维的建构者正是伏羲氏。伏羲文化对中华文明的源头性塑造使得中华文化在流金岁月中呈现出以"经世致用"为基本内涵、以"立象取意"为主要路径、以"以人为本"为价值导向、以"生生不息"为最高境界的诸多人文精神和丰富道德观念，构成了中国人看待世界、看待自然、看待社会、看待人生的独特价值体系，形成中华民族共同体的精神本色。

一、何谓"文"

理解"天文"，得从"文"字讲起。"天文"的"文"是"纹"的本字，原是形象、纹理之意。《周礼·天官·典丝》中说："供其丝纩组文之物。"

（其文中注："画绘之事，青与赤谓之文。"）《礼记·乐记》则有"五色成文而不乱"。《说文解字》释"文"："文，错画也，象交文。"《说文解字·叙》中说："仓颉之初作书，盖依类象形，故谓之文。其后形声相益，即谓之字。文者，物象之本；字者，言孳乳而浸多也。"我们常用的"文字"一词中，"文"即是个象形字，后来它的"错画"义，分化出"纹"字表示。

二、何谓"天文"

所谓"天文"，即天之纹路、纹理，其特点是"刚柔交错"。那么为什么是天，而不是"海"或者其他，这与中华文明的发源有关。

中华文明的主体产生于由风力所形成的沉积高原（黄土高原）和由水力所形成的冲积平原（华北平原）。在距今几百万年前，由于地壳运动造成的板块碰撞，今青藏高原所在地区发生强烈隆起。高耸入云的青藏高原阻挡住了印度洋吹来的海洋季风，致使亚洲中部地区形成大面积的沙漠和戈壁。此地带持久的西风裹挟沙尘向东南行进，风力逐渐减弱，且被太行山和秦岭阻挡。历经几百万年不断沉积，形成了具有很厚土层的黄土高原。在人类进入铁器时代之前，以骨头、木头、石头为基本材质的原始农具耐久性差，想要开垦南方丘陵地区坚硬的土地相对困难，而黄土高原土质疏松，沃野平坦，便于古代先民开展农业耕作，因而产生了中华地区早期的文明。同时，一条黄河由此地经过，携带大量的黄土泥沙东赴大海。到了下游地带，河道变宽，流速变缓，泥沙沉降，河床抬高，造成河流不断改道，从而冲积出一个面积广大的平原，构成华北平原的主体。华北平原的土质也肥沃松软，适宜原始耕作。因此，在中国这个相对完整和独立的地理单元中，黄土高原和华北平原连成一片，形成广袤肥沃的农耕核心区，总面积接近一百万平方公里。比较而言，四大文明古国中的其他三个文明古国，都发轫于单一的冲积平原，唯独中华文明的主体是发轫于一个沉积高原加一个冲积平原，适宜农耕的土地面积极其广大，条件十分优越。这是中华文明早期发展的重要物质基础。

美国哈佛大学教授费正清在《伟大的中国革命（1800—1985）》中指出："可以翻看一下世界地图。全欧洲和南北美洲住着10多亿人。这10多亿人生活在大约50个主权独立的国家，而10多亿中国人则生活在一个国家里。这个惊心动魄的事实，全世界中学生都是熟悉的，但是迄今为止几乎没有人对它的含义做过分析。"不得不说，"天时地利"是中华文明区域相对其他文明人口众多的客观条件，"大一统"则是由人依据地理客观性而主观建构起的关于生存发展的政治制度与文化，两者相互联系、不可分割，共同构成了现今有10多亿人生活在一个国家的事实。基于农耕传统的中华文明既造就了相对稳定的物质文明，还进一步发展出高雅的精神文明，形成了独特的哲学观念和文化特征，包括人际交往理念、社会治理理念、国家管理理念以及语言文字、音乐绘画、风俗习惯及各类祭祀活动等，是世界上存在最为广泛的文化系统。

社会实践和客观存在决定着人们的意识。在农耕文明主导的社会，"天"是人们首先需要研究的"对象"，因为无论种植的是"稻粱菽麦黍稷"还是其他作物，播种之后的100至300天之内，真可谓是"尽人事，听天命"。在人发挥一定的主观能动性进行必要农事之外，农业是否可以按照人们的预期取得收成，很大程度上是由"天"决定的，故形成所谓"生死有命，富贵在天"的认知。因此，"天"在农耕文明社会的观念中是具有强大支配能力的，以至于人也很难对其进行干预和改变。今天发达的科技虽然能够实现人工降雨或消雨，利用空调可以改变室内的温度，但四季与节气的变化却难以改变。在人的观念里，原本自然的天在冥冥中具有了形而上的意义，成为道的化身。人对天须"敬而勿违"，要去顺应天，而不是改造天，因此《说文解字》对"天"的注解就是"至高无上，从一、大"。

三、何谓"文明"

人虽无法改造"天"，但可以认识"天"，把握"天"，甚至预测"天"，这样就可以在农业生产中趋利避害，更好地实现农业预期。这就需要人花心思去观察"天文"，了解"天性"，使"天"尽可能"明明白白"，这就是"文明"的原意。因此，古代专门设有观察天文、制定历法的天官，《周礼》中记载："廷分设六官，以天官冢宰居首，总御百官。"

观天文是为了"察时变"，比如上古时代就制定了节气，据说是依据"斗转星移"的规律制定的，即北斗七星循环旋转，斗柄顺时针旋转一圈为一周期，谓之一"岁"。中华先民呕心沥血地总结了一年中时令、气候、物候等变化规律，最终形成二十四节气等知识体系，就是为了把握自然节律变化以顺应农时，指导农耕生产，后代还不断为其附加上丰富的民俗事象。

在观天文、知天性的过程中，人们不仅总结出了节气、历法这些直接服务于农业生产的天文知识（文明的第一内涵），而且随着知识经验的不断累积和丰富，在某个特殊时刻——如德国哲学家雅斯贝斯提出的公元前600年至公元前300年间的所谓"轴心时代"，经过圣贤的伟大创造，产生了超越一般知识范畴的"新知识"。这些"新知识"是知识积累由量变到质变的结果，形成了知识体系从天文到人文的跨越，其功能超越了农业本身的需求，成为人类社会生存发展的指导性观念，包括哲学、伦理、道德等（文明的第二内涵），从而拓展了"文明"本身的意义。

这些新知识的重要载体是那些璀璨不朽的典籍，如《周易》《尚书》《论语》《道德经》《庄子》等，它们在中华文明发展史上具有重要地位。其中最有代表性的莫过于《周易》，其中"天行健，君子以自强不息""地势坤，君子以厚德载物"是对中华人文精神的总体概括。天给予人"自强不息"的精神，地则给予人"厚德载物"的品格。再如《道德经》中的"天地所以能长且久者，以其不自生，故能长生，是以圣人后其身而身先，外其身而身存"，表明天地之德启示人要"无私""后身"。不仅如此，天也从狭义的"天"扩展至广义的"天"，成为所有自然之物的总代称，产生了如"上善若水。水善利万物而不争""言念君子，温其如玉""高山仰止，景行行止""似兰斯馨，如松之盛。川流不息，渊澄取映"等道理。

四、何谓"文明以止，人文也"

"文明以止，人文也"明确指出，"人文"即"关于人的文化"，是"文明"（明白通晓天文）的根本方向和最终归宿。

（一）关于"止"

"止"字，见于商代甲骨文，是象形字，字形画得像人的脚趾，本义是足。人朝哪个方向走，脚趾就要朝向那个方向，因此"止"有方向之意。人方向明确，用足则可以去一些地方，故引申为至、临、到达之意，"到达"后便要止息，故再引申为停止、静止。因此，"文明以止，人文也"中的"止"表明，"人文"是"文明"（即上述的天文）的方向和目的。

（二）关于"取象尽意"：从天文到人文的方法

在方法论上，西方人认为中华之"文明"是一种"直觉体悟"。如英国学者李约瑟认为，中华文化的智慧产生于一种极具特点的"直觉体悟"，似乎是摒弃逻辑推理，通过意识活动直接领悟事物的本质，不追求分析的精确性，从而没有产生如近代西方自然科学那样的知识类型。

中国学者则将这种思维方式称为"取象思维"。与西方的逻辑推理不同，取象思维是"在思维过程中离不开物象，以想象为媒介，直接比附推论出一个抽象的事理的思维方法"[1]。"《易经》的卦象既有形象性，又有哲理性，这种以'取象'为主的思维方法，是形象思维与逻辑思维结合而成的特殊思维方式。"[2]

取象思维产生于中华文字初创时期，发展成熟于《周易》中。《周易》试图用卦象（如乾为天、坤为地、震为雷、巽为风、离为火、坎为水、兑为泽、艮为山）表现出宇宙万物的变化，进而揭示出事物的本质。再如乾卦以"龙"为具体取象物，通过对龙"潜""见""跃""飞""亢"等不同处境的描述，揭示事物从发生、发展到衰亡的全过程，给人以启迪。古人取天和水的物象，并不为刻画剖析天、水本身，而是为了推论出一个高度抽象的事理，形成一种道德哲学服务于人，比如自强不息和谦虚不争。这种思维体现出道德哲学所追求的知识是超越感性经验的，是要到达纯粹的观念世界的，即"形而上者谓之道"。

这种思维方法形成中华文化"取象以尽意""拟诸其形容，象其物宜"（《周易·系辞上》）的鲜明特点，即借助语言文字，用可观、可感的形象来说明义理，通过直觉而领悟"象"的深层含义。王弼在《周易略例》中对"言""象""意"三者做出了系统表述。"言"是语言文字，"象"是语言文字所直接描写的可观可感的形象，"意"是某种抽象的义理。"言"为表达"象"，"象"为理解"意"，无论"言"还是"象"，最终的目的

---

[1] 于春海：《论取象思维方式——易学文化精神及其现代价值讨论之一》，《周易研究》2000年第4期，第77页。

[2] 邹玉洁、赵洁苓：《〈易经〉取向思维刍议》，《学习与探索》1993年第3期，第81页。

都是得"意","言"与"象"本质上只具有工具价值,"意"是真正的目标,所以王弼言"得意在忘象,得象在忘言"。唐诗宋词中大量的"托物言志""借物抒怀"本质上也是这种取象尽意的思维。

据《礼记·聘义》中孔子"君子比德于玉"的说法,这种思维方式又可以叫作"比德",即以天地自然之物的某些特征来比喻、象征人的道德情操。如"智者乐水,仁者乐山"(水好似智者之德,山好比仁者之德),"岁寒,然后知松柏之后凋也"(松柏好似君子坚贞不屈之德),"芷兰生于深林,不以无人而不芳"(兰花好比君子慎独之德),等等。

"取象尽意"的思维模式塑造了中华文明"天人合一"的精神境界,或许这在西方哲人看来是"混沌"而缺乏"逻辑"的。但实际上,逻辑性不是问题的关键,东方逻辑也是一种逻辑,适不适应农耕文明基础上的人、社会和国家的协调发展才是问题的关键。农耕文明强调天与人的共生关系,需要精准的天文历法、稳定的社会环境和较强的政治能力组织农业生产和进行社会分工。从上古时代起,中国人就已对日影、月相、星宿、气候等天文气象展开系统、精确、持续的记录,研制系统的天文历法,也对天性进行基本的归纳,并构建天人相应的哲学思维体系,如从天象的"刚柔交错"得到人认识事物的阴阳思维,从四季的"轮回更替"得到人与时共行的发展思维,等等。

天人相应的哲学思维进而带来天人合德的教化思维。从天文到人文、从天道到人道,必然决定了思维逻辑推演上的"混沌性"。但这种"混沌性"有着从观念上弃神性、尊人性的重要价值导向,有文化"祛魅"的作用,是文化进步的体现。这不是文明源头上的某种劣势,而是巨大的优势,闪耀着以人为本的智慧之光。中华民族生生不息的文明历史和经久不衰的文化命脉充分证明了这一点。与西方不同不应成为文化自卑的理由。

了解中华文明,应先了解"取象尽意"这一思维模式的特点,它虽具有逻辑上的模糊性,但保持了思维上的整体性。《道德经》指出:"域中有四大，而人居其一焉。人法地，地法天，天法道，道法自然。"这种思维将人、地、天、道、自然融合为一体，寓客观与主观、具体与抽象、感性与理性于一脉。理解这种思维，我们便能够在学习中华传统文化时，处处得"资粮"，处处得师者，并且体会从"形而下"到"形而上"的精神升华，做到"得鱼而忘筌""得意而忘形"，驱开迷雾，明心见性，抓住实质。

（三）关于"以人为本"：人是文明的载体

中华文明具有以人为本的价值取向和经世致用的实用理性特征。人拥有主体性地位是中华文明一切知识体系的本质特征，也是中华文明区别各种高扬"神性"的宗教文明的地方。

中华文明取象天地但不迷信天地，敬重天地但不盲从天地，效法天地但不失去自我。《左传·昭公十八年》中子产言："天道远，人道迩，非所及也，何以知之？"这句话实际讲"远水不解近渴"，不要一味地追求了解遥远的"天道"而忘却了近处的"人道"。先秦儒家的重要学者荀子在《天论》中认为"天行有常，不为尧存，不为桀亡""大天而思之，孰与物畜而制之。从天而颂之，孰与制天命而用之"。在荀子看来，天只是自然之天，不知不识，只按物理的法则运行，不以人的意志为转移。与其一味地推崇天、思慕天，何如将天当作客观对象而加以利用呢？与其一味地顺从天、歌颂天，何如掌握天的规律而用于人的发展呢？天没有赏善罚恶的意志，不会降祸福于人，人间的祸福出于人为而不是出自天意，故需明白天人之分。"制天命而用之"才是关键。荀子对人"则天之明"的思维与"天人合一"的追求路径给予了必要的提醒和劝诫，将其带出了可能导致的"宿命论"和"消极论"的误区。"天人相分"与"天人合一"是一个硬币的两面，"天人相分"论者提醒"天人合一"论者：切勿滑向以天为重、以人为轻的极端片面认识。

荀子对人的主体性价值的提倡，在迷信盛行的先秦时代是一种石破天惊的进步，对之后中国哲学的发展有革命性的影响。宋代朱熹在分析"天道"时提出："其高极乎太极、无极之妙，而其实不离乎日用之间；其幽探乎阴阳五行之赜，而其实不离乎仁义礼智、刚柔善恶之际。"（《周濂溪集·卷十一》）相比于西方一神论思维模式，现代学者赵汀阳认为："我们通过有限性和相对性觉悟到绝对性，但对绝对的东西什么也不知道，而且，绝对的东西虽然伟大，但并不取消我们的独立意义。创造者是绝对存在，人也就是一种绝对存在——对于人所创造的文化来说，人就是绝对存在。人虽然有限，但仍然至上。所以，在中国观念里，'天'和'人'都大，都是绝对存在。中国把'天'和'人'并列，……也许'天'比'人'更大，但'人'仍然是绝对大，这就像自然数集合大于偶数集合但又都同样是无穷多。因此中国人认为天算天的，人谋人的，各行其是。这是很深刻的感觉。"[1]

中华哲学源头虽也带有一定超越性的宗教崇拜，但世俗的社会与现实的人始终是早期的文化建构者思考问题的归宿。有学者认为，传说中的"天帝"对人世有支配作用，可"帝令其风""帝令其雨""王封邑，帝诺"，但这种支配与古希腊神话及一些自然神话中所显示的支配非常不同，不拥有高居一切具体事物之上、作为第一因那样的支配力。而且这种支配是神人互动的，人通过修德或敬事，可以知天命，亦可改变帝令；通过占卜，可以与神沟通，趋吉避凶；帝令、天命本身亦与古希腊之命运观迥异。[2]中国文化里的"天"不是造物主，而是被抽象的自然，其内涵是一种智慧。

---

[1] 赵汀阳:《一个或所有问题》，南昌：江西教育出版社，1998 年版，第 31 页。

[2] 参见龚鹏程:《中国传统文化十五讲》，北京：北京大学出版社，2006 年版，第 105～106 页。

观察中华文明的起源，实用主义的理性观念支配着从天文历法、造字制衣到部落联盟、垂拱平章的政治，它们都是为人的生存发展来服务。古代传说中发明钻木取火的燧人氏、发明建造房屋的有巢氏、发明养蚕缫丝的嫘祖、发明农业和医药的神农氏、发明畜牧和音律的伏羲氏，他们都是人而不是神。夸父追日、精卫填海、女娲补天、后羿射日、愚公移山、大禹治水等故事都表明，人有团结的精神、强大的勇气、坚定的毅力，人是文明的创造者，是历史的推动力。中国人一代又一代尊奉着三皇五帝这些圣王，祭祀着孔子孟子这些圣贤，形成"敬天法祖"的文化。如荀子所言"君子役物，小人役于物"，中国文化是"上薄拜神教，下防拜物教"的文化，"中国文化中没有一个外在的神或造物主，……中国传统文化强调人的主体性、独立性、能动性"。[1]

五、何谓"观乎天文，以察时变；观乎人文，以化成天下"

这句话的意思是：观察上天显示出来的纹样，就可以知道时间变化的规律；分析人的文化、建构人的文明，重视教化以成就天下万物。

（一）圣人之观：推天道而明人事

"观"字，《说文解字》曰："谛视也。"《穀梁传》曰："常事曰视，非

---

[1] 楼宇烈：《中国文化的根本精神》，北京：中华书局，2016 年版，第 46、52 页。

常曰观。"《周易》观卦的《象传》曰:"大观在上,……观天之神道,而四时不忒,圣人以神道设教,而天下服矣。""观"不是一般的看,而是从客观具象到主观抽象的认识过程。

那是谁观呢?圣人!观卦的《象传》指明:圣人教化众生。并不是用他自己的思想、自己的主见,而是他观察领悟到了天道运转的神妙,以耳听天意,以言教众生,这就是"聖"(圣)。中国文化就是以天为体,以圣为用。圣的功能,是依照天道的规律和原则,为教化众生而立下标杆。

中国传统的学问,一言以蔽之,就是推天道、明人事。圣人开辟此路径,学子后生们不断论证和发展。《周易》《诗经》《道德经》《庄子》《礼记》等是发表天人之论的典籍,董仲舒、王弼、郭象、周敦颐、程颐、程颢、朱熹等人是论证天人关系的大家,司马迁将"欲以究天人之际,通古今之变,成一家之言"作为自己发愤著《史记》的要旨。天道是人道的依据,天性是人性的根基。"天道人事"的思维逻辑一以贯之。

(二)信仰的天平:从巫祝、祖先到德性

中华文明早期流行着以神灵崇拜为特点的巫祝文化。古文献记载,虞舜、夏禹时有"昊天上帝"或称"天帝",同时还有日、月、风、雨等作为臣工使者。祭祀天帝要杀死或烧死俘虏和牲畜作为祭品,耗费大量的财富。商代甲骨文文献显示,商周王室贵族涉及祭祀、征伐、狩猎、生育、出门等活动时,都要求神问卜,预测吉凶祸福,决定行止,从而出现了巫、史、祝、卜等专门的文化官员。《礼记·表记》记述:"殷人尊神,率民以事神,先鬼而后礼。"《周礼》记有祀昊天上帝,祀日月星辰,祀司中、司命、观师、雨师等祀仪。原始社会由于生产力十分低下,缺乏较为系统全面的对自然规律的认识,对神灵或天帝的崇拜来自一种畏惧和迷茫的心理。天与人作为文化天平的两端,天重于人,天平向天一端倾斜。

之后，随着生产力不断发展，人对于客观自然了解越来越多，天文学和历法逐渐发展，对自然规律的研究不断加强，对"天"的畏惧逐渐减少和部分消除。此外，随着人口越来越多，社会分工越来越精细，为了增加农业收获，人类社会对安全、稳定、组织、秩序等人事方面的需求加强，"明人事"的社会教化任务越来越重，形成了"以化成天下"的政治和文教思维。这并非出自某种主观上的文化偏好，而是农耕文明的客观需要，人需要组织起来行动，如兴修水利、耕耘收获，也包括组织军队以抵御来自游牧民族的入侵劫掠，社会共同体意识不断强化，关于人的学问愈加重要，以天与人作为两端的文化天平逐渐向人一端倾斜。

古代祭祀的重心从巫祝转移到人的祖先，是信仰的天平倾斜的第一步。殷商的王族注重对祖先的祭祀，在文字载体、书写技术十分落后的时期，他们就系统保存着几十代祖先的姓名和生平等档案资料。殷商王族将祖先视为能够沟通天帝的人—天"中介"，希望通过祭祀祖先，请祖先把自己的诉求"呈告"于天帝，祈求风调雨顺和政权稳固。人通过祭祀祖先这个中介，似乎能够对天道有一种掌控感。殷商的祖先崇拜虽然仍带有原始天命观念遗存，但毕竟是一种进步，意味着对最高力量的信仰由对抽象的超越之物的膜拜降落为对现实之物的理性崇敬。

从天命观念到德性观念是信仰的天平倾斜的第二步。商周之际是中华文明人文观念从发育到成熟的一个分水岭。商人尊神、敬祖、重巫，以致商纣王在最后关头依然相信"我生有命在天"。周人取得政权后，为了解释"革命"的合法性，客观总结殷商失败的原因，针锋相对地提出"皇天无亲，惟德是辅"，强调"敬德保民""以德配天"，开创了以人文化成天下的新历史。对道德的提倡是文化从"神本"走向"人本"的关键。王国维先生认为："中国政治与文化之变革，莫剧于殷周之际。"萧公权在《中国政治思想史》中写道："吾人今日欲取中国政治思想作较有统系之研究，至早只能以周代为起点。"周人通过制礼作乐，设计宗法制度，构建了一个"大一统"的王朝。人文精神成为中华文化的核心要义。

（三）格物致知与中庸之道

"文明"之"明"字，展现了人类走出蒙昧、不断求索、不断觉悟的艰难过程。"明"乃"日月交辉而光照显生"，《周易·系辞》曰："日月相推，而明生焉。""县象著明，莫大乎日月。"未开化的社会、未觉悟的人心如同黑夜，只有智慧照进心灵，人心才得以开化，对天人之际有所觉悟，智慧如日月般泽被万物、照亮未来。

《大学》云："大学之道，在明明德，在亲民，在止于至善。""明明德"以"格物致知"为起始。"格物致知"是"明"的方法。对于什么是"格物致知"，程颐认为："格犹穷也，物犹理也，犹曰穷其理而已也。穷理然后足以致知，不穷则不能致也。"（《二程集》）朱熹认为："所谓致知在格物者，言欲致吾之知，在即物而穷其理也。"（《大学章句·补传》）程、朱都将"格"解释为与"穷"义近似，即推究、穷尽的意思。中华文化无论是儒家、道家还是佛家都将"明"作为觉悟修炼的法门，与"慧""觉"相通。讲究以至诚之心向天地自然学习，光明道德、光明内性，明心见性。在不断的"明"中，见人欲私利之弊，思天地好生之德，观宇宙律动，悟人生真谛，才能最终"与天合德"，形成道德实践上的知行合一。

《中庸》曰："天地位焉，万物育焉。"天文、人文须持中庸之道而不两分。失去人文，天文毫无意义；失去天文，人文就无着落。天人合一是一种人生境界，也是一种文化思维。

灵性的人需要用天地之道教化。《尚书·周书·泰誓上》中说："惟人万物之灵。"即人是世界一切物种中最有灵性的。《荀子》中讲："水火有气而无生，草木有生而无知，禽兽有知而无义，人有气、有生、有知，亦且有义，故最为天下贵也。"人的灵性在于人善于学习、善于总结、善于适应环境、善于创造，也在于人有反省和借鉴的能力。人的感知力使其能知天地之性、感天地之德、彰生命之善，推动自我不断进步，推动社会整体文明发展。但另一面，强大的"灵性"和卓越的能力也可能使人走向"唯我独尊""目空一切"的极端，在日益发达的科技和无休止的欲望满足中迷失方向、背离天道，失去自我。

因此，从天文到人文的内涵是既坚持人本主义，又防止走向人类中心主义。"天人合一"强调天道自然对人类社会发展具有匡正、提示和警醒的永恒价值。如《周易》写道："与天地相似，故不违。知周乎万物，而道济天下，故不过。旁行而不流，乐天知命，故不忧。"天人之间，需要保持中庸之道。

第一章

仰则观象于天

天，既是中华文化信仰体系的一极，更是中华哲学与道德体系的根源。老百姓日常挂在嘴边的"天啊""老天爷""苍天""天晓得""天意""天谴"，似乎给天一种在中国文化中占支配的地位，反映出"天"在民间的信仰价值。在中国政治思想中，"天下"是非常重要的概念，《礼记》的"天下大同"、《诗经》的"普天之下，莫非王土"，以及大家熟悉的范仲淹的"先天下之忧而忧，后天下之乐而乐"等说法，已经使"天下"超出地理空间范畴，而具有鲜明的政治内涵和文化属性。古代皇帝打着"奉天承运"的旗号，自称"天子"。在中华伦理道德中，个体追求"天人合一""与天地合其德"（《周易》），提倡"存天理"（朱熹）、"不虞天性"（《尚书》）、"恪谨天命"（《尚书》），讲究做人做事符合"天经地义"。

孟子讲到人的本性时说"尽其心者，知其性也。知其性，则知天矣"。孟子认为可以通过"知天"来知晓人的本性，知晓人的本性则可以发展人的本心，即"尽心"。孟子所说的心，是恻隐之心、羞恶之心、辞让之心、是非之心这"四心"，也被称为"德之四端"。这四端关系到人与动物的本质区别，因为"人之所以异于禽兽者几希，庶民去之，君子存之"。君子培修四端离不开"知天"，人性源自天性。"天"是中华文化最重要的源头，也是理解中国哲学的重要路径。

"天"的甲骨文，似人非人，看起来呆萌可爱，像正面站着的人形，仰望天空，对上天充满好奇，既像在观察天，又像在与天对话。这个字突出人的头部，以示人之顶颠。王国维在《观堂集林》中写道："古文天字本象人形。"《说文解字》解此字："天，颠也。至高无上，从一、大。"段玉裁注："颠者，人之顶也。以为凡高之称。"天原本作为自然之物，与地相对，空空如也，只有万物之灵的人对它仰望、思考，才赋予它无穷奥妙的意义。人或许觉得，天既为人上，必有超越人的高明之处。一个甲骨文，已经将"天人合一"的思想融汇其中。

《阴符经》曰"观天之道，执天之行，尽矣"——认识和领悟天的规律，以天道为人道的法则，那么一切问题都迎刃而解了。天之道是什么呢？《孔子家语·大婚解》记载，鲁哀公向孔子请教君子何以尊崇天道，孔子说"贵其不已也"。孔子解释说："如日月东西相从而不已也，是天道也；不闭而能久，是天道也；无为而物成，是天道也；已成而明之，是天道也。"这段话中，孔子总结了天道的四个特点，即日月升落而独立不改、四时错行而轮回不殆、无所作为却化育万物、自成一体而万物效法。

一、刚柔之性

《周易》贲卦对天文的概括是四个字"刚柔交错"。这一认识伟大而深邃。东汉经学家郑玄对"刚柔相摩，八卦相荡"的注解为："摩，犹迫也，谓阴阳相薄（同搏）也。荡，犹动也。"郑注以"阴阳"解"刚柔"，汉以后注家莫不如此。《周易·系辞下》："刚柔相推，变在其中矣。"孔颖达疏："刚柔即阴阳也。"《周易·系辞下》："阴阳合德而刚柔有体，以体天地之撰，以通神明之德。"

从《周易》文本看，用"刚柔"来表现爻性，早于用阳爻、阴爻来描述爻性。比如讼卦的《彖传》曰："讼，'有孚窒惕，中吉'，刚来而得中也。"孔颖达疏曰："九二之刚，来向下体而处下卦之中，为讼之主。""刚"明显是指九二阳爻。同人卦的《彖传》有"柔得位得中而应乎乾"，其中的"柔"是指六二阴爻。此外，师卦的《彖传》中有"刚中而应"，小畜卦的《彖传》中有"柔得位而上下应之""一柔畜五刚"，可见刚爻与柔爻相对。学者赵法生认为："在《易传》形成的初期，二元对待的思想并不是用'阴阳'而是用'刚柔'来表述的，表明在《易传》形成初期'刚柔'具有重要地位，可是，在后来的易学诠释史中，'刚柔'的重要性却被阴阳思想的光辉掩盖了。"[1]

由此可见，古人在观察天文、思考天性的过程中，对"天"最基本的性质进行了高度抽象和极为凝练的表达与总结，即"刚柔之性"。古人用刚和柔归纳了天性中相反相成的内在属性。《周易·系辞上》曰："刚柔者，昼夜之象也。"白昼代表刚，夜晚代表柔。孔颖达解释说："昼则阳日照临，万物生而坚刚，是昼之象也。夜则阴润浸被，万物而皆柔弱，是夜之象也。"白天，太阳出现，气渐温暖，万物开始运动，展现出向外发展的坚强刚健之力；夜晚，黑暗袭来，时渐寒凉，万物逐渐静止，展现出向内安顿的休憩温柔之态。月亮被称作太阴，与太阳相对。一年四季，寒暑交替，花开花谢，动物生死相续，岁月周而复始，刚柔交错，阴阳相对且共生。

《周易·系辞上》曰："天尊地卑，乾坤定矣。""动静有常，刚柔断

[1] 赵法生：《〈易传〉刚柔思想的形成与易学诠释典范的转移》，《文史哲》2014年第1期，第35页。

矣。""乾道成男，坤道成女。乾知大始，坤作成物。""一阴一阳之谓道，继之者善也，成之者性也。"刚与柔、阴与阳、昼与夜、寒与暑、动与静、天与地、男与女、上与下、胜与负……生活中的一切都充满着普遍的、相互对立的矛盾，这一认识具有唯物辩证法矛盾对立统一规律的朴素特征，体现了中国古代贤哲源于直觉体悟所产生的朴素的辩证思维。

（一）阴阳思维：刚柔相互依存

刚与柔作为矛盾双方相互依存，互为条件，共处于一个统一体中，即所谓"易有太极，是生两仪"。刚柔二性你离不开我，我离不开你，不能单独存在，而是在一定条件下，以自己的对立面作为自己存在的前提，所谓"孤阴则不长，独阳则不生"。正因为有黑夜的存在，才有白昼的概念，正因为有寒冷的感受，才有暑热的体会，如《道德经》中有这样一段话："有无相生，难易相成，长短相形，高下相倾，音声相和，前后相随。"意思是说：有与无，难与易，长与短，高与低，音与声，前与后，所有这些对立的双方，都是相互依存着的，没有甲方就没有乙方，反之亦然。这就是阴阳思维。

阴阳思维告诉我们，人应该突破孤立、单一的思维局限，辩证、二分地看待问题。如遇到好事，应想到与此好事依存的不好的方面；遇到坏事，则想到与此依存的好的方面。分析一个问题，要秉持二元的分析方法，从阳中观阴，从阴中见阳，《道德经》中的"反者道之动，弱者道之用"提出了"反"的思维方法，即从反面思考问题。认知一个人，特别是认知自我，既要看到优点，也要看到缺点，优点、缺点往往相互依存。如人们经常将外向活泼的性格看作一个人的优点，但外向活泼的人却往往容易有较大的情绪波动，单纯而少思，言多则易失，或缺乏做事的持久力。内向沉默之人，人皆不喜，但是往往沉稳有韧性，言少却精练。因此，做人要内外兼修，动静平衡，达到"中和"之境。

（二）系统思维：刚柔相互贯通

刚与柔作为矛盾的双方，彼此相互贯通、相互渗透，是谓"刚柔交错"。"交错"，交叉错杂之义，如太极图所表现的阴中有阳、阳中有阴。刚柔并不是泾渭分明式的对立，而是你中有我、我中有你。每一方都包含和渗透着对方的因素和属性，此中有彼、彼中有此。《周易·系辞下》曰："阴阳合德而刚柔有体，以体天地之撰，以通神明之德。"阴阳合德、刚柔有体是万事万物得以稳定和发展的基础。例如，以年为单位的寒暑，作为大的刚柔系统，又包含以天为单位的昼夜这一小的刚柔系统，甚至白昼中还存在时而是万里无云的晴天，时而是电闪雷鸣的雨天，这是以时为单位的刚柔系统。这就是刚柔的环环相扣，相互渗透。

阴阳相互贯通渗透的道理告诉我们，看问题要具有系统思维，善于站在整体性上从不同维度来进行思考，做事也要兼顾大小。比如，身为领导干部，分析解读国家出台的某一项政策，至少要有国际、国家、社会三个层面的考量维度，也至少应有国际战略、国家安全、社会治理、利益平衡、实践操作等不同方面的视角。这样，看问题才不至于偏颇。国际政治学主张分析一个国际问题至少要顾及国际体系、国家利益、个体因素三个层面。佛学所讲的"一花一世界"，大千、中千、小千"三千世界"，《庄子·逍遥游》中讲的"鲲鹏与斥鷃"的故事，其实都是讲要完善思维的格局。人既要勇敢地打开格局向上看，也要谦虚地放下身段向下观。

（三）发展思维：刚柔相互转化

刚柔并非静止不变，而是作为矛盾双方在一定条件下向着自己的对立面转化，你能变成我，我能变成你，从而形成"发展"。《道德经》第十六章曰："致虚极，守静笃，万物并作，吾以观复。夫物芸芸，各复归其根。归根曰静，静曰复命。"天道自然是虚极静笃的状态，人要能够"观复"并且体会归根复命的状态，也就是体会矛盾阴阳轮回运转的事物发展的本质。"复"并不是简单的重复，而是事物收获了新的发展。

中国人喜欢讲"日新月异""芝麻开花节节高，一年更比一年好"。英国浪漫主义诗人雪莱在《西风颂》中有名句："冬天来了，春天还会远吗？"中国人也常说"不管黑夜多长，黎明总会到来""塞翁失马，焉知非福"，等等。这些道理鼓励人们面对困难不要自暴自弃，要有阴阳相互转化的辩证智慧。刚柔的转化带来时间的推移与事物的发展，形成新的统一体，其后又在新统一体的基础上继续推陈出新。因此刚柔之性处在不断向对立面转化的动态模式中。一天之中的清晨、傍晚，一年之中的春季、秋季，给人的感觉是充满生机、愉悦、清新，充满收获、温馨、和气，这是刚柔二性在相互转化中呈现的平衡状态，即"刚柔并济""阴阳和谐"。平衡转化符合中华传统文化中"执两用中"、持中守正的认知模式，是令人向往的美好状态。

阴阳转化的原理告诉人们不能用静止、消极的眼光看问题。佛学中有偈语"美玉藏顽石，莲花出淤泥。须知烦恼处，悟得即菩提"。大到全人类，小到每个人，每一次进步飞跃，往往会伴随着苦难挫折。因为有阴阳转化的辩证思维，中华文化才创造了"危机"这个词，其内涵不仅有"潜伏的危险""非常困难的关头"，还有"危中有机""置之死地而后生"。《左传》中的"多难兴邦"千古流传。春秋战国的分裂与战乱，催生了"轴心时代"诸子百家的巅峰智慧。近代100多年来，中国人民深受苦难的折磨，同时又通过不屈不挠的革命斗争，赢得了民族独立、解放，走上了社会主义的道路。艰险曲折的长征锤炼出中国共产党坚毅的革命精神与马克思主义中国化的理论创新。

人是需要觉悟人生的。《中庸》指出三条个体觉醒的路径："或生而知之，或学而知之，或困而知之，及其知之，一也。"其中"困而知之"是大部分人觉悟的方式，即因遇到挫折、困难而幡然醒悟，明白生命的意义，找到未来的方向，从而自立自强。"困而知之"的结果与天资聪颖（生而知之）和好学求知（学而知之）是一致的。因此，要相信否极泰来，用发展的眼光看问题，因为这是刚柔之性所蕴含的基本规律，但前提是人要不断提高心性修养。

（四）权变思维：刚柔代表必然性与偶然性

刚与柔还代表着"天"是一个必然性与偶然性交错共存的统一体。《周易·系辞上》曰："极数知来之谓占，通变之谓事，阴阳不测之谓神。"意思是：能预知未来，把握必然性，就称作"占"；能通晓阴阳变化然后采取行动就称作"事"；阴阳变化莫测、微妙难识就称作"神"。占、事、神代表了人对天性的能知、应变、未知三种态度。人能知天，却又不能完全知天，天的必然性与偶然性构成人对天"知与不知"两个结果，就像天气预报，总是只有七八成的准确率，从而使人们形成权变的思维方式，唯有随机应变，方是常通之道。权变思维归纳起来就是"顺天知天""敬天畏天""随机应变"三种经验。面对天的必然性，人应该"与时俱进""顺应天时"；面对天的偶然性，人要"居安思危""未雨绸缪"。因为变化是常态，人们必须"应时而变"（《庄子·天运》）才能生存下去。

1. 面对必然性：尽力把握

刚，指天性具有必然性一面，稳定而有规律，可以令人预测、把握，以满足生产生活。古代的人们用权变思维面对天的刚柔之性。他们观察昼夜的更替、分析四时的轮回，制定出尽可能详尽的历法、农时节令等，为农耕文明的发展提升可预期性。如"二十四节气"就产生于古代农耕文明，是中国古人通过观察天体运行，认知一年中时令、气候、物候等的变化规律为农业生产服务所形成的知识体系。在国际气象界，二十四节气被誉为"中国的第五大发明"，是中华智慧的结晶。二十四节气最初依据北斗七星循环旋转的规律制定。斗柄顺时针旋转一圈为一周期，谓之一"岁"。现行的"二十四节气"依据太阳在回归黄道上的位置制定，即把太阳周年运动轨迹划分为 24 等份，每 15°为 1 等份，每隔 15°为一个节气。二十四节气，始于立春，终于大寒，反映了一年中四季交替的准确时间以及大自然中物候、日照、降雨、气温等自然现象的变化规律，是指导古代农业生产重要的时间坐标。一年又一年，一代又一代，人们遵循着"寒来暑往，春生夏长，秋收冬藏"的规律，耕耘不辍。

2. 面对偶然性：保持敬畏

"柔"，则指"天有不测风云"的偶然性一面，让人不易捉摸。天象并非永远如人所愿，有时久旱不雨，有时苦雨成灾，地震、洪水、台风、冰雹亦时有发生。靠天吃饭的农耕文明社会，在发展初期，由于对天象的不稳定性感到畏惧和迷茫，出现了巫术活动与神灵崇拜。其发展出的祭天、祈雨仪式，又成为共同体文化的重要起源。其中虽有迷信的成分，但体现了古人敬畏自然的态度和共克时艰的团结精神。

中国古代先民在祈雨时所崇拜祭祀之神有天神、龙神、雨师、风神、云神、雷神、虹神、闪电神等神灵。《周礼》："司巫掌群巫之政令，若国大旱，则帅巫而舞雩。"周代雩祭被定为雩礼，国家设有专司祈雨之职的巫师，每年仲夏五月周天子都要亲自主持雩礼。汉代，雩礼成为官方祭祀祈雨的主要仪式，从立春到立秋这段时间，全国如果干旱少雨，郡县各级政府都要清扫祭坛，公卿百官均要依次去行雩礼。当然，每当淫雨不止时，官府或民间还要举行止雨巫仪，方法与祈雨大致相同，通过祈请、祭祀、供牲等来祈求止雨。《后汉书·礼仪志》载，汉平帝元始三年，封雷公风伯庙于东部，封雨师庙于北部，并在每年四月举行祈雨仪式。这种祭祀的传统一直延续，有时皇帝亲自沐浴斋戒以祈求风调雨顺。《晋书·礼志上》："武帝咸宁二年春分，久旱……五月庚午，始祈雨于社稷山川，六月戊子，获澍雨。"《清圣祖实录》载，康熙皇帝称："京师初夏，每少雨泽，朕临御五十七年，约有五十年祈雨。"

直到近代气象科学传入与发展，人们才得以真正了解与降雨及其规律性相关的科学知识。用现在气象学的观点来看，中国的降雨量受季风影响具有季候性。来自东南方向的海洋热风需要由西向东及东北之低压圈将之升高才能冷凝为雨。受风向变化影响，两种气旋在某一地区频繁碰头则带来洪水，若长期避开某地区则导致干旱。[1] 在不可预知的偶然性中，古人依然总结了"六岁必有灾荒""十二年必有大饥馑"的气候灾变周期，实则是季候所致。

3. 权变思维与大一统国家的产生

针对天的刚柔二性，古人的权变思维是大一统国家产生的内在动力。

一方面，频繁的天灾是塑造大一统国家的内在动力之一。黄仁宇在《中国大历史》中记录，在 1911 年前的 2117 年内，有记录的水灾 1621 次、旱灾 1392 次，亦即平均每年有灾荒 1.423 次。学者于阳认为："恰恰是一涝一旱这个现象，极大地制约了华夏共同体内的最小治理单元和最小国家的规模。因此在理论上，一国最小规模至少应该涵盖两个以上受灾单元，疆域越大则越有利、越稳定，因为国家的防灾缓冲潜力与国土

---

[1]参见［美］黄仁宇：《中国大历史》，北京：生活·读书·新知三联书店，2008 年版，第 29 页。

面积呈正相关性。越小的国家，越容易因大灾亡国；越大的国家，则越稳定，可以动员大片非灾区人力和资源帮助赈济。"[1]

另一方面，气候影响下农耕文明和游牧文明的关系，最终推动共同体国家的诞生。在中国地图上，古代长城的分布与地理上的"400毫米等降水量线"基本重合。长城以南降水量高于400毫米，适合农耕；长城以北低于400毫米，适合半农半牧；再向北降雨量低于200毫米，则只能畜牧。畜牧生产在北方，受到西伯利亚寒冷空气影响，时有周期性大旱与极寒天气，草场贫瘠，牛羊冻亡。当气候适宜的时候，两种文明在北纬35°附近的边境上进行物物交换，游牧文明用牛羊马匹、皮毛奶酪交换农耕文明的谷物和手工制品，但是，当季候转恶，游牧部落遭遇生存危机，为求生存只能结伙到关内抢劫，从而引发农牧两大生产区的长期战争。

权变思维激发着古代人民的文化创造力，形成"凡事豫则立，不豫则废"的思维观念，塑造了农耕文明以德保身、未雨绸缪的思想观念。《周易》坤卦有爻辞曰："初六，履霜，坚冰至。"其《象传》曰："履霜坚冰，阴始凝也；驯致其道，至坚冰也。"意思是踩着霜就想到结冰的日子就要到来，意味着看到事物的苗头，就对它的发展有所预备。《左传·襄公十一年》："居安思危，思则有备，备则无患。"《孟子》："生于忧患，死于安乐。"《朱子治家格言》："宜未雨而绸缪，勿临渴而掘井。"

权变思维，激发着古代人民的主观能动性。为了生存，农耕文明必须建立国家或者国家性质的共同体予以应对。在组织官员勤勉而坚定地观察天象、制定历法的同时，要不断创新国家制度，坚持联合和团结的思维，

[1] 于阳：《中国政治时钟：三千年来国家治理的周期运动》，北京：当代中国出版社，2016年版，第61页。

加强共同体社会的组织性。一是选择抱团取暖，制定坚守中原的地缘战略，追求扩大土地规模的优先目标，因为土地面积越大、人口越多，就越有能力和资源来抵御天灾、防范侵略。土地面积大还能带来军事上的战略纵深优势，人口众多则能够满足强军建设的需要，历史上的炎黄结盟可为一例。二是建立国家财政制度以维持常备性军队，加强国家机器对资源的抽取和集中力度以供应国防，加强对领土的控制力，鼓励耕战，战国时期法家改革可为一例。三是尽可能通过制定和推行标准化方案，降低共同体的总体交易费用，如统一文字、统一度量衡、编户齐民等，秦朝开创中央集权制度可为一例。

对天"刚柔之性"的体察、总结和应用，塑造了中华哲学的基本特点。中国哲学家张岱年先生提出："严格地讲来，与其说中国哲学有辩证法，不如说中国哲学中有与辩证法类似的东西。……中国的辩证法，与西洋的比较起来，自然有显著的不同，然而在最主要的几点上，却是一致的，所以也可以接受'辩证法'这个名字。"[1]他认为中国哲学的辩证法与西方的逻辑辩证法不同："中国哲学中的辩证法思想，主要是对自然及人事的观察。哲学家们肯定事物有必然的规律，而不是像黑格尔那样，认为这是逻辑概念之进展方式。我们有理由把以上所述的这些理论称为中国哲学中的辩证法，正如我们有理由把西方赫拉克利特、斯宾诺莎等的许多思想称为辩证法一样。"[2]西方哲学的逻辑辩证法追求严格推理，以证明概念之间的逻辑关系；中国哲学辩证法起自直觉，以直觉为体，以理智为用，讲求"天人合一"，自成一派。

---

[1] 张岱年：《张岱年全集》第 1 卷，石家庄：河北人民出版社，1996 年版，第 21 页。

[2] 张岱年：《张岱年全集》第 1 卷，石家庄：河北人民出版社，1996 年版，第 41 页。

二、行健之义

如果问中国文化中最重要、知名度最高的话是什么，恐怕有许多人会推荐《周易》中乾坤两卦《象传》中的"天行健，君子以自强不息""地势坤，君子以厚德载物"。这两句话以阴阳相生的平衡思维，搭建了君子之道刚者应积极有为、柔者应仁爱包容的人格架构，体现了中华文明以天地为师、中华道德以天地之性为源、中华民族以天地之德而立身的天人合一境界。民国时期，梁启超在清华大学任教时，曾给当时的清华学子做了主题为"论君子"的演讲，他在演讲中希望清华学子都能继承中华传统美德，并引用了这两句话来激励清华学子。此后，清华人便把"自强不息，厚德载物"八个字写进了清华校规，后来又逐渐将其演变成为清华校训。

《周易》乾卦的《象传》写道："天行健，君子以自强不息。"唐代孔颖达《周易正义》解释道："天行健者，谓天体之行，昼夜不息，周而复始，无时亏退，故云天行健。此谓天之自然之象。君子以自强不息，此以人事法天所行，言君子之人，用此卦象，自强勉力，不有止息。"这句话讲，行健是天的本性，天运动而刚健，天道永远处于周而不息、运转不止的过程中，因此，君子应该效法天道的刚健品格，自立自强，积极进取，使有限的生命永不懈怠休止，获得永恒的价值。我们来看甲骨文的"行"，古人创造这个字时，描画了一个十字路口的形象，其中蕴含着关于选择标准或价值设定的内涵，这是何等智慧！甲骨文的"道"，在"行"这个十字路口中间写了一个"首"字，清晰地表现出，"道"的本质是以人为主体，是决定人行动选择的一种原则、标准、价值判断。天道智慧蕴含于造字之中。

中华 5000 多年灿烂文明之所以长盛不衰，就在于始终保持着一股行健有为、奋发向上、开拓进取、自强不息的强大精神力量，这也是中国人积极人生态度的最集中体现。中国古代神话始终坚持显示人的奋斗精神，《山海经》中的夸父追日、精卫填海、刑天不死等故事生动展示了一种不怕困难、勇往直前的斗争精神。其他典籍中记载的大禹治水、愚公移山、神农尝百草等神话，则体现出坚忍、乐观、自强的精神，传递出救人济世的人生价值追求。

（一）独立不改，浩然之气

《周易·系辞下》曰："天下何思何虑？日往则月来，月往则日来，日月相推而明生焉。寒往则暑来，暑往则寒来，寒暑相推而岁成焉。"《中庸》曰："譬如四时之错行，如日月之代明。万物并育而不相害，道并行而不相悖。"《道德经》对道的描述是："有物混成，先天地生，寂兮寥兮，独立而不改，周行而不殆，可以为天地母。"以上三段话说明，天道是独立运行的，四时也好，日月也罢，迭运不止，轮回不休，不以谁的意志为转移，也看不到谁在操纵，这就是天道，即所谓"道法自然"。万物在天道中生生不息，各安其命，是因为天道独立不改、周行不殆。天是无思无虑、至诚专一的，如果反复无常、趋炎附势、裹足不前则不可以为天。中国人效法天，首先效法天道所彰显的独立而自强的精神。张岱年先生曾指出："在古代哲学中，与刚健自强有密切联系的是关于独立意志、独立人格和为坚持原则可以牺牲个人生命的思想。"天道隐喻一种充满刚性的独立意志和人格，成为儒家仁义思想的丰富的理论营养。

孔子在《论语》中说："富与贵，是人之所欲也；不以其道得之，不处也。贫与贱，是人之所恶也；不以其道得之，不去也。君子去仁，恶乎成名？君子无终食之间违仁，造次必于是，颠沛必于是。"孔子提出君子要坚守仁德，如果取得金钱和权力的手段是不正当的，那么宁可抛弃富贵。君子即便在匆忙之间、最紧迫的时候，也会遵照仁德行事；即便在颠沛流离之时，也会遵守仁德的准则。人在顺风顺水时坚持仁德不难，但在颠沛流离之时继续坚持就不那么容易了。后人写有一副对联道：风急浪高，偏能逆水行舟；沧海横流，方显英雄本色。

孟子发展了孔子提倡的独立人格精神。孟子曰："富贵不能淫，贫贱不能移，威武不能屈，此之谓大丈夫。"（《孟子·滕文公下》）孟子提出"浩然之气"论，认为"浩然之气"是施行"义"的内在基础。孟子说："其为气也，至大至刚，以直养而无害，则塞于天地之间。其为气也，配义与道；无是，馁也。"（《孟子·公孙丑上》）孟子虽未说明"义"的具体内涵，但提出"行有不慊于心"，也就是处事做人凡基于道义则无愧于心，无愧于心就能表现出堂堂正正的精神风貌。孟子还认为："生，亦我所欲也，义，亦我所欲也。二者不可得兼，舍生而取义者也。"（《孟子·告子上》）这样一种以理性自觉为基础的人格，具有在任何情况下把道德的价值原则与行为实践统一起来的力量。心中"至大至刚""塞于天地之间"的"浩然之气"，激励和鼓舞人为了道义和信仰，可以放弃富贵、权力乃至生命，这种力量至坚强无退转，至刚毅无反复，正是源自天道独立而不改的行健之义。

文天祥是南宋末年伟大的抗元英雄，他因坚持抗元，兵败被俘，囚于狱中三年，屡经威逼利诱仍誓死不屈，写下脍炙人口的《正气歌》，阐发孟子的浩然正气。诗中写道："天地有正气，杂然赋流形。下则为河岳，上则为日星。于人曰浩然，沛乎塞苍冥。皇路当清夷，含和吐明庭。时穷节乃见，一一垂丹青。"意思是说，天地之间有一股堂堂正气，它赋予万物而变化为各种形式，在下面就表现为山川河岳，在上面就表现为日月辰星，在人间被称为浩然之气。它充满了天地和寰宇。国运清明太平的时候，它呈现为祥和的气氛和开明的朝廷。时运艰危的时刻，义士就会出现，他们的光辉形象则垂于丹青。清朝康熙皇帝评价此诗道："斯篇出于至性，慷慨凄恻。朕每于披读之际，不觉泪下数行。其忠君忧国之诚，洵足以弥宇宙而贯金石。"

（二）自强不息，勇猛精进

行健之义还启示人们应具有自强不息的进取心。文天祥说："君子之所以进者，无法，天行而已矣。"（《题戴行可进学斋》）既然日月轮回不止，四时不停变化，为了实现人生的价值，人的奋斗也不应该停息。《大学》提出的"止于至善"是一种修身不辍的思想，即所谓"苟日新，日日新，又日新"。君子当不断自新，将有限的人生融入人格完善的过程中去。孔子提醒人们"见贤思齐焉，见不贤而内自省也"（《论语》），时刻保持精进之心，遇到比自己贤能的人要思考怎样通过学习赶上他，遇到不如自己的，则应反躬自省，不能退步。荀子的"以修身自强，则名配尧禹"，屈原的"路漫漫其修远兮，吾将上下而求索"，都是一种自强不息的精神。

《中庸》里记载着一句孔子对其弟子颜回的描述："回之为人也，择乎中庸，得一善则拳拳服膺而弗失之矣。"颜回是孔门中连孔子都非常敬佩的学生，因为他为人处世选择不偏不倚的中庸之道，每次得一善（有所收获），他就用手紧紧握住，将握成拳头的手放在胸口，就像生怕会失去一般。"拳拳服膺"形象地描绘出颜回自警自励的形象，就像我们偶尔会对着镜子，握紧拳头对自己喊"加油"一般。颜回年纪虽小，却具有永葆初心、坚守仁德的美德，是自强不息精神的杰出代表，难怪孔子评价他，"回也，其心三月不违仁，其余则日月至焉而已矣"，相比其他人将仁在心中维持一天或一月就了不得了，颜回则好几个月心不离仁，非常了不起。

孔曰择仁，孟曰取义。由于孟子生活的战国时代相较孔子生活的春秋时代诸侯征伐更加激烈、礼崩乐坏更加严重，孟子的思想和语言就展现得比孔子更加激进和尖锐。孟子提出了"知天立命"的观点："尽其心者，知其性也。知其性，则知天矣。存其心，养其性，所以事天也。夭寿不贰，修身以俟之，所以立命也。"孟子认为，知天命不是讲宿命，而是为立命。要保持善良的本心，涵养浩然之气，不断修身，等待最终时刻的来临。这不是一种消极态度，而是以积极自强之法对待和迎接生命的有限性。孟子所讲的"生于忧患，死于安乐"的道理，是在原本无法改变的消极性（生命的有限性）中彰显有为的积极性（修身立德的无限性），证得天性之纯刚，方显人性之伟大。

孟子提出"自暴者，不可与有言也；自弃者，不可与有为也"（《孟子·离娄上》），指自我放弃、自甘堕落之人无法与之畅想未来，也无法与之创造未来。自暴自弃的成语来自此处。孟子提倡的是逆境中的大无畏的自强，因而留下千古名句："故天将降大任于是人也，必先苦其心志，劳其筋骨，饿其体肤，空乏其身，行拂乱其所为，所以动心忍性，曾益其所不能。"2000多年来，这段话激励了无数处于人生低谷的人奋发图强，改变命运，也激励中华民族永远奋勇前行。

（三）慎独稳行，与时俱进

如果说人效法天而得到的"独立不改""自强不息"之精神更偏重"行健之义"中的"行"这一方面的话，那么"健"就是慎独稳行的智慧。"健"有健康、擅长之义，因而"行"并非盲目、鲁莽、武断之"行"，而是"健行""慎行"。所谓健行，就是与时偕行。《周易》益卦的《象传》曰："凡益之道，与时偕行。"意思是变通趋时，把握时机，做出正确的判断和选择。"与时偕行"意味着顺时应天，中国人常说"顺天者昌，逆天者亡"。"与时偕行"还有等待时机之意，要取得成功就需有满足"天时地利人和"的条件。

《周易·系辞上》曰："言行，君子之所以动天地也，可不慎乎！"古人认为，君子在"崇效天"（实践天的行健之义）而处世立人的过程中，言与行是两个重要的手段，所谓"言出乎身，加乎民；行发乎迩，见乎远。言行，君子之枢机。枢机之发，荣辱之主也"（《周易·系辞上》）。君子的一言一行是品德与智慧的体现，是君子与天地万物发生互动关系的过程，是决定人生成败荣辱的枢机关键，不可不察，不可不学，不可不修，应该谨言慎行。

儒家修身之法中强调"慎独"。所谓"慎独"，是指一个人在独处的时候，即使没有人监督，也能严格要求自己，自觉遵守道德准则，不做任何不道德的事。《大学》曰："此谓诚于中，形于外。故君子必慎其独也。"一个人内心的真实思想、情感会不自觉地通过语言、行为表现出来，因此大学通过慎独讲"诚意"的重要性，或者说诚意就是不断提醒自己需要慎独。《中庸》曰："莫见乎隐，莫显乎微，故君子慎其独也。"这句话的意思是：没有任何隐秘不会呈现出来，没有任何幽微不会显示出来，再微小的变化也有征兆。这是慎独的原理。思想道德的滑坡和进步往往都是从一个人独处时的细枝末节处开始的。据《三国志》记载，蜀汉昭烈帝刘备去世前给其子刘禅的遗诏中有"勿以恶小而为之，勿以善小而不为"，意思是不要因为是件较小的坏事就去做，也不要因为是件较小的善事就不屑去做。因此人们要注意慎独，因为在没有监督下的自律难能可贵，这体现了《中庸》"致广大而尽精微，极高明而道中庸"的思维特点。

《周易》的乾卦，其特点是以天象立卦，取象以尽意，示教于人。据传孔子注《周易》而作《文言》。《文言》用龙为比喻，通过六个爻中龙的不同状态解说君子如何行健一生，也描述了事物从发生、发展到壮大、收藏的过程，其中充满了慎独稳行的思想。

初九爻，爻辞为"潜龙勿用"。处下、隐藏是潜龙的特点，就像人正处于学习阶段，应潜心钻研，脚踏实地，不必着急表现、着急做事立功，就像《大学》所讲"君子以财发身，小人以身发财"，潜龙正是"以财发身"的阶段，花费一些钱财获得学习的机会，使自己掌握行健天下的知识和能力。潜龙所描写的正是人生起步阶段。这一阶段的人心智有待成熟，经验阅历都很浅薄，最该做的就是打好基础，安心学习，明白事理，以"勿用"为妙。王安石所写的"伤仲永"的故事就是不遵守"潜龙勿用"的结果。

九二爻，爻辞为"见龙在田，利见大人"。《文言》曰："龙德而正中者也。庸言之信，庸行之谨，闲邪存其诚，善世而不伐，德博而化。"孔子认为这一阶段，君子已学有所成，初入社会做事，往往身居下位，甚至做着自己不满意的工作，那么要注意立身中正、说话守信、行为谨慎，不做恶事而保持内心真诚，有功于人而不自我夸耀，做一个广施仁德的好人而感化别人。"见龙在田"描写的是人刚接触社会做事情的状态，这一阶段未来依然不明朗，君子应稳重务实，保持平正心态，不恃才傲物。《孟子》曰"人知之亦嚣嚣，人不知亦嚣嚣"，孔子曰"不患人不己知，患不知人也""人不知而不愠"，这一阶段不追求知名度，而是选择把事情做好，通过做事积累经验。《西游记》里的孙悟空是一个反例，刚入天宫，看不上弼马温的官职，要当"齐天大圣"，其结果就是"获罪于天，无所祷也"，被压在五行山下五百年。今天，在职场上犯这样错误的年轻人不在少数。

九三爻，爻辞为"君子终日乾乾，夕惕若厉，无咎"。《文言》曰："君子进德修业。忠信，所以进德也。修辞立其诚，所以居业也。知至至也，可与言几也。知终终也，可与存义也。""惕龙"的这一阶段，人对社会和人生已经有了一定的见识，并能够确立自己的目标而为之奋斗，因此，君子要不断增进自己的道德修养，发展事业。一方面忠信以待人；另一方面，终日乾乾，注意修言，不妄语，不虚言，不犯口业，建立良好的社会信用和人际关系。曾子是孔门弟子中非常谨言慎行的人，《论语》有两段记载曾子的话：一是"吾日三省吾身，为人谋而不忠乎，与朋友交而不信乎，传不习乎？"（《论语·学而》），曾子每天多次反省自己，是否做事以忠心、待人以诚信、治学以利行；二是"曾子有疾，召门弟子曰：'启予足！启予手！诗云："战战兢兢，如临深渊，如履薄冰。"而今而后，吾知免夫！小子！'"（《论语·泰伯》），曾子一生恪守孝道，践行孔子"身体发肤受之父母，不敢毁伤"的教诲，临终前，他召集弟子，展示自己完整无缺的身体，同时教育弟子们应该像《诗经》中所写的那样"战战兢兢，如临深渊，如履薄冰"（像站在深渊边、走在薄冰上，小心翼翼做人做事）。

九四爻，爻辞为"或跃在渊，无咎"。《文言》曰："上下无常，非为邪也。进退无恒，非离群也。君子进德修业，欲及时也，故无咎。""跃龙"的状态是"龙有时飞起，有时又伏于深渊"，之所以"无咎"，因为这是"飞龙在天"的前奏，是正常的状态。此时的君子，通过多年的修身立德，事业上的积累十分厚重，他或进取或隐藏都是其观察时事、希望抓住机会的正常反应。我们常说，机会是给有准备的人的。这里的"跃"就是"准备"的过程。《周易·系辞下》曰："德不配位，必有灾殃。德薄而位尊，智小而谋大，力小而任重，鲜不及矣。"现实中，没有经过"惕龙"和"跃龙"阶段历练的人，如果突然获得尊贵的地位或巨大的财富，往往就会如《道德经》所写的"揣而锐之，不可长保。金玉满堂，莫之能守"，所谓"站得越高，跌得越重"。现实中的例子有很多，比如那些原本身居高位却因贪污受贿、以权谋私锒铛入狱的人，那些中了头等彩票却在几年内挥霍一空反而染上黄赌毒恶习的人，还有那些离成功只有一步之遥，却因一句话、一个念头、一个选择、一个行为而前功尽弃的人，等等。跃龙阶段，需要的是足够持久的耐心、不忘初心的坚持和敏锐果断的判断力。

九五爻，爻辞为"飞龙在天，利见大人"。"飞龙在天"象征着力量、成熟、至尊的状态，是经前三爻的修炼，又经九四爻"鲤鱼跃龙门"的关键一跃而产生的质变。"飞龙在天"是阳刚圆满之德，似"大人物"出世。《文言》曰："同声相应，同气相求。"飞龙在天是实现人生价值的关键阶段。《左传》曰："太上有立德，其次有立功，其次有立言，虽久不废，此之谓不朽。"（《左传·襄公二十四年》）人生之"三不朽"是实现人生价值的三条路径——拥有高尚的道德品行，建立伟大的功勋业绩，留下有益社会的学说和著作，"立德立功立言"的人生可以达到"死而不亡者寿"的不朽状态，从有限的生命中获得无限的价值。这也是"飞龙在天"的内在含义。

上九爻，爻辞为"亢龙有悔"。《文言》曰："贵而无位，高而无民，贤人在下位而无辅，是以动而有悔也。"意思是说，就像一个尊贵的人没有实际的地位，爬得太高而远远脱离了民众，贤人居于下位而无人辅佐，所以进退两难，会发生悔恨之事。见好就收、适可而止、恰到好处是"亢龙有悔"所揭示的人生智慧。太阳终会落山，花儿终将凋零，"飞龙在天"不会是永恒的状态。选择在合适的时机让位、退休是一种保全之法，《道德经》曰："持而盈之，不如其已。揣而锐之，不可长保。金玉满堂，莫之能守。富贵而骄，自遗其咎。功遂身退，天之道也。"春秋时期的范蠡是领悟"亢龙有悔"的典范。他年轻时因不满当时楚国政治黑暗投奔越国，辅佐越王勾践，兴越国、灭吴国，雪耻报仇。然而功成之后，范蠡洞悉勾践为人"可与同患，难与处安"（《史记·越王勾践世家》），于是选择急流勇退，"浮海入齐"，化名为鸱夷子皮。他隐退前劝同僚大夫文种也归隐，向他说了"飞鸟尽，良弓藏，狡兔死，走狗烹"的道理，可文种不听，最终被勾践赐死。范蠡退隐后三次经商成巨富，三次散家财救济贫民，后定居于宋国陶丘，自号"陶朱公"。世人誉之：忠以为国，智以保身，商以致富，成名天下。范蠡被后世尊为财神、商圣、商祖，至唐朝唐德宗建中三年（782年），配享武成王庙，列为古今六十四名将之一。历史上，处在"亢龙有悔"之位却不及时知悔的例子有很多，如商鞅、白起、李斯、文种、韩信、周亚夫、刘伯温等。功成事遂、急流勇退需要有比奋斗创业更大的勇气，是"反者道之动，弱者道之用"智慧的运用，因为退是一种特殊的进，以退为进，难能可贵。

《文言》总结乾卦六龙："潜龙勿用"，下也；"见龙在田"，时舍也；"终日乾乾"，行事也；"或跃在渊"，自试也；"飞龙在天"，上治也；"亢龙有悔"，穷之灾也；乾元"用九"，天下治也。"潜龙勿用"，阳气潜藏；"见龙在田"，天下文明；"终日乾乾"，与时偕行；"或跃在渊"，乾道乃革；"飞龙在天"，乃位乎德；"亢龙有悔"，与时偕极；乾元"用九"，乃见天则。乾卦六爻之象潜龙、见龙、惕龙、跃龙、飞龙、亢龙是龙在不同时间所处于的不同状态，体现"与时偕行""以察时变"的要义，时间是能够把握的人生"自变量"。《周易》用乾卦描绘了一幅完整的内圣外王的智慧人生蓝图。

（四）革故鼎新，日新盛德

天道既然是行健永进，轮回更新，人自当效法天而不断革故鼎新，社会也当日新月异。革故鼎新体现了中华民族积极乐观、理性务实和勇于自我超越、自我革命的精神。革故鼎新出自《周易·杂卦》，"革，去故也，鼎，取新也"。中华文化倡导"日新"精神，就是"苟日新，日日新，又日新"。《礼记·大学》写道："汤之盘铭曰：苟日新，日日新，又日新。《康诰》曰：

作新民。《诗》曰：周虽旧邦，其命维新。是故君子无所不用其极。""汤之盘"上刻的这句话，意思是商朝的开国明君商汤在自己的洗澡用具上刻下一句箴言，以此提醒自己"如果能够革故鼎新一天，就应保持天天革故鼎新，新了还要更新"。这句话和《康诰》《诗经》中关于"新"的语录一起，是解释《大学》的"三纲"（明明德、亲民、止于至善）中的"亲民"的。程颐、程颢认为"亲，当作新"。朱熹在《四书章句集注》中解读"亲民"时认为："新者，革其旧之谓也，言既自明其明德，又当推己及人，使之亦有以去其旧染之污也。"人的心灵就像身体需要洗澡来清洁一样，也需要通过修身来净化，革除不好的观念、旧的习气。所以古代仪礼中的沐浴礼，绝不是洗澡那么简单，而是一种具有自省明德、净化心灵意义的行为。"作新民"一句原是《尚书》中写康叔被派去治理殷商叛民之地时，周公告诫他，要教化人民、鼓舞人民，使人民振作，让他们放下殷商旧民的思想包袱，成为周的子民。"周虽旧邦，其命维新"，是讲周虽曾经是商的诸侯国，但因纣王无道而受命替天行道。所以，君子为了"革新"，应当"无所不用其极"，要想尽办法，克服障碍，勇猛精进，争做"新人"，这样才能"止于至善"。

作为国家的统治者，应本着与时俱进的日新思维去治国理政，用发展的眼光看问题，因为这关系到老百姓的根本福祉。《周易·系辞上》有云："显诸仁，藏诸用，鼓万物而不与圣人同忧，盛德大业至矣哉！富有之谓大业，日新之谓盛德。"这句话意思是：天道往往显示在成就万物的仁爱之心中，隐藏在日常运用之中，天道能鼓动化育万物，因为它是纯然客观的自然法则，因此不像圣人那样有忧虑。天道的盛美德行和宏大功业是多么崇高而博大！令万事万物富足便是"大业"，每天都能革故鼎新就是"盛德"。

治国是要站在"道"的层面上来思考的。1978年，党的十一届三中全会拨乱反正，提出了改革开放的任务。这是一次全民族的革故鼎新、与时俱进。从家庭联产承包责任制开始，拉开了中国经济社会改革开放的大幕。之后，建经济特区，搞市场经济，加入世界贸易组织，一系列改革开放措施，解放了中国的生产力，调动起人民创造财富的积极性，使中华民族迅速迈开实现伟大复兴的步伐。"物不因不生，不革不成""穷则变，变则通，通则久"，改革开放是决定当代中国命运的关键一招，是国家和民族发展史上的一次革故鼎新。今天，全面深化改革已经成为适应当今世界大势、必须长期坚持的一项基本方略。

三、生生之德

中国人常说"上天有好生之德"。这句话出自《周易·系辞下》的"天地之大德曰生""生生之谓易"与《周易》序卦的"有天地，然后万物生焉"。生生之德是中华文化的一大基本精神，是儒家所提倡的"仁"的根基。"生"是生命，"生生"则是生命不断地生长、繁殖。生生之德就是以好生、仁爱的态度护佑生命生生不息。中文有许多与好生之德相关的词语，如生命、生存、安生、养生、长生、放生、生机等。中国人将过日子叫"生活"。

《道德经》曰："道生一，一生二，二生三，三生万物。"生，可真是太重要了。"生"的甲骨文是一植物嫩芽破土而出的形象，我们相信这不是野草，而是一种谷物，象征着农耕文明的诞生。古人用寥寥几笔就表达出一个可以代表一切生灵的极为抽象的概念，不得不佩服祖先造字的智慧。

《周易》乾卦用极为精练的四个字概括"天"的"生生之德"——元、亨、利、贞。《文言》曰："元者，善之长也；亨者，嘉之会也；利者，义之和也；贞者，事之干也。君子体仁足以长人，嘉会足以合礼，利物足以和义，贞固足以干事。君子行此四德者，故曰'乾：元亨利贞'。"历朝历代，无数学者围绕"元、亨、利、贞"提出自己的见解。比较有代表性的如唐代孔颖达在《周易正义》中的注疏："元，始也；亨，通也；利，和也；贞，正也。言此卦之德，有纯阳之性，自然能以阳气始生万物，而得元始、亨通，能使物性和谐，各有其利，又能使物坚固贞正得终。"汉代学者扬雄将"元、亨、利、贞"配四方。宋代周敦颐以"元、亨、利、贞"配四时，认为："元，始也，于时配春。言万物始生，得其元始之序，发育长养。亨，通也，于时配夏。夏以通畅含其嘉美之道。利，义也，于时配秋。秋以成实得其利物之宜。贞，正也，于时配冬。冬以物之终，纳干正之道。"（《周子全书》）宋代李觏则将"元、亨、利、贞"分别配气、形、命、性。宋代程颐在其所著《易传》中写道："元者万物之始，亨者万物之长，利者万物之遂，贞者万物之成。"朱熹则认为"元、亨、利、贞"表现为万物从生长到成熟的四个阶段："物生为元，长为亨，成而未全为利，成熟为贞。"此四阶段是事物从始到终发展的阶段性过程并且周而复始。

生生之天德亦是仁爱之人德。观天之"元、亨、利、贞"，乃为教化众生以安天下。《诗经·大雅·烝民》曰："天生烝民，有物有则，民之秉彝，好是懿德。"彝，是法度的意思，这句话讲：老天生下众多人民，有形体有规则。人民学习天的法度，拥有追求善和美的品德。孟子在《告子》中引此四句与孔子的阐释作为论"性善"的理论依据。"生生之德"是中华民族几千年生命不息、文化不绝的重要内在基因。

（一）立根固本，经世致用

《周易》乾卦的《文言》曰："元者，善之长也……君子体仁足以长人。"元是生命的开始，是万物的开端。今天，关于"生命是如何起源的"这一问题，依然是科学界最为复杂、难以研究清楚的终极问题，生物学家、化学家、天文学家、哲学家等相继加入探索这一问题的阵营。20世纪50年代，有个叫作米勒的科学家和他的同事做了一个著名的烧瓶实验。他们模拟原始大气，向玻璃仪器中泵入甲烷、氨气、氢气等气体，并且加上了电弧模拟雷鸣闪电等原始地球的环境，结果就在烧瓶底部的溶液里发现了有机物氨基酸。这就产生了生命起源理论中影响力最大的化学起源学说。其他科学家在此基础上，围绕有机物的来源和氨基酸如何演化为生命两大问题，陆续提出"火山孕育生命假说""宇宙生命起源假说""海底热泉口假说""RNA世界假说"等各种学说。虽然这一根本问题没有形成定论，但科学界普遍认为生命的起源经历了从无机物到有机物，到原始生命，再到更为复杂的生命体的漫长过程。中华文化相信是"天地"而非"神灵"孕育出生命，并给予生命得以存在发展的基本条件。

"创生"是一种"元善"，是根本之大德。人既然是"上天所生"，也应继承上天创生之德，仁爱以利众生。朱熹指出："天地之德莫先于此，故于时为春，于人则为仁，而众善之长也。"（《周易本义》）"元者，天地生物之端倪也。……若言仁，便是这意思。仁本生意，乃恻隐之心，苟伤着这生意，则恻隐之心便发。"（《朱子语类》）"元"在四季中代表春天，春天是耕种的季节，农耕文明本就重视春天。"元"也代表人性中仁爱恻隐之发端，是道德的根基。《三字经》开篇讲"人之初，性本善"，人性之本善正是来源于天道创生之德。《弟子规》中也有"凡是人，皆须爱。天同覆，地同载"。古人将这些根本的道理放入蒙学读本中教育孩童，这种做法就是在今天看来也是值得肯定的。

《大学》讲"物有本末，事有终始，知所先后，则近道矣"。中国人历来强调本末问题，追求固本培元、立根固本、正本清源，而将舍本逐末、本末倒置、无本之末视作反例，这一智慧是源自对"元善之德"的体悟。抓住根本，就是悟道。

"天地之大德曰生。"对于地球生态系统来说，生命之生存，是第一位的价值。作为万物之灵的人类，自然以生存为第一事，中国人常说"好死不如赖活着"。任何冠冕堂皇的哲学或理论，如果不以人的生命和生存为根本目的，那将是徒劳无功的"屠龙之术"。文化，并不高深玄妙，实则就是一群人在一起久而久之形成的共同的看法、想法和活法，这样看问题、这样想问题、这样解决问题，才能够"活得更好"，于是形成某些共识，再经过整理、提炼，成为主流思想观念。文化，可以说是那些让人生活得更好的共同观念。中华文化是以让全人类安身立命、幸福生活、生生不息为"元"的。古人认识到，人要活下去，一要形成社会，二要依靠生态系统，三要人文化成，因此有关于认识社会的文化、认识自然的文化和用于人性教化的文化。

如果比较东西方文化的差异，中华传统文化历来注重现实维度的立身行道和建功立业，强调学以致用，而西方文化注重超越性的精神思辨和批判意识，强调学以致知。有学者认为："西方哲学与现实世界的关系基本上是一种批判的关系……西方哲学所独具的这种追求形而上学理想的超越性倾向和将知识本身作为终极目标的学术特点，是与中国文化语境中的哲学理解大相径庭的。一般来说，中国文化自孔子以来就培养了一种深厚的'实用理性精神'，重实际而轻玄想，崇现实而抑超越。"[1]中华文化经世致

---

[1] 邓晓芒、赵林：《西方哲学史》，北京：高等教育出版社，2005年版，第3页。

用的风格来自重视生命生存、重视繁衍生息和以人为本的价值论基础，使得中国人在任何事情上始终具有立根固本的现实思维。

"本"的甲骨文是在"木"的下部加一标明树根的位置所在的指示符号，本义指树根，比喻根本的方面，跟"末"相对。

农业种植是农耕文明的根本要务。民以食为天，农业提供着人生存必需的食物之源。中华文化有源远流长的重农思想。《千字文》中有"治本于农，务兹稼穑"，意思是管理好国家要致力于做好农业这一根本要务，做好种植（稼）与收割（穑）之事。《荀子·富国》中说："故禹十年水，汤七年旱，而天下无菜色者，十年之后，年谷复熟，而陈积有余。是无它故焉，知本末源流之谓也。"大禹和商汤时期，国家长时间遭受水灾与旱灾，但由于懂得农为本、商为末，开源节流，因此并无大碍。在《论语》里，儒门学子用一位隐者奚落子路的话"四体不勤，五谷不分"来进行自嘲，以表达对农业的重视。政治思想中，孔子认为国家要"使民以时"，不能因军事或祭祀等耽误农时。明代科学家宋应星所著的《天工开物》是中国古代一部重要的综合性科学技术著作，被称为"中国17世纪的工艺百科全书"，全书十八篇将"乃粒"（农业技术）放在第一篇，表达了宋应星"贵五谷而贱金玉之义"。《天工开物》中记录了农民培育水稻、大麦新品种的事例，研究了土壤、气候、栽培方法对作物品种变化的影响，又注意到不同品种蚕蛾杂交引起变异的情况，说明通过人为的努力，可以改变动植物的品种特性，得出了"土脉历时代而异，种性随水土而分"的科学见解。这些理论对后世中国的农业，特别是杂交水稻的研究发挥过重要的启迪意义。《天工开物》书名取自"天工人其代之"（《尚书·皋陶谟》）和"开物成务"（《周易·系辞上》），既赞美了上天的生生之德，又蕴含着天人合一、立根固本、经世致用的思想。

兴修水利是直接服务于农业的大事，所以中国形成"治国理政"的思想。"治"字，水边筑台为"治"，郦道元《水经注》有"昔禹治洪水"，治水是解决老百姓生存和发展的基础工程。后来"治"则演变为管理国家的基本行为，如：《尚书·周官》中"制治于未乱，保邦于未危"，《荀子·君道》中"明分职，序事业，材技官能，莫不治理，则公道达而私门塞矣，公义明而私事息矣"。今天，"治理"已经成为公共管理领域的重要概念，但是仅仅作为与英语中的"govern"对应的词去理解，并不能体会到其中的文化智慧，因为"治理"一词由立根固本的"治"和重视规律的"理"共同构成，含义比管理行为更精微。

从"治理"一词我们看出，在中国，哲学和其他学术中的一切深奥思想都必须满足于为政治实践和道德实践服务的现实需要，形而上学必须落实到道德教化和日常行为之中。先秦的儒、墨、道、法等学派，实则都是为了解决春秋战国的政治和社会问题而生，都是为了人能更好地生存这一根本目标而立。

（二）崇礼尚文，嘉会重生

"亨者，嘉之会也……嘉会足以合礼。"（《周易》乾卦《文言》）嘉有美善之义，亨是"嘉之会"，即美好事物的集合。

《千字文》是蒙学的经典篇章，由南北朝时期梁朝散骑侍郎、给事中周兴嗣编纂，用差不多1000个不同的字写成极富韵律的文章，其中有丰富的天文、地理、历史、社会、道德、典故等知识。《千字文》开篇即抒发天道之美，赞自然对人类的馈赠，可谓"嘉会"之文，曰"天地玄黄，宇宙洪荒。日月盈昃，辰宿列张。寒来暑往，秋收冬藏。闰余成岁，律吕调阳。云腾致雨，露结为霜。金生丽水，玉出昆冈。剑号巨阙，珠称夜光。果珍李柰，菜重芥姜。海咸河淡，鳞潜羽翔"。"天地玄黄"：天为玄色，地为黄色，言天地基色之美。"宇宙洪荒"：四方上下为宇，古往今来为宙，言时间空间无限之美。"日月盈昃"：日有中有昃，月有盈有亏，言昼夜变化之美。"辰宿列张"：北辰居中，众星拱卫，璇玑悬斡，各安其位，言星空无垠之美。"寒来暑往"："冬温而夏清"（《礼记·曲礼上》），"顺四时而适寒暑"（《黄帝内经》），言冷暖交替之美。"秋收冬藏"：春耕、夏耘、秋收、冬藏，"四者不失时，故五谷不绝，而百姓有余食也"（《荀子·王制》），言四时轮回与顺时应天的劳动之美。"闰余成岁"："以闰月定四时"（《尚书·尧典》），言司天授时制律的历法之美。"律吕调阳"：协调阴阳，校定音律，言音律之美。"云腾致雨，露结为霜"："旱云烟火，雨云水波"（《吕氏春秋》），水汽凝露，白露为霜，天地交感，言气象万千之美。"金生丽水，玉出昆冈"：金玉之质，民之所求，"山上有赭，其下有铁；山上有铅，其下有银；山上有银，其下有丹；山上有磁石，其下有金也"（《管子》），言矿产丰饶之美。"剑号巨阙，珠称夜光"：巨阙宝剑，隋侯之珠，"山川之精英，每泄为至宝；乾坤之瑞气，恒结为奇珍"（《幼学琼林》），言地大物博、奇珍异宝之美。"果珍李柰，菜重芥姜"：水果蔬菜是自然馈赠人类的营养美食，言果品菜蔬之美。"海咸河淡"：海水咸，河水淡。中国疆域辽阔，地貌复杂，有海洋、河川、平原、高原、沙漠、草原等不同类型，此句言地貌丰富、上天鬼斧神工之美。"鳞潜羽翔"：飞禽走兽，花鸟鱼虫，言动物灵动妙趣之美。天生万物以养人，天道循环中，自然之美不可尽数。

《诗经》是中国最早的诗歌总集，诗词歌赋的源头，古代的先民用唯美文字描绘自然的瑰丽神奇，抒发心中最纯净质朴的情感。或用植物表达复杂心绪，如"蒹葭苍苍，白露为霜""桃之夭夭，灼灼其华""昔我往矣，杨柳依依"；或用鸟兽形容人格志向，如"鸢飞戾天，鱼跃于渊""关关雎鸠，在河之洲""有狐绥绥，在彼淇侧"；或用昆虫展示自然精微，如"蟋蟀在堂，岁聿其莫""蜉蝣之羽，衣裳楚楚"。《诗经》里的花鸟鱼虫，展示了一个"万物有灵，人间有爱"的性情世界，此后，几千年漫长的中华历史中，无数文人骚客创作灿若星辰的诗词曲赋来歌颂自然大美，从屈原的"春兰兮秋菊，长无绝兮终古"、杜甫的"两个黄鹂鸣翠柳，一行白鹭上青天"、白居易的"离离原上草，一岁一枯荣"，到鲁迅所歌咏的"芰裳荇带处仙乡，风定犹闻碧玉香"，锦言绣句，美不胜收。

一花一草、一树一木、一鱼一鸟，都有它们自然生长的条件与规律，万物并生，是天地间最朴素的存在，这种朴素是一种大美，如《庄子》所言："天地有大美而不言，四时有明法而不议，万物有成理而不说。圣人者，原天地之美而达万物之理。"能够了悟和欣赏这种大美，便通达万物和生命的道理，不仅进入"天地与我并生，万物与我为一"的圣人之境，而且通过四时感悟到"明法"（比喻礼仪制度）的价值。

"四时之明法"使万物实现"天地位焉，万物育焉"的和谐之美。礼仪制度如同"四时之明法"。人类社会从原始聚居、组织家庭，到形成部落社会乃至国家，随着人际关系的不断复杂化和精细化，必然需要一些维系彼此共同生活的原则和规范。这些原则和规范从简单到系统、从抽象到具体，逐渐以"礼"的形式固定下来。这就是礼仪制度的形成过程。

《荀子》曰"礼别异"，天生万物因多样性而产生美，天道秩序维持这种美的集合。因而，人类社会也要尊重人的差异性，并对这种差异性进行规范性的安排。人际关系有亲疏远近，社会地位有长幼尊卑，这些差异背后涉及利益的分化，对社会关系产生巨大的影响。于是，古代圣贤对这种差异性因势利导，善加利用，通过家庭代际关系确立宗法制度，倡导人伦等差之爱。

家长上对祖先进行丧祭与崇拜，下对子女进行照抚和教育，以此建立了人们对家庭与社会的责任感、归属感、位置感，形成家族观念和伦理思想。具体可操作的礼仪背后是秩序与名分，孝悌之礼、婚礼、丧礼、祭礼、乡礼、射礼等逐渐构成国家与社会共同体组织的"习惯法"。这些制度性礼俗源自血缘家庭、成自社会组织实践，逐渐形成人们思想观念中的"内在操作系统"，久而久之，集体认同的生活行为规范和社会道德秩序被建立起来。

"礼"使得个体对是非、善恶、利益、关系和情感等有了稳定的评判标准，人生不再是无定处、无目的、无方向的彷徨和漂泊状态，人的欲望得以匡正，内心得以平和，社会达到稳定和谐。因此，孔子说"不学礼，无以立"，《左传》讲"夫礼，天之经也，地之义也，民之行也"，曾国藩也曾把"礼"称为"经纬万汇者"。小至个人修身，大至安邦定天下，礼的功用实在很大。所谓文教，其目的就是使人明礼、守礼、崇礼。今天的社会主义核心价值观本质上是与时俱进的"礼"，是一种"大德"，是集体道德与集体价值坐标系。

总之，中华文化从明察"天"所具有的"嘉会"之性衍生出社会的崇礼尚文之德。

（三）利他行仁，安民富民

"利者，义之和也……利物足以和义。"（《周易》乾卦《文言》）周敦颐认为"利，义也，于时配秋。秋以成实得其利物之宜"（《周子全书》）。秋天是收获的季节，是上天利益众生的时刻。纪录片《舌尖上的中国》有一段很精彩的解说词："中国拥有众多的人口，也拥有世界上最丰富多元的自然景观——高原、山林、湖泊、海岸线。这种地理和气候的跨度，有助于物种的形成和保存，任何一个国家都没有这样多潜在的食物原材料。

人们采集、捡拾、挖掘、捕捞，为的是得到这份自然的馈赠。"《道德经》第七十七章曰："天之道，损有余而补不足……孰能有余以奉天下，唯有道者。"这句话讲：天道，是拿有余的弥补不足的。谁能将自己多出来的去让天下的百姓享用？只有尊崇天道的人。天道的这一规律是中华文化"利他"观念的源头。

"利他"是中华道德文化的要旨，是"仁义"的本质。儒家强调人的社会化属性。社会中的人，始终存在"利己"与"利人"两种看似相反的动机。实际上，中华文化将"利人"与"利己"看作统一体，不仅不对立、不冲突，而且相互加成。"利己"是为了更好地"利人"，"利人"才能实现"利己"。孔子讲"夫仁者，己欲立而立人，己欲达而达人"，第一个"立"和"达"分别是"站立""通达"，第二个"立"和"达"则是"使之站立""使之通达"。孔子认为，人不能脱离其他人而单独获得发展，人与人之间存在互利关系。"己欲立""己欲达"可以理解为自利，但自利的实现需要以使人立、使人达的利他表现为前提，这就是天道"利者，义之和也"的内涵。

颜回曾经讲："知者自知，仁者自爱。"（《荀子·子道》）楼宇烈先生由这句话认为："儒家的仁包括自爱、爱人和被人爱三个层次。从某个角度讲，只有自爱，才懂得怎样去爱人。只有自爱，懂得爱别人，别人才会来爱你，自爱、爱人两者并不矛盾。"[1]只顾自己而不顾别人，这叫自私自利，比如战国时期的杨朱鼓吹"拔一毛而利天下，不为也"，他的这种观念在中国是不被认可的。中国人推崇"雷锋精神"，雷锋精神的本质就是"为人民服务"的"利他"精神。重视集体农耕的中华文明，追求和谐与

---

[1] 楼宇烈：《中国文化的根本精神》，北京：中华书局，2016年版，第67页。

互助，推行"利他"观念有助于增进集体的福祉，降低社会治理的成本，优化资源的配置，符合"损有余而补不足"的天道，如孟子讲，"老吾老以及人之老，幼吾幼以及人之幼"，中国人反对"朱门酒肉臭，路有冻死骨"，主张抑制社会贫富两极分化。

中华文化的"利他"是基于辩证哲学的"天道"，而西方文化的"利他"是基于"自利"的理性。西方文明源自商业文明，强调人的独立性，"自我主义"和"权利意识"是驱动商业社会发展的前提。亚当·斯密认为：人性中的"利他"心产生于人对他人的需要，"人类社会的所有成员，都处于一种需要互相帮助的状态之中，同时也面临相互之间的伤害"[1]。中华文化的"利他"往往表现为"无条件"的责任和义务。这是两者的区别。

"利他"与"家国情怀"相结合就形成"民为邦本""国而忘家"的仁爱精神，被叫作"义"。中华文化重视"义利之辨"，孔子提出"君子喻于义，小人喻于利"（《论语·里仁》），要求"君子义以为上"（《论语·阳货》）、"君子义以为质"（《论语·卫灵公》）。这些话是什么意思呢？孔子实际讲：君子不反对获利，君子也追求利，但君子明白"义"的道理，将"义"作为实现"利"的原则和指针，不会为了"利"去违背"义"。孟子继承孔子的思想，也推重"义"，认为"义"是"人之正路"（《孟子·滕文公下》），君子为了"义"，甚至不惜舍弃生命，行义之人叫作"义士"。孟子讲："生，亦我所欲也；义，亦我所欲也。二者不可得兼，舍生而取义者也。"（《孟子·告子上》）儒家的义利之辨，不是将义与利对立起来，而是明确二者本末轻重的关系。

既然上天有生生之德，社会文化崇尚利他公义，那么在政治层面，国

---

[1]［英］亚当·斯密：《道德情操论》，蒋自强等译，北京：商务印书馆，1997年版，第105页。

家及统治者就应将安民富民、贵民保民、爱民恤民作为重要的价值观念，这是"生生"与"利他"精神的政治衍生。《道德经》用"甘其食，美其服，安其居，乐其俗"展现了理想的市民生活。《大学》中写道，"国不以利为利，以义为利也"，国家不能简单追求片面的物质利益，而是要在制度和政策上体现以利民为导向的公平正义。《荀子·王制》曰："故王者富民，霸者富士，仅存之国富大夫，亡国富筐箧，实府库。"安民富民是圣王使国家长治久安之道，而谋取小集团利益是导致亡国的根源。宋代学者张载在《西铭》中提出"民吾同胞，物吾与也"，他认为人民皆是我的同胞，万物皆是我的同伴。"民胞物与"是明天理、合天德而"泛爱众"以利天下的大情怀。黄宗羲指出，"盖天下之治乱，不在一姓之兴亡，而在万民之忧乐"。

为实现天下万民之乐，达到天下大治，中华文化追求实现"小康"的礼治社会与"大同"的理想社会。"小康"一词源出《诗经·大雅·民劳》的"民亦劳止，汔可小康。惠此中国，以绥四方"，其意是说：民众也劳累了，差不多可以稍稍休息了。爱护城中的民众，来安抚四方。"大同"出自《礼记·礼运》："大道之行也，天下为公。选贤与能，讲信修睦。故人不独亲其亲，不独子其子；使老有所终，壮有所用，幼有所长，矜寡孤独废疾者皆有所养；男有分，女有归。货恶其弃于地也，不必藏于己；力恶其不出于身也，不必为己。是故谋闭而不兴，盗窃乱贼而不作，故外户而不闭。是谓'大同'。"小康社会、大同社会体现着人类对不同阶段美好生活、和谐世界的期待和想象。"大道之行"便是"天道"之行，其理论根源正是"天"的生生之德。

（四）贞固光明，守正贵一

"贞者，事之干也……贞固足以干事。"（《周易》乾卦《文言》）"贞"在甲骨文中和"鼎"是同一字。鼎具有珍贵、厚重、难以移动之性，"贞"有端方正直、坚持操守、信守原则之义。

《周易·系辞下》曰："吉凶者，贞胜者也；天地之道，贞观者也；日月之道，贞明者也；天下之动，贞夫一者也。"所谓"吉凶者，贞胜者也"，就是指人事的吉凶不在占卜，而在以正当的方法和正直的品德取得吉利的结果。孔颖达认为："言君子能坚固贞正，令物得成，使事皆干济，此法天之贞也。"朱熹在《周易本义》中认为："贞固者，知正之所在，而固守之，所谓知而弗去者也，故足以为事之干。"由于"贞"是"天行健"所彰显的一种固守正道的品德，所以人固守正道，懂得坚守，不轻言放弃，是合乎天道的。"贞"是人行动的精神支柱，即"事之干"。经典语言博大精深，一个"干"字就蕴含着抓住主要矛盾、固守正道、坚持到底的智慧。

所谓"天地之道，贞观者也"，是说人格之"正"如观摩天地之"贞"而效仿之。周敦颐认为"贞"配冬天，冬以物之终，纳干正之道。冬天是一年中相对平淡艰难的时节，象征人生和事业的沉默期、逆风期、晚期，此时需坚持一个"正"字。三国的刘劭在《人物志·九征》中写道："体端而实者，谓之贞固。贞固也者，信之基也。"明代吴海在《孙羑字序》中认为："若君子得之，以修己，则贞固而廉洁；以刑家，则整齐而如一。"

贞者，正也，正则固，正则坚，正则定，不失其所，不动其时，不易其道，这是个人建立信用、国家制定法律的关键。

所谓"日月之道，贞明者也"，指做人做事应如日月般正大光明。"正大，而天地之情可见也"（《周易》大壮卦《彖传》），"刚中正，履帝位而不疚，光明也"（《周易》履卦《彖传》）。北京故宫乾清宫正殿高悬着由清代顺治皇帝御笔亲书"正大光明"的匾。据说每年冬至正午十二时，阳光照射到乾清宫地面后会反射到"正大光明"匾上，蔚为壮观。

朱熹指出："大抵圣贤之心，正大光明，洞然四达。"（《答吕伯恭书》）圣贤君子为人处世，堂堂正正，光明磊落，不欺暗室。《资治通鉴》记载了东汉名臣杨震的故事。杨震曾推荐王密做县令。一次，他因公事路过王密任职的县，晚上下榻于馆驿。夜深人静之时，王密怀揣十金前往馆驿相赠，以谢杨震知遇之恩。杨震拒而不受。王密劝他说："暮夜无知者。"杨震正声回答："天知、地知、你知、我知，何谓无知者？""四知"之论传为千古美谈。杨震是不欺暗室、慎独克己的典范。

所谓"天下之动，贞夫一者也"，天下的运动规律告诉人们应当守正专一。《道德经》曰："天得一以清，地得一以宁……侯王得一以为天下正。"中国传统政治思想崇尚"大一统"，"大一统"的内核是"归正"。《公羊传·隐公元年》："何言乎王正月？大一统也。""大"是动词，有张大、重视之意。"大一统"意为强调天下统一于周天子的政令。要实现"大一统"，需要"正五始"，即"天、岁、人道、政教、国家"五端的归正合一。西周初年周王受天命而改制，应天命而建立新政权，开创分封、宗法、礼乐等制度，使天下归正，全社会有了从组织到精神的秩序，对后世影响极大。

贞、正、政三字内涵相通。季康子向孔子问怎样治理政事。孔子曰："政者，正也。子帅以正，孰敢不正？"（孔子回答说："政的意思就是端正。做领导的带头端正，谁敢不端正呢？"）总之，元亨利贞的"贞"是一个大学问的题目，讲的是"守正贵一"。

四、不言之教

《论语·阳货》中孔子和弟子子贡有段对话:"子曰:'予欲无言。'子贡曰:'子如不言,则小子何述焉?'子曰:'天何言哉?四时行焉,百物生焉,天何言哉?'"(孔子说:"我想不讲话了。"子贡说:"老师如果不讲话,那么弟子们又传述什么呢?"孔子说:"天讲了什么呢?在天的安排下,春夏秋冬依序运行,天下万物自由生长,可是天讲了什么呢?")孔子的"予欲无言"并不是真的不想讲话,而是用寥寥几句便已经讲了一个重要的处世智慧——不言之教。

孔子是研究《诗经》的专家,他讲这段话应该是受到《诗经·大雅·文王》中"上天之载,无声无臭"的启发。诗中歌颂周文王的政德像上天化生万物一样,默默无闻,淡然无味。董仲舒在《春秋繁露·深察名号》中曰:"天不言,使人发其意;弗为,使人行其中。"(天不说话,而使人体察它的意旨;天不行动,而使人在它的范围中行事。)中华先哲的智慧是深刻的,就算是天"低调"到"无声无臭",先哲也依然能以天为师,感悟出一些重要的道理来。

(一)至诚无息,不偏不倚

"至诚无息"的人生哲理系统地论述于《中庸》之中。《中庸》是儒家探讨修身养性之心法的经典著作,原属《礼记》第三十一篇,相传为战国时期子思所作,宋代学者将《中庸》从《礼记》中抽出,与《大学》《论语》《孟子》合称为"四书"。朱熹认为:"中庸何为而作也?子思子忧道学之失其传而作也。"(《中庸章句·序文》)子思名叫孔伋,"子思"是他的字,他是公元前483年出生的鲁国人。子思的身份不简单,他是孔子的嫡孙,受教于孔子的高足曾参,是著名的思想家。一般认为,孔子的思想学说由曾参传子思，子思的门人再传孟子。后人把子思、孟子并称为思孟，在孔孟"道统"的传承中占有重要地位。

在《中庸》中，"诚"是一个最为重要的概念，我们可以理解为"真诚""热诚""真实"。《中庸》认为"诚"是天道，是圣人之德，是修身的关键，是"天人合一"的中枢。《中庸》曰："诚者，天之道也；诚之者，人之道也。"朱熹认为，诚是一种真实无妄的品德，是"天理之本然也"[1]，人要效仿天，做"诚之者"，因为"唯天下至诚，为能经纶天下之大经，立天下之大本，知天地之化育"。《中庸》对"诚"如何为天道进行了分析，曰："故至诚无息，不息则久，久则征，征则悠远，悠远则博厚，博厚则高明。博厚，所以载物也；高明，所以覆物也；悠久，所以成物也。博厚配地，高明配天，悠久无疆。如此者，不见而章，不动而变，无为而成。天地之道，可一言而尽也。"这段话说明：天道至诚则无止无息，无止无息就会保持长久，保持长久则会逐渐显露，显露出来则会源远流长，源远流长则会广博深厚，广博深厚则会高大光明。广博深厚，用以承载万物，与地相配；高大光明则能覆盖万物，与天相配。天地间的规律就是这看不见也能彰显、不动也能变化、无为也能成功的至诚之道。日月轮回日复一日、四时交替年复一年——天地之道，一个"诚"字就能说尽。

古往今来的圣人无一不是效法天地的至诚之人。《中庸》曰："大哉圣人之道！洋洋乎！发育万物，峻极于天。""仲尼祖述尧舜，宪章文武，上律天时，下袭水土。辟如天地之无不持载，无不覆帱，辟如四时之错行，如日月之代明。"尧、舜、禹、商汤、周文王、周武王、孔子这些圣人之所以智慧高明、品德博厚，就在于具有至诚的品质。

---

[1]（宋）朱熹：《四书章句集注》，长沙：岳麓书社，2008 年版，第 45 页。

"诚"是古人从亘古不变的客观规律中发现的一种独特价值，具有无穷的妙用。《中庸》曰："诚者，不勉而中，不思而得，从容中道，圣人也；诚之者，择善而固执之者。"人们常说，"精诚所至，金石为开"，做事始终秉持一颗至诚之心，往往有意想不到的收获，即便原本的目标没有达到，也会"无心插柳柳成荫"，这叫"不勉而中，不思而得"。做到"诚"，就用"择善而固执之"的方法，选择正确的方向，坚持下去。

因此，人在为人处世时，如果能够像天道一样，保持真实无妄，尽心竭力，坚持不懈，那就是"诚"的表现。张载的"为天地立心"，所立的无非一个"诚意"。王阳明的"致良知"，良知也无非是一个"诚意"。清初大儒陆世仪认为："《中庸》一部书，句句言人道，却句句言天道。能如《中庸》，方始是天人合一。"

"中庸"本义是"中不偏、庸不易"（《三字经》），这二义的确立也是人心"至诚"的结果。所谓"中不偏"，类似《大学》中的"正心"。心态上保持"喜怒哀乐之未发"与"发而皆中节"的中和境界；做事注意分寸而恰到好处，积极而理性，沉稳而豁达，达到不偏不倚、无过无不及的"中"态。"庸不易"，类似《大学》中的"诚意"，即观照自身使"道不可须臾离也"，时刻保持"戒慎乎其所不睹，恐惧乎其所不闻，莫见乎隐，莫显乎微"的"慎独"状态。

中庸是"诚"最好的状态，也是最难保持的心态。孔子说："人皆曰予知，驱而纳诸罟、擭、陷阱之中，而莫之知辟也。人皆曰予知，择乎中庸，而不能期月守也。"这里孔子讲了一个反例，人人下决心、立志向时都"信誓旦旦""拳拳服膺"，但一遇到诱惑、困难或者发生偏激情绪，却如动物被驱赶到罗网陷阱中去，明知危险却不知道躲避，连一个月的时间也不能坚持中庸。

偏激的情绪是诚意的障碍。《西游记》中的七个蜘蛛精，实则喻指人产生的情绪，此回的回目叫"盘丝洞七情迷本"，七情即"喜怒哀惧爱恶欲"，迷本就是迷了本性。当我们每个人坚持一个目标时，到了一定阶段，会进入意志动摇、身心疲惫的"瓶颈期"，这时最容易受到"情绪"的干扰，产生痛苦、动摇、彷徨、退缩、放弃之意，像被蜘蛛网束缚住。如果真的放弃了，就像是唐僧宣告"取经"失败。这时能够帮助渡过难关的，莫过于用"至诚"的意念来警醒、告诫自己"不忘初心，方得始终"。这颗至诚的心就是孙悟空所扮演的角色，具有"降妖除魔"的妙用。

人应如何保持真实无妄的诚呢？《中庸》给出的方法就是："博学之，审问之，慎思之，明辨之，笃行之。有弗学，学之弗能，弗措也；有弗问，问之弗知，弗措也；有弗思，思之弗得，弗措也；有弗辨，辨之弗明，弗措也；有弗行，行之弗笃，弗措也。人一能之己百之，人十能之己千之。果能此道矣，虽愚必明，虽柔必强。"人生来有差异，有的聪明，有的愚鲁，有的漂亮，有的丑陋，有的甚至先天残疾；人生来环境不同，有的出身平民，有的出身富贵，所以总有人埋怨命运的不公。但他们却不明白"诚"是上天赐予人用来冲破命运束缚、打破阶级壁垒、改变不公现实的重要法宝。"诚"，能够使人做到"人一能之己百之，人十能之己千之"，用"笨鸟先飞"的勤奋笃行去弥补"先天"的"不足"。这正是上天对所有不甘平凡的灵魂的不言之教。当然，勤奋的"笃行"是以"博学""审问""慎思""明辨"作为前提的。所以，一个人如果找不到方向，承受着痛苦又期待着光明，那么就从刻苦学习、认真思考开始改变吧！

曾国藩是中国近代史上著名的政治家、理学家、文学家，名列晚清中兴四大名臣之首。曾国藩小时候天资并不聪颖，是个笨小孩。有一天晚上，他在家里用功，想背一篇文章，但读了很多遍，就是记不住。直到夜深人静，他依然背不下来。谁知正好有一个贼躲藏在他书房的屋檐下，想偷他家的东西。可是，曾国藩不去睡觉，贼也不好下手。久而久之，贼失去了耐心，便索性跳进房间里，怒气冲冲地说："你这么笨，读什么书？我没听几遍就会背啦。"贼人把文章熟练地背了一遍，随后扬长离去。曾国藩却不为所动，继续背诵着。

曾国藩最大的优点是勤奋且自律甚严。他早年为自己列下"修身十三条"勤勉而行，即主敬、静坐、早起、读书不二、读史、写日记、谨言、养气、保身、日知所亡、月无忘所能、作字、夜不出户。金庸笔下的"郭靖"和曾国藩类似，虽然愚鲁但通过自己"择善而固执之"的至诚态度，最后不仅练就绝世武功，而且成了"为国为民"的"侠之大者"。性格决定命运，但性格大部分是后天塑造的结果，觉悟"至诚无息"，对每个人都很重要。

（二）无为而治，道法自然

天的不言之教还衍生出中华文化中重要的"无为"思想。儒家和道家都提出过"无为而治"，但都不是字面上的"不做事""不主动"之意，而是对"道"（规律）认知基础上的治国理念，儒家的"无为"侧重"德化"，道家的"无为"侧重"道法自然"。

先看儒家的无为。《礼记·哀公问》载："公曰：'敢问君子何贵乎天道也？'孔子对曰：'贵其不已。如日月东西相从而不已也，是天道也；不闭其久，是天道也；无为而物成，是天道也；已成而明，是天道也。'"孔子提出"无为而物成"不是无所作为，而是强调顺应物的本性去为，因为天道总是顺应万物的本性而使万物生生不息。《中庸》写道："如此者，不见而章，不动而变，无为而成。天地之道，可一言而尽也。""无为而成"是"诚者，天之道"的妙用。郑玄注："言其德化与天地相似，可一言而尽，要在至诚。"孔颖达疏："无所施为而道德成就。"郑、孔认为"无为"是一种德化，显然受了孔子的影响，因为《论语·卫灵公》载："子曰：'无为而治者，其舜也与？夫何为哉？恭己正南面而已矣。'"这句话的意思是：孔子认为能够"无为而治"的人，也只有舜吧？那他都做了些什么呢？他只是面朝南，庄重严肃地端坐在王位上而已。何晏集解："言任官得其人，故无为而治。"邢昺曰:"帝王之道,贵在无为清静而民化之。"朱熹说:"无为而治者,圣人德盛而民化,不待其有所作为也。独称舜者,绍尧之后,而又得人以任众职,故尤不见其有为之迹也。恭己者,圣人敬德之容。既无所为,则人之所见如此而已。"[1]

儒家的学说立意是在治国理政上,强调以德治国,要求治理的主体即自国君以降的各级官员,相比百姓,应具有更加高尚的品德,天子、国君、官员在从事对具体事务的管理之前,首先要以身作则,德化万民,故《大学》要求"自天子以至于庶人,壹是皆以修身为本"。所以在儒家视线中,"父母官"的意义不局限于"爱民如子"的情感养成,还有"养不教,父之过"的责任担当。

儒家认为,以德治国是无为而治的基础。孔子说:"道之以政,齐之以刑,民免而无耻,道之以德,齐之以礼,有耻且格。"如果只是用一个又一个的政策法令来管理百姓,用刑法来规范他们的行为,那么为了避免犯罪之后受到惩罚,老百姓会暂时性地约束自己的行为。这样并不能使百姓拥有廉耻之心。这是"有为"政治的局限性。但是,如果用道德教化来引导百姓,用礼仪制度浸润他们的心灵,那么老百姓就会具有道德自觉和廉耻之心,会主动改正自己的行为。荀子讲:"仁者之行道也,无为也;圣人之行道也,无强也。仁者之思也恭,圣者之思也乐。此治心之道也。"(《荀子·解蔽篇》)这句话指出,仁者推行道,并不刻意去做。圣者推行道,不必勉强去做。仁者所思考的在"恭敬",圣者所思考的在"快乐"。这就是治心的根本方法。儒家认为良政就是使天下归心。礼乐制度为社会成员塑造的恭敬之心、富民爱民为社会带来的普遍幸福感,就像杜甫笔下

---

[1](宋)朱熹:《四书章句集注》,长沙:岳麓书社,2008年版,第220页。

的春雨一样，"随风潜入夜，润物细无声"，构成无为政治的根基。

再看道家的无为。春秋战国时期，诸侯国之间战争不断，500多年间，发生战争370多次，战争的规模也不断扩大，如著名的长平之战，史载秦国一战就消灭赵国军人几十万。旷日持久的冲突和大规模战争使得劳动力大量减少，而作为农耕文明社会，土地与劳动力是两大基本的生产要素。劳动力全部服务或损失于战争，社会生产力自然发生大倒退。东汉末年曹操所作的《蒿里行》生动刻画了战争的危害："铠甲生虮虱，万姓以死亡。白骨露于野，千里无鸡鸣。生民百遗一，念之断人肠。"由于连年战争，将士的铠甲穿上就不离身，身上都长出了虱子，百姓大量死亡，荒野上白骨累累，千里之内都听不到鸡鸣之声，只有百分之一的人活下来，这惨绝人寰的景象令人心碎。道家的"无为"主张即从这种深沉的悲悯中产生。《道德经》曰："道常无为而无不为。侯王若能守之，万物将自化。""天下神器，不可为也。为者败之，执者失之。"道家反对以政治动机或借口对老百姓正常的生活和自发的劳动进行干扰，主张统治者要顺应民意，让老百姓休养生息，发挥老百姓的自我能动性，让社会自然发展。所谓"不欲以静，天下将自正""是以圣人去甚，去奢，去泰"，就是看到战争往往出于统治集团的私欲。"无为而治"的哲学根据是"道法自然"。《道德经》曰："人法地，地法天，天法道，道法自然。""自然"，由"自""然"两个字构成。然，表状态。自然即是自己本来的样子，指不受外力或人为干涉的状态。这段话精辟地概括了宇宙大道的本质就是"自然"，作者用顶针的文法，强调人效法于地，地效法于天，天效法于道，而道的本质就是"自然而然"。汉朝初年的几代君主，以秦亡历史为戒，认识到要取得一个相对稳定和持续发展的政治局面，就必须努力缓和社会阶级矛盾，与民休息，实行"无为而治"。他们的睿智造就了"文景之治"的盛世。刘邦在楚汉争战结束后立即宣布复员军人，要求因战争而流亡的人口返乡归农。文景二帝多次在诏书中强调"农，天下之大本，务莫大焉"，并设立"力田"官以劝农；减轻徭役赋税，将十五税一改为三十税一，以减轻农民负担；将一年服一月的徭役改为三年服一月。司马迁在《史记·律书》中毫不掩饰地称赞说："故百姓无内外之徭，得息肩于田亩，天下殷富，粟至十余钱，鸣鸡吠狗，烟火万里，可谓和乐者乎。"汉文帝是践行"一曰慈，二曰俭，三曰不敢为天下先"的典范，其在位期间，宫室苑囿车骑服御无所增益，帷帐无文绣，生活极为质朴。他在营建自己的陵墓时，明确告诉后人不许起坟，不得以金银作装饰，陪葬品都用瓦器。如此才使得当时经历了500多年诸侯战争的中华大地迅速恢复元气。到了汉武帝时期，已经积累了大量的财富。《汉书·食货志》记载，汉武帝时"国家亡事，非遇水旱，则民人给家足，都鄙廪庾尽满，而府库余财，京师之钱累百巨万，贯朽而不可校。太仓之粟陈陈相因，充溢露积于外，腐败不可食"。正是凭借"文景之治"的积蓄，汉武帝才有底气讨伐匈奴，经略西域，进行大刀阔斧的制度和文化改革。这个事例说明无为才能"无不为"。

（三）以身作则，为政以德

天道无为的观念产生了中华文化强调以身作则、率先垂范的道德理念。孔子推崇"尧、舜、禹、汤、文、武"，就在于这些圣王用自己高尚的品德来感化天下，以身作则，万民效仿，天下得以大治。孔子说："为政以德，譬如北辰，居其所而众星拱之。"北辰，指北极星，古代叫紫微星。由于北斗七星围绕北极星四季旋转，紫微星被当作整个天空的"主星"或"帝星"，因此天帝居住的天宫也叫紫微宫。明清两代皇宫紫禁城的得名就与此有关。孔子说："如果用道德教化治理国家。那么君主就会像天上的北极星那样，稳稳地处于自己的位置上，四方诸侯与天下万民就像群星环绕在他的周围。"

在儒家理论中，道德教化并非一味地说教，而是以身教为本。在政治实践中，孔子依然坚持这一为政思路，如《论语》中季康子问："使民敬、忠以劝，如之何？"子曰："临之以庄，则敬；孝慈，则忠；举善而教不能，则劝。"季康子就是鲁国的权臣季孙氏，他问孔子："要让老百姓尊敬当政的人，并对其尽忠，彼此勉励行善，应该怎么做呢？"孔子回答道："如果您对待百姓的态度是恭敬、庄重的，百姓自然也会对您恭敬。如果您孝顺自己的父母、爱护幼小，那么百姓就会对您忠诚，为您尽忠。你提拔、任用善良又有德行的人，教导并且引导能力差的人，百姓必然会互相勉励，加倍努力向上。"

中华文化传统中的"天道"，本质就是天以法则默示世间、以道德垂范世间，上天不是最高权力的主宰，而是众生可效法的智慧之源和道德模范。《道德经》曰："太上，不知有之；其次，亲而誉之；其次，畏之；其次，侮之。信不足焉，有不信焉。"这里将治国分为四个等次。最理想、最高级的政治状态，即"太上"，就是"不知有之"。所谓"不知有之"，并非君王"不作为""不现身"，而是他对社会行不言之教，即身教，百姓在其率先示范和人格魅力中"顺其自然"地生活，使政治达到"无为而治"。第二等政治状态就是亲力亲为，施行有为的仁政和有声的道德教化来治理，老百姓愿意亲近治理者，并且给以赞美。第三等是立刑法治理国家，老百姓心生畏惧，自然对治理者"敬而远之"。第四等则是最糟糕的治理方式，即用权术诡计愚弄百姓，用暴力机器镇压百姓，在民间失去信誉，人民必反抗之。这段话不光对治国理政者有借鉴价值，也值得从事各种管理和教育工作的人参考。

在现实中，人们往往误解了领导者和管理者的区别，认为是一回事，对其混称。实际上，领导者所领导的对象是人，用的方法是哲学；而管理者所管理的对象是物，用的方法是科学。领导者领导的是人心和方向，管理者管理的是效率和秩序。领导者往往需要比管理者拥有更高一级维度的文化、视野和道德素养。领导者所追求的应当是"不知有之"的境界，其方法是"以身作则""率先垂范",也就是孔子所说的"其身正,不令而行;其身不正,虽令不从"(《论语·子路》)。"不令而行"不就是"无为而治"吗?

《论语》中有段话长期以来被人们误读:"齐景公问政于孔子。孔子对曰:'君君、臣臣、父父、子子。'公曰:'善哉!信如君不君、臣不臣、父不父、子不子,虽有粟,吾得而食诸?'"(《论语·颜渊》)西汉的董仲舒为了制定礼法,对孔子"君君、臣臣、父父、子子"进行了重新解读,提出了"三纲"的思想。"纲"是支配的意思。董仲舒认为,君、父、夫是"阳",臣、子、妻是"阴","阳"相对于"阴"处于主宰、尊贵的地位,以此确立了君权、父权、夫权的威严。新文化运动时期,倒孔派掀起"打倒孔家店"运动,给孔子贴上了"腐朽封建专制制度卫道士"的标签。在明清时期,有的小说、戏文里出现了"君要臣死,臣不得不死;父要子亡,子不得不亡"的荒谬言论,不明就里的倒孔人士也拿来作为孔子的一大"罪证"。实际上,孔子只是在阐发"以身作则"的为政方法而已,人们只关注到"君臣、父子"的身份地位的相对性,而忽略了孔子话语里相对概念之间有先后顺序的逻辑关系。孔子实则说,君主首先要有君主的样子和风范,能够为政以德、以身作则,臣子才能履行臣子的职责,按照规矩做事。父亲承担父亲该有的责任,有父亲该有的样子,儿子才能做到人子该做到的规范。孔子不但不主张阶层固化,相反,将更多的责任压在了起领导和支配作用的一方。从齐景公的回答可以看出,齐景公没有正面回应孔子,他要么是没有注意到孔子在劝谏他,要么是心生不满而故意回避话题,只是笼统地回答:"如果君不君、臣不臣、父不父、子不子,虽然粮食足够,但社会乱了套,我哪能吃得上呢?"孔子的正确主张得不到真诚的回应,是孔子的悲剧,也是那个"礼崩乐坏"的时代的悲剧。

（四）知行合一，慎言敏行

知行问题是儒家学者长期探讨的重要问题。明代思想家王阳明以"心学"开宗立派，就是围绕知行关系提出了自己的哲学主张。无论是朱熹、陆九渊的"知先行后"，还是王阳明的"知行合一"，儒家总归强调知与行是紧密联系、不可断裂的。想到孔子说的"敏于事而慎于言，就有道而正焉""君子欲讷于言而敏于行"，再联想到孔子说的"天何言哉"，笔者认为，先哲对天道和不言之教的阐述中包含着"知行合一"的哲学智慧。

"知行"之所以存在合不合一的问题，首先在于知与行难易度不同。在《尚书》中记载，商朝贤臣傅说曾对商王武丁说："非知之艰，行之惟艰。"《左传·昭公十年》中也有"非知之实难，将在行之"之说。这两句话大概都讲了相似的意思——知易行难，即知道一个道理并不难，将之付诸行动才难。在儒学中，知行的关系就是道德意识与道德实践的关系。建立道德意识容易，保持道德实践难。因此，朱熹在注解"君子欲讷于言而敏于行"时提出"事难行，故要敏；言易出，故要谨"（《朱子语类》）。如果我们观察今天的社会，会发现很多知行不统一的人。因为知易行难，所以人们自然选择先易（知）后难（行），这是人性使然，但往往忘记最终知行要统一，避重就轻久了，就形成对"知"过于自满，对"行"荒废松弛，变成了"伪君子""假道学"。朱熹因此讲"论先后，知为先；论轻重，行为重"，认为道德认识过后的道德践履才是重点。他还认为："知行常相须，如目无足不行，足无目不见。"知与行是修身都要兼顾的方面，虽有先后，但不能偏废。

到了明代，王阳明所见的已是一个"知而不行"成严重流弊的社会。因为自朱熹后，社会虽重视"知"的作用，强调读书的重要性，但导致天下读书人以学问为敲门砖，利用道学追求功名利禄，淡化了学习真正的目的是让人在为学过程中安身立命、革故鼎新、实践道德理性。这样，知行的本末被倒置了。因此，王阳明心学的出现是儒学自身的一次"反躬自省""返本开新"。王阳明从学理上重新建构了知与行的关系，他认为："今人却将知行分作两件去做，以为必先知了，然后能行，我如今且去讲习讨论做知的功夫，待知得真了方去做行的功夫，故遂终身不行，亦遂终身不知。此不是小病痛，其来已非一日矣。某今说个知行合一，正是对病的药。又不是某凿空杜撰，知行本体原是如此。"（《传习录》）王阳明认为先知后行的理论导致了知行的割裂，人们由于不明白"知"的界限是什么，知多久、多少、多深算"知"？"行"自然无法提上日程，导致终身不行，那"知"就毫无意义，等于"终身不知"。他认为，"真知即所以为行，不行不足谓之知""知是行之始，行是知之成"，又强调"圣学只是一个功夫，知行不可分作两事"。知和行是一事两面而已，不可顾此失彼。围绕如何将知行从观念上建构为一体，王阳明提出"致良知"。什么是良知？他认为"良知是天理之昭明灵觉处，故良知即是天理"。所谓天理，就是"天的行健之义"。"良知"就是能够直接转化为行动实践的"知"，而非仅仅停留在意识中。"良知"是"行之知"，而非"知之知"，是行动范畴中的道德体认。王阳明心学强调"立心"，目的是重振世风，方法是重视实践，这符合中华文化的实用理性精神，也适应社会变革的需要。因此，儒学的心学新道统对推动中国社会在近代的发展、改革、转型起到了十分重要的作用，对整个东亚也产生很大影响。在中华文明"蒙尘"的近代，寻找救国救民真理的社会改革者、制度革命者们，都或多或少受阳明心学的影响。王阳明曾表示，每一个中国人，无论是贩夫走卒，还是引车卖浆者流，都要做"收拾精神，自作主张"的大英雄。这种要做大英雄的主张，正是对"天行健，君子以自强不息"之刚健精神的发扬。

第二章

俯则观法于地

　　《周易》用"乾坤"两字表示天地，更代表天地之性。《周易·系辞上》曰："天尊地卑，乾坤定矣。卑高已陈，贵贱位矣。动静有常，刚柔断矣。方以类聚，物以群分，吉凶生矣。在天成象，在地成形，变化见矣。……乾道成男，坤道成女。乾知大始，坤作成物。乾以易知，坤以简能。"乾坤是天下万物的门户，乾坤是高低、贵贱、动静、刚柔、吉凶、始成等各种对立统一性质的总代表，天地既相分也相合，是和而不同的关系。这样一种思维模式，发端于先人对天地的原始认知，中国人的阴阳思维、系统思维、发展思维和权变思维源于这一体察。先人的智慧不断演进和深化，从原始认知发展出系统的完备的天道天理、人道人德，使得中华哲学成为兼具平衡性、包容性与动态性的理性实用的中华文明内核。

　　如果说天的特性是以"变化"为常道，彰显自强不息、行健有为、昂扬向上、勇敢外向的阳刚之性，突出领袖气质、实践品质，那么地的特性就是以"稳定"为常道，彰显厚德载物、包容配合、矜持内敛的阴柔之性，突出平凡之美、道德修为。《说文解字》对"地"的解释为："地，元气初分，轻清阳为天，重浊阴为地。万物所陈列也。"《白虎通》曰："地者，易也。言养万物怀任交易变化。"《博物志》[1]曰:"地以名山为辅佐,石为之骨,川为之脉,草木为之毛,土为之肉。"这些对地的认知反映出:一方面,人类的生存上靠天、下靠地,天地共同孕育万物,禀生生之德;另一方面,天地与人的关系不同,天高高在上、不可高攀,因此是具有某种超越性的想象存在物,地则是人可近距离观察、触摸,并能为人力所改变的现实存在物,所以老子说"人法地,地法天,天法道"。如果说上天像人类的父亲般高明、威严而有距离感,那么大地就像母亲般平凡、柔顺而有亲切感。

一、势坤之性

地之势坤与天之行健相对应。《周易·说卦》:"坤为地。"坤代表大地之性。《象》曰:"地势坤,君子以厚德载物。""势",是事物力量表现出的形态、趋向。"坤",《说文解字》云:从土,从申。土位在申,古作"巛",像坤画六断也。"巛",既像坤画六断,也像"川",如水流,代表顺畅。有学者认为"巛"是"顺"的借字,到《周易正义》才改作"坤"。[2]东汉刘熙的《释名》认为:坤,顺也,上顺乾也。因此,"地势坤"的本义

[1]《博物志》是中国的一部博物学著作,作者为西晋博物学家张华(232—300),内容记载异境奇物、琐闻杂事、神仙方术、地理知识、人物传说,包罗万象。书共十卷,分类记载了山川地理、飞禽走兽、人物传记、神话古史、神仙方术等。实为继《山海经》后,我国又一部包罗万象的奇书。

[2]参见杨天才、张善文译注:《周易》,北京:中华书局,2011年版,第29页。

是"大地展示出一种安顺稳固的态势"。"天行健"与"地势坤"是互文的修辞，"天与地"为高下相对，"行与势"为动静相对，"健与坤"为刚柔相对。行健的天道体现独立、自强、进步、创新的精神，势坤的地道则彰显随顺、宁静、守正、大方的品质。

（一）随顺安分，脚踏实地

大地的一个特点是"顺"。《周易·系辞上》曰："乾道成男，坤道成女。"《周易》坤卦的《文言》曰："地道也，妻道也，臣道也。"这是"天地之性"被赋予人文内容、进入社会生活的体现。在距今5000年左右的中华大地上，随着农业、畜牧业、手工业的发展，男女社会分工发生变化，逐渐形成"男主外，女主内"的分工模式。除生儿育女外，妇女多在家从事纺织、炊煮等烦琐的家务劳动。在这一阶段，中华各氏族部落先后进入了父系氏族社会，大汶口文化、龙山文化、齐家文化、良渚文化等都是父系氏族社会遗存。随着男性成为获取物质财富的主要劳动力、保障族群安全的主要防御力，"刚健有为"成为评价男性的道德标准，而女性因发挥着辅助配合男性获取生产财富，并且繁衍教育后代的重要作用，也逐渐形成了对女性的道德评价标准，那就是"随顺安分""温柔娴静"。

坤卦的卦辞是"元，亨，利牝马之贞。君子有攸往，先迷，后得主，利"。这里的"元、亨"与乾卦的"元、亨"含义基本一致，总结了天地的大德。因为地与天都是初始大象。盘古一斧，开天辟地，生化万物，故曰"元"。天地对万物都有滋养化育的亨通之利，故曰"亨"。"利牝马之贞"是对"坤"的特质的概括。牝，《说文解字》解释为"畜母"。牝马就是母马，"利牝马之贞"，就是指有利于像母马一样坚守其正道。"君子有攸往，先迷，后得主，利"的意思是"君子有所行动，若要抢先居首就会迷失方向；如果让别人来做主，跟随别人，必有利益"。乾卦以"龙"为象，坤卦则以"马"为象，以此形成中华文化所崇尚的"龙马精神"。龙行天上为阳，马行于地为阴。龙的精神是与时俱进且刚勇强健，那么马的精神是什么呢？那就是敦厚沉稳且随顺安分。龙是一种领导力的体现，一个社会的"龙"很重要，但"龙"一定是少数，如果人人都是龙，那也是一种灾难。有领导就必有被领导的对象，有决策者就必有亲力亲为的人。决定社会前进方向的，是"领导"，是"龙"；决定社会规模和稳定性的，是"配合者"，是"马"。而且，个体往往在"龙"和"马"的角色中不断转换。比如有人在单位是普通的职员，但在家里却是一家之主；在同一个身份中，比如在单位，此时此事可能是领导者，彼时彼事却成为配合者。可以说，无论是谁，都可能是"龙"，也可能是"马"。此外，"龙"往往需要有当过"马"的资历，才能成为"龙"，而"马"需要替"龙"着想，才能配合好"龙"。因此，"龙马精神"是成为一个君子需要同时具备的两种德性，是由"天地"之性所建构的对立统一的两个方面。

中华文明以农耕文明为基体，重视社会秩序、强调集体主义、提倡家国情怀，"牝马之贞"的"随顺安分"正是一种社会所需的基本价值规范。

随顺安分不是消极认命、盲从附和，而是脚踏实地、积极主动、全心全力地配合支持。"安分"是孔子所说的"不在其位，不谋其政"，是《中庸》里"君子素其位而行，不愿乎其外"，讲的是做好自己的本职工作，不要有非分的企图、妄想。

中国人常说"一个篱笆三个桩，一个好汉三个帮"。《三国演义》里除了描写曹操、刘备、孙权这些像"龙"一般的君主，更用精彩笔墨描写了一大批文臣武将，如诸葛亮、周瑜、鲁肃、关羽、张飞等，他们的文武功业，忠心不二、鞠躬尽瘁精神，为后世津津乐道。

在中国古代社会，温柔娴静、随顺安分被视为女性美德。《礼记·昏义》云："教以妇德、妇言、妇容、妇功。"郑玄注："妇德，贞顺也。"晋代张华的《女史箴》云："妇德尚柔，含章贞吉。"明代徐士俊在《妇德四箴》

中写道："为妇之道，在女己见。幽闲贞静，古人所羡。柔顺温恭，周旋室中。能和能肃，齐家睦族。"家庭中女子所具有的柔、顺、慈、惠、贤等品德体现了大地势坤的精义。

在古代社会，由于男女分工，一个孩子的成长基本是离不开"母教"的。蒙学经典《三字经》开篇以孟子母亲为例，讲了母教的重要性。所谓"昔孟母，择邻处。子不学，断机杼"，孟母通过"三迁"和"断机杼"两件事，一为孟子择优选择教育环境，二以身教勉励孟子奋发图强。范晔在《后汉书·列女传》记载了乐羊子妻的故事，乐羊子远出寻师求学，因为想家，只过了一年就回家了。他妻子知道乐羊子回家的缘故后，拿起刀快步走到织机旁，指着机上的织料说："此织生自蚕茧，成于机杼。一丝而累，以至于寸，累寸不已，遂成丈匹。今若断斯织也，则捐失成功，稽废时日。夫子积学，当'日知其所亡'，以就懿德；若中道而归，何异断斯织乎？"以此来规劝乐羊子继续求学，不要半途而废，女子的"停机之德"由此而生。此外，中国历史上还有如"岳母刺字""陶母退鱼""欧母画荻""寇母训子"等很多母教故事。在文学作品和历史里有如《三国演义》的徐庶之母、《杨家将》中的佘太君，还有卓文君、王昭君、文成公主等众多杰出女性。这些优秀的母亲和妻子以"牝马之贞"、随顺安分之美德流芳百世，她们明辨是非、不畏邪恶，坚贞不屈、逆流而上，恰恰说明"牝马之贞"并非庸俗的附和，而是敢于坚持原则，至情至性，展现出强大的人格力量。

（二）宁静致远，淡泊明志

大地的另一个特点是"静"。《周易》坤卦《文言》曰："坤至柔而动也刚，至静而德方。"这句话指明：坤之本性为至静。至静之人，德正而方直。王弼说："动之方直，不为邪也。柔而又圆，消之道也。其德至静，德必方也。"孔颖达疏："地体不动是至静，生物不邪，是德能方正。"（《周易正义》）地体不动是地势坤的主要表现，其内涵是大地所表现出的静谧、安顺的常态。明清之际思想家王夫之认为："静而专，坤之德也，阴礼也。阴礼成而天下作以成物。"[1]《周易·系辞上》曰："夫坤，其静也翕，其动也辟，是以广生焉。"春夏，万物破土而出，天地展开怀抱（辟），谓之动；秋冬，万物休养生息，天地闭合收拢（翕），谓之静；动静之间，蕴含生命之道，谓之"广生"。

中国文人把"静"作为审美对象，静却难以直接描述，描述出来似乎就有声、有动，所以古人往往要花心思巧妙地写"静"，少有平铺直叙。南朝梁王籍《入若耶溪》有名句"蝉噪林逾静，鸟鸣山更幽"，恰恰反其道而为之，以声来衬托静。唐代诗人常建有著名的题壁诗《题破山寺后禅院》，句句表现一个静字："清晨入古寺，初日照高林。曲径通幽处，禅房花木深。山光悦鸟性，潭影空人心。万籁此俱寂，但余钟磬音。"系统而有层次地用时间（清晨）、地点（佛寺）、心境（潭影空人心）来烘托"万籁此俱寂"的至静。李白在《独坐敬亭山》中有"众鸟高飞尽，孤云独去闲"之句，柳宗元在《江雪》中有"千山鸟飞绝，万径人踪灭"之句，写静的手法巧妙，成为千古名句。

静，本是大地的一种寂然不动之态，而"人法地"就"法"出了清静自然、宁静致远的人间智慧。诗词中的静，本就是表现诗人对静、闲、安、定的心性渴求。中华传统文化无论是儒释道哪一家，都主张"静"。"静"是修身成道的基本法门。《道德经》云："重为轻根，静为躁君。是以君子终日行，不离辎重。虽有荣观，燕处超然。奈何万乘之主而以身轻天下？

---

[1]（清）王夫之：《诗经稗疏》，长沙：岳麓书社，2000年版，第5页。

轻则失根，躁则失君。"这句话指出，稳重是轻浮的本根，宁静是躁动的主宰。君子做人做事不能失去重与静的根本。治理国家的人更不能轻率、躁浮、盲动，用俗语说就是"不折腾"。《道德经》又云："静胜躁，寒胜热，清静为天下正。"天地正常的状态就是清静的，狂风暴雨是少见的，山崩地裂是偶然的。那些喜欢静或以静为主的生命往往拥有更长的寿命，静可以持守元气，使人精力充沛，躁动就会消耗精力，使人精神衰弱。欲望太多必然善动，善动则损耗精力。

《淮南子·主术训》中提出"宁静致远"的道理："人主之居也，如日月之明也。天下之所同侧目而视，侧耳而听，延颈举踵而望也。是故非淡泊无以明德，非宁静无以致远，非宽大无以兼覆，非慈厚无以怀众，非平正无以制断。"这段话意思是：为政者治理国家，如同日月之明，天下百姓共同仰望、恭听、盼望。因此，统治者只有淡泊俭朴才有光明的德性，只有清静不折腾才能使社会长治久安，只有宽容大度才能恩泽广被，只有仁慈才能安抚百姓，只有和平正义才能公正裁决。

三国时期，蜀国著名政治家诸葛亮在临终前给儿子诸葛瞻写下一封名为《诫子书》的家书，告诫其应如何修身养性、治学做人。诸葛亮多次强调了"静"的道理。他说："夫君子之行，静以修身，俭以养德。非淡泊无以明志，非宁静无以致远。夫学须静也，才须学也，非学无以广才，非志无以成学。淫慢则不能励精，险躁则不能治性。年与时驰，意与日去，遂成枯落，多不接世，悲守穷庐，将复何及！"这段话既是诸葛亮对其一生为学立业的人生经验总结，也浓缩了儒家关于修身明志要从淡泊宁静中下功夫的智慧，就像大地因为敦厚守静才广阔辽远，人只有心境平稳沉着、专心致志，才能厚积薄发、有所作为。心中如果充满杂念，总是欲求不满，做事冒进、急于求成，则一生都不能有大的德业和成就。结合诸葛亮所处的复杂历史政治环境，"宁静致远"中还包含着要求后代清廉克己，以躲避政治构陷的谆谆教诲。

（三）大方正直，中规中矩

《周易》坤卦第二爻的爻辞简明地总结了大地的特点，那就是"直、方、大"。如果说天道的特质是变化不穷、周而复始，地道则是"大方正直"。《周易》坤卦曰："直其正也，方其义也。君子敬以直内，义以方外，敬义立而德不孤。直方大，不习无不利，则不疑其所行也。""直"代表品德正直，"方"代表行为仁义，"大"代表性格包容，做人如斯，则具有坤地之德，就会如孔子所说，"德不孤，必有邻"。"道"是君子做事的原则，"德"是君子做事的法门。"直""方""大"即对内正直，对外合义，能够团结别人。

虽然地理大发现证明了地球是圆的，但中国古人认为"天圆地方"，因为如果我们站在一个极为空旷的地面上进行观察，会发现视野所及的天是一个圆形的"穹庐"，而视野所及的地被东南西北四条平直的地平线包围，就像一个正方形。"天圆地方"正是古人直观得来的天地形状，直到今天我们还使用"方圆"一词来表示地理上的平面或空间。

随着《周易》的出现，天圆地方的内涵不断延伸，早已超出单纯的物理描述，成为重要的哲学范畴。天与圆象征着运动，地与方象征着静止。一静一动正是世间万物所处的两大基本态势，也蕴含着根本的人生智慧。两者的结合体现了阴阳平衡、动静互补，是"道"的规律。中国人养生讲究"动静结合"，为人处世讲究"外圆内方"。

这种哲学也使中国人的审美中充满了"方圆结合"的设计。古代重要的祭祀礼器"玉琮"是内圆外方筒形玉器。北京的天坛与地坛特别建造为一圆一方以分别象征天和地，类似的还有秦汉皇陵的"方土"陵台、明代皇陵地宫上的圆形宝顶。古代建筑中随处可见有方砖圆瓦、方梁圆柱等构件以及方墙上开凿的圆形景窗、方厅里的圆形藻井等局部设计，还有上圆下方的抱鼓石和柱础以及随处可见的古典方形大门上的圆钉与圆形门环。北方著名的四合院，四面建筑对称而建，整个院落呈现闭合状，门窗皆开向院内，老百姓们还常常在方形小院中修一个圆形水池，或者在两院之间修一个圆形的月亮门。四合院的"四"代表"方"，"合"象征"圆"，四合院就是"方圆之院"。再看中国传统服饰汉服，袖子皆为圆袖，意为"天圆"；领子则是"交领右衽"，即衣襟向右掩，深衣的衣领交叉呈字母Y形，所形成的矩形直角，则意为"地方"。老百姓最常用的货币，是方孔圆钱。"天圆地方"的阴阳哲学，渗透在中国人生活的方方面面。

《孟子·离娄上》云："不以规矩，不能成方圆。"1963年在新疆阿斯塔那地区考古出土的唐代绢本彩绘中，发现了伏羲女娲交尾图，伏羲、女娲都是人身蛇尾，面庞相对，蛇尾相互缠绕呈螺旋状，伏羲手拿"矩"，女娲手拿"规"。伏羲为乾、为阳，代表天，其手拿画方的矩，是阳中有阴之意；女娲为坤、为阴，代表地，其手拿画圆的规，意味着阴中有阳。伏羲女娲交尾图反映了古圣先贤从天地的方圆中提炼出用于社会教化的"规矩"观念。规矩就是原则，是道德、礼仪、制度的化身。

地道"直、方、大"所蕴含的文人价值与"斜、圆、小"相对，提醒世人要为人正直，勿生"邪念"，要大方磊落，勿滑头滑脑，要格局大气，不要小家子气。中国人将乐善好施称为"大方"，将坚持真理称为"正直"，将有德君子称为"大人"而与"小人"相对，将"正道"与"邪门歪道"相对，这些都是对地道的感悟和阐发。

（四）居安思危，未雨绸缪

地坤之道虽然主张做人要随顺安分、宁静致远和大方正直，但这都是为配合天乾之道的自强不息、革故鼎新、与时俱进而设，如果忽略、偏废天道，就会导致一些问题。如一味地追随处静、方直就有可能陷入保守、封闭、亏空的境地，或无法预判风险，或不善应对时变。为了平衡这种"不利"，坤道特别附加了一个智慧，那就是居安思危。

《周易》坤卦初六爻的爻辞写道："履霜，坚冰至。"意思是踩踏在霜上，感知结冰的日子即将到来。这其中的智慧是：人，不能一味地处于消极被动的位置，要在随顺安分中找到后发优势，就像跟跑的马拉松运动员；要在宁静致远中观察外部变化，就像隐居隆中却对大势了如指掌的诸葛亮；要在"大方正直"中运筹规划，学会止损和避祸，就像"三聚三散"的陶朱公范蠡。

"履霜，坚冰至"的坤道充满着居安思危的智慧。《道德经》第六十四章曰："其安易持，其未兆易谋，其脆易泮，其微易散。为之于未有，治之于未乱。"意思是：局面安定时容易保持和维护，事变没有出现迹象时容易图谋，事物脆弱时容易消解，事物细微时容易散失。做事情要在它尚未发生以前就处理妥当；治理国政，要在祸乱没有产生以前就早做准备。老子告诫人们，要有远见，有预判能力，善于从根由处观察祸端，善于在危险还未发生时做好预防。

今天的人们都很重视健康，现在的医疗技术也很发达，但《黄帝内经》说"上工治未病，不治已病"，我们要懂得"预防胜于治疗"的道理。先秦典籍《鹖冠子》中记载了扁鹊三兄弟的故事：魏文侯曾求教于名医扁鹊，问其兄弟三人都精于医术，那谁是医术最好的。扁鹊回答"大哥最好，二哥差些，我是三人中最差的一个"。理由是"大哥治病，是在病情发作之前，那时候病人自己还不觉得有病，但大哥就下药铲除了病根，使他的医术难以被人认可，所以没有名气，只是在我们家中被推崇备至。二哥治病，是在病初起之时，症状尚不十分明显，病人也没有觉得痛苦，二哥药到病除，使乡里人都认为二哥只是治小病很灵。而我治病，都是在病情十分严重之时，病人痛苦万分，病人家属心急如焚。此时，他们看到我在经脉上穿刺，用针放血，或在患处敷以毒药以毒攻毒，或动大手术清除病灶，使重病人病情得到缓解或很快治愈，所以我名闻天下"。古人通过这个故事，表达中医理论中非常重要的养生和预防疾病的观念。

明末清初时，江苏昆山出了一位著名的理学家、教育家朱柏庐，他写了一篇《朱子治家格言》，成为传世经典。开篇就有"一粥一饭，当思来处不易；半丝半缕，恒念物力维艰。宜未雨而绸缪，毋临渴而掘井"的名言。"绸缪"一词来自《诗经》，本义是在未下雨时用绳索紧密缠捆门窗，加固房屋。在《诗经·豳风·鸱鸮》中有："迨天之未阴雨，彻彼桑土，绸缪牖户。"孔颖达疏："毛以为自说作巢至苦，言己及天之未阴雨之时，剥彼桑根以缠绵其牖户，乃得成此室巢。"清代纪昀在《阅微草堂笔记·姑妄听之一》中写道："先事而绸缪，后事而补救，虽不能消弭，亦必有所挽回。"未雨绸缪包含着社会成员的为人处世，要具备危机意识，在危险出现之前积极采取预防措施，争取化被动为主动。《战国策》中还有一个大家熟知的故事叫"亡羊补牢"，其寓意是当事人在出了问题、造成损失以后想办法补救，免得继续受损失。与之相对，有个成语叫作"临渴掘井"，即渴了才知道挖井取水，因为当事人缺乏危机意识，危险到来后往往会陷入被动甚至绝望的局面。

《礼记·中庸》写道："凡事豫则立，不豫则废。言前定则不跲，事前定则不困，行前定则不疚，道前定则不穷。"豫，即预，事先之意。凡事有周密计划、万全准备就会成功，否则就会失败。讲话时，提前准备就能言之有据，条理清晰，否则就会理屈词穷，词不达意；做事前反复论证，做好预案，就会水到渠成，不然会陷入困境；行动前秣马厉兵、训练有素，就不会有令人追悔莫及的结果。事前充分研究，制定好大政方针，就不会走进死胡同而无路可走。仔细考究这些道理，真是能够感悟中华文化微言大义的魅力。

居安思危的观念告诉我们，无论是个体的成长，还是社会的发展，抑或是民族的兴盛，都需要有仁人智者在"人间正道"中引导、规划、操持才能实现。中华人民共和国的发展充分证明了这一点。近代以来，落后就要挨打是中华民族从历史遭遇中得出的最深刻的教训。新中国成立后，中国人民在中国共产党的坚强领导下，居安思危、奋发图强，使新中国由弱到强，用几十年走完了西方发达国家用几百年走过的工业化道路，中华民族的物质生活和精神面貌整体发生了翻天覆地的变化。今天，中国拥有全世界规模最大、产业最为完备的工业体系，中国人民也拥有足够的力量维护国家主权安全、抵御外来侵略。中国人民走出了一条从站起来、富起来到强起来的复兴之路。

《孟子》提出"生于忧患，死于安乐"，作为个体，要善于在安乐和顺达中看到物极必反的端倪，善于用阴阳双方始终朝自己对立面转化的思维来看待事物。乾卦的上九爻"亢龙有悔"正是体现了物极必反的道理。若割裂乾坤，忽视乾道，片面理解和运用坤卦关于顺随、宁静、"直方大"的价值主张，容易导致心理学中所谓的"温水煮青蛙"效应。如果我们缺乏对环境变化的察觉，缺少自强不息、勇于创新的勇气，沉溺于已有的成果，将自己放置在安逸而自满的状态中，就会陷入停滞和危险之中。"温水煮青蛙"效应告诉我们，要学会走出人生的"舒适区"，通过不断学习、修身，迎难而上，不断健全和完善应对人生未知风险挑战的应急机制。坤道的"履霜，坚冰至"不是过度焦虑，不是杞人忧天，而是对事物发展规律的洞察。

二、载物之德

《周易》坤卦《象传》曰："地势坤，君子以厚德载物。""势坤"是大地的性质，君子应从中感悟做人的道理，以势坤之性修养自己的品德，像大地一样承载、包容万物。坤卦《象传》曰："至哉坤元，万物资生，乃顺承天。坤厚载物，德合无疆。""万物资生，乃顺承天"指出，大地之德来自天道，与《道德经》中"地法天"是一致的。

"乃顺承天"蕴含着"道德"一词的本义。"道"是不以人的意志为转移的亘古不变的天道规律。"至哉坤元"的"至"，既有至善之意，又代表"天道之所至"，道之所至，即为坤，为德。《管子》曰："德者道之舍，物得以生，生知得以职道之精。故德者，得也。"三国时期著名的经学家王弼在注解《道德经》时引用此句指出："德者，得也。常得而无丧，利而无害，故以德为名焉。何以得德？由乎道也。"王弼认为："道者，物之所由也；德者，物之所得也，由之乃得。"简单说，"道"是天道运行的规律，"德"是众生效法天道、尊重规律的结果。

德的甲骨文左边是"彳"，它在古文字中表示"行"之义，右部是"直"字。

在《孔子家语》中，孔子曾说："夫道者所以明德也，德者所以尊道也，是以非德道不尊，非道德不明。"道德是一个整体，是主观客观的结合，是天与人的合一，道与德不能割裂。德源自道，修养德性要依靠对天道的感悟，做到天人合一，德性才能持久，失去道所支撑的德如同无源之水、无本之木。但只悟天道却不修身就并非真的"明觉"，那不是人学，而是玄学。"坐而论道"就是这么来的。

"载物"是对德妙用的形象化比喻，由大地对万物的承载之象而来，对人来说，德是立身立学、建功立业、成就自我的基础。

（一）以德立人，慎终追远

"地势坤，君子以厚德载物"指明，君子要像大地承载万物一样，把"德"作为承载和运营人生事业的平台。德业要厚重，德性要淳厚。《榖梁传·僖公十五年》曰："天子七庙，诸侯五，大夫三，士二，故德厚者流光，德薄者流卑。"一个人如果生前德泽深厚，那么必定影响深远，家门兴旺，子孙得福。

作为共同体，小至家庭，大至国家，要将"以德立人"作为人文教化的总纲领，把培养德才兼备的人才作为实现永续发展的要务。天道永存，"立德"不仅体现着人道与天道相通的信念，也指出了人与天道对接的路径，更是实现天人合一的中枢。《左传》的"太上有立德，其次有立功，其次有立言，虽久不废，此之谓不朽"，将"立德"置于首位。一个人能够立德，对内可成圣成道、天人合一，对外可做社会表率，建功立业。"立功"和"立言"都是以"立德"作为前提条件的。

所有民族都敬爱英雄，但中华民族在敬爱英雄这一方面有自己的特点，就是尤其敬爱"圣贤"。中国古代教育就鼓励孩子读圣贤之书、走圣贤之路。这是将立德树人作为根本教育目标的最好体现。《弟子规》说："勿自暴，勿自弃。圣与贤，可驯致。"《朱子治家格言》说："为官心存君国，读书志在圣贤。"北齐颜之推的《颜氏家训·序致》说："夫圣贤之书，教人诚孝、慎言、检迹、立身、扬名，亦已备矣。"

那什么是圣贤呢？《大戴礼记·哀公问五义第四十》中写道："哀公曰：'善！敢问：何如可谓贤人矣？'孔子对曰：'所谓贤人者，好恶与民同情，取舍与民同统；行中矩绳，而不伤于本；言足法于天下，而不害于其身；躬为匹夫而愿富贵，为诸侯而无财。如此，则可谓贤人矣。'哀公曰：'善！敢问：何如可谓圣人矣？'孔子对曰：'所谓圣人者，知通乎大道，应变而不穷，能测万物之情性者也。大道者，所以变化而凝成万物者也。情性也者，所以理然、不然、取、舍者也。故其事大，配乎天地，参乎日月，杂于云蜺，总要万物，穆穆纯纯，其莫之能循；若天之司，莫之能职；百姓淡然，不知其善。若此，则可谓圣人矣。'"

孔子认为，贤人的标准就是"行中矩绳""言足法于天下"。做事按照道德的原则，有才干，言行能够被天下所效法，如傅说、姜子牙、颜回、子贡、鲍叔牙、屈原、包拯、海瑞等，可被称为贤人。圣人则要"知通乎大道""配乎天地"，圣人以德配天，其德如日月之明，其言行通于道德，达于天地，天人合一。《中庸》讲："唯天下至圣，为能聪明睿知，足以有临也。宽裕温柔，足以有容也。发强刚毅，足以有执也。齐庄中正，足以有敬也。文理密察，足以有别也。溥博渊泉，而时出之。溥博如天，渊泉如渊。见而民莫不敬，言而民莫不信，行而民莫不说。是以声名洋溢乎中国，施及蛮貊。舟车所至，人力所通，天之所覆，地之所载，日月所照，霜露所队，凡有血气者，莫不尊亲。故曰配天。"圣人有几乎完美的品格，关键是因其"博施于民而能济众"，从而为天下百姓所敬重和效法。圣人不是脱离人民的人，更不是被神化的人，而是心存人民、给人民带来福祉、为人民施以德化、为社会提供规则的人。《周易》鼎卦《象传》曰："圣人亨以享上帝，而大亨以养圣贤。"成为圣贤，是一种至高的道德理想，是最宏大的人生追求。

儒家崇尚走圣贤之路，其中也蕴藏着取法其上得乎中的教育智慧。尽管常人因种种因缘无法成为圣贤，但能够做到一半，也已非常了不起，必为时代楷模。

厚德载物的"厚"值得推敲。"厚"指扁平物体上下两面之间的距离大，与"薄"相对。"厚"来自对地道的观察，《说文解字》曰："厚，山陵之厚也。"《荀子·劝学》中说："不临深溪，不知地之厚也。"厚者，载物才能结实持久而不轻易塌陷。

"厚"字的本义与追念祖宗之德相关。甲骨文的"厚"写作：

厚，左上部为"厂"，右下部则是一个倒着的甲骨文的"享"字。"享"的本义为享用，与祭祀相关。上古先民把自己最好的东西，供奉在祠堂里的祖宗神灵面前，让他们优先享用。甲骨文"厚"字的意义，就是开凿墓室，建造地下享堂，墓内仿照逝者生前的世界，放很多随葬品，寄托着人们对逝者在"阴间"能够永享富足、安享太平的希望，代表了后代对祖先养育教化之德的崇敬和怀念。"厚"字包含着一个家族德业的积累和功业的传承。

从这个意义出发，孔门的弟子曾子说："慎终追远，民德归厚矣。"（《论语》）这句话经常理解为：谨慎认真地对待父母的丧礼，时常真诚地追思、祭祀历代的祖先，那么社会风气自然会逐渐趋向淳朴，百姓的德行也会趋向淳厚。曾子站在儒家学说的角度，将"厚德"发展为重要的社会教化理念，那就是让老百姓通过参与祭礼、丧礼而具备一种"历史情怀"，发育"无愧于列祖列宗"的道德自觉感。从另外一种解释看，"慎终"指通过修身立德，慎重过好自己的一生，赢得身后一个正面的评价。"追远"指通过感怀追思列祖列宗、古圣先贤，从而树立正确的人生观、历史观、价值观。历史的定论是"终"，历史的传承是"远"，所以要"慎终追远"。

"厚德载物"是"不失其所者久"的重要路径。一个人生而立德，就能"死而不亡"。《墨子·经上》曰"厚，有所大也"，指品德的忠厚、淳厚。西汉司马迁在《报任安书》中曾写道："人固有一死，或重于泰山，或轻于鸿毛，用之所趋异也。太上，不辱先，其次不辱身。"司马迁在面临命运不公、身受腐刑大辱之后，依然能够发愤图强，完成《史记》，是因为他认识到人必有一死，这是生命的客观性，但是一个人德业厚重可以赋予生命价值的无限性，达到"重于泰山"的"永生"。司马迁出生在太史世家，写成《史记》，不仅完成了先父司马谈和太史公家族的遗志遗业，而且以一书实现"究天人之际，通古今之变，成一家之言"的历史哲学价值，在文化史上建立了不朽功勋。文天祥也咏出了"人生自古谁无死？留取丹心照汗青"的千古名句，以决绝无畏的态度传递和歌颂了"立德立功立言"的人生价值定位，以及对"死而不亡者寿"的无限性生命价值的孜孜以求。总之，以"立德"为目标的人生价值追求体现了坤道"厚德载物"的根本精神。

（二）无私奉献，宠辱不惊

《周易》坤卦《文言》云："阴虽有美，含之以从王事，弗敢成也。地道也，妻道也，臣道也，地道无成而代有终也。"这句话指出，地道虽有内美之德，却含而不露，隐而不显，大地也有成就万物的贡献，但不居功自傲，不将成就归之于己，只是替天行道。其中蕴含着"厚德载物"中非常重要的一种品质，那就是无私奉献，并甘于默默无闻。

《道德经》云："天长地久，天地所以能长且久者，以其不自生，故能长生。是以圣人后其身而身先，外其身而身存。非以其无私邪？故能成其私。"我们经常用的成语"天长地久"来自此处。人们把"天长地久"当作一种表示长久的美好祝福，然而《道德经》所讲的"天长地久"实则是一种"无私"的精神。天地之所以永世不灭，因为它们不为自己生存，没有属于自己的利益，这叫不自生所以能够长生。王弼注："自生则与物争，不自生则物归也。"圣人效法天地的无私之性，具有一种可贵的智慧，那就是"后其身""外其身"，把自己的利益放在别人的后面、把自己的欲望置之度外，其结果却是"而身先""而身存"。所谓"身先""身存"是指圣人因无私奉献，受众人的敬仰，名垂青史。因此，"无私"反能"成其私"，这里的"私"实为生命终极价值的自我实现之义。

在中华文化传统中，说一个人"无私"，是一种很高的褒奖。因为人顺着本性是倾向"图私""谋私"的，一个人能够大公无私、无私奉献必然要逆着自私的本性而行，用道德自觉克制自私的欲望，这是一种自觉或不自觉对接天道的实践，效法了天地"不自生"之性。它既符合儒家提倡的"克己"精神，也体现着道家主张的"反者道之动""有无相成"的辩证法智慧。

"祁奚荐贤"被传为大公无私的佳话。据《左传》记载，春秋时期，晋国朝堂上有一名叫祁奚的大臣，他请求告老退休，晋悼公向他询问接替他的中军尉职务的人选。祁奚推举解狐，而解狐是他的仇人。晋悼公很吃惊，问他为何要推举自己的仇人，祁奚回答："您是问我谁接替中军尉合适，不是问我他是不是我的仇人啊。"晋悼公要任命解狐为中军尉，解狐却死了。晋悼公又问祁奚中军尉的人选，祁奚回答说："祁午可以任中军尉。"晋悼公问："祁午不是你的儿子吗？"他回答："您问我谁适合这个职位，又不是问他是不是我的儿子。"晋悼公同意这个说法，采纳了他的意见。司马迁在《史记》中称赞道："祁奚可谓不党矣！外举不隐仇，内举不隐子。"祁奚能够完全放下自己的成见或者私心，秉持着公心而推荐人，这是很不容易的。

《道德经》第十三章曰："宠辱若惊，贵大患若身。何谓宠辱若惊？宠为下，得之若惊，失之若惊，是谓宠辱若惊。何谓贵大患若身？吾所以有大患者，为吾有身。及吾无身，吾有何患？故贵以身为天下，若可寄天下，爱以身为天下，若可托天下。"这段话产生了一个成语叫"宠辱不惊"。对一般人来说，受到宠爱和受到侮辱都会表现得如"受惊"一般，得到宠爱感到格外惊喜，失去宠爱则令人惊慌不安，这是因为人们把荣辱看得太重了，背后是私心在作怪，这样的人总是患得患失。"及吾无身，吾有何患"，放下私心，像大地一样坦坦荡荡，就不会患得患失。患字从"心"，因为内心摇摆不定，左顾右盼，没有固定的标准，所以如同生病一般。当一个人，把"天下""公利"作为他的"私"，就像爱护自己身体一样为天下苍生谋福利，先天下之忧而忧，后天下之乐而乐，那么就可将天下寄托于他，因为他是一心一意为民谋福利的大公无私之人。

毛泽东曾经说过："共产党是为民族、为人民谋利益的政党，它本身决无私利可图。"[1]"共产党员是一种特别的人，他们完全不谋私利，而只为民族与人民求福利。"[2]"我们共产党人区别于其他任何政党的又一个显著的标志，就是和最广大的人民群众取得最密切的联系。全心全意地为人民服务，一刻也不脱离群众；一切从人民的利益出发，而不是从个人或小集团的利益出发。"[3]这样一种为了共产主义和人民幸福而"无私奉献"的追求，是中国共产党人伟大品格的底色。2019年3月，习近平在意大利进行国事访问期间，在回答国际友人的提问时表示："我将无我，不负人民。我愿意做到一个'无我'的状态，为中国的发展奉献自己。"这样一种自然流露的信念和情感，体现出一名坚定的马克思主义者"全心全意为人民服务"的共产主义品格，也是对中华优秀传统文化"无私奉献""宠辱不惊"美德的发扬光大。

[1] 毛泽东：《在陕甘宁边区参议会的演说》（1941年11月6日），《毛泽东选集》第3卷，北京：人民出版社，1991年版，第809页。

[2] 毛泽东：《中共中央为抗战六周年纪念宣言》（1943年7月2日），《毛泽东文集》第3卷，北京：人民出版社，1996年版，第47页。

[3] 毛泽东：《论联合政府》（1945年4月24日），《毛泽东选集》第3卷，北京：人民出版社1991年版，第1094页。

（三）孝悌为本，本固邦宁

　　大地"厚德载物"之"德"是对一整套社会伦理体系的概括。那么德的根本又是什么呢？儒家认为是"孝悌"。"孝悌"是儒家思想的核心概念，是仁德的根本。《论语·学而》中记载了孔子弟子有若的一段关于"孝悌"的言论："有子曰：'其为人也孝弟，而好犯上者，鲜矣；不好犯上，而好作乱者，未之有也。君子务本，本立而道生。孝弟也者，其为仁之本与！'"其中的"弟"通"悌"，本义是弟弟尊敬兄长，引申为兄弟姐妹之间友爱相处。有子说："孝顺父母，尊敬兄长，却喜欢冒犯上级，这种人很少见。不喜欢冒犯上级，却喜欢悖逆造反的人，则从来没有出现过。君子致力培植德性的根本，根本建立了，决定为人处世标准的'道'就产生了。孝悌，就是仁德的根本啊！"在《孝经·开宗明义章》中，孔子也认为："夫孝，德之本也，教之所由生也。"人既然要做到"厚德载物"，那道德必然要从根本上培植。德就像一棵大树，根系扎得越深越牢，枝叶生长得越繁盛，所谓根深才能叶茂。

1. 善事父母之孝

　　孝的甲骨文写作：，上部是一个"老"字的简写，表现出老者的长发，下边是一个"子"。《说文解字》曰："孝，善事父母者。从老省，从子。子承老也。""孝"浓缩了作为子女对父母长辈的应有态度和行为规范。

　　综合儒家各种经典中对"孝"的阐释，"孝"大致包括五项核心内容：

（1）养亲

《礼记·曲礼上》指出，"凡为人子之礼，冬温而夏清，昏定而晨省"。作为子女，要让父母冬天感觉温暖，夏天感觉清凉，晚上为父母铺床，早晨向父母请安。《论语》中有"父母唯其疾之忧"，意为要特别担忧父母的疾病；还有"父母之年不可不知也，一则以喜，一则以惧"，意为子女要关注父母的年龄，父母年龄增长，寿命在延长，当然是可喜的事，但也说明父母在走向衰老，子女要特别体察父母的身体状况。

这些道理虽然是关于如何养亲的，但其实养亲的重点在于建立内心对孝道的自觉。《诗经·蓼莪》写道："父兮生我，母兮鞠我。抚我畜我，长我育我，顾我复我，出入腹我。欲报之德，昊天罔极！"《礼记·祭义》认为，人的身体为"父母之遗体也"，"君子反古复始，不忘其所由生也，是以致其敬、发其情，竭力从事，以报其亲，不敢弗尽也"。因此，行孝道首先就是要报答父母生育、抚养之恩，这是最基本、最直接的道理。《礼记·乐记》中说"礼也者，报也"，郑玄解释道："报，谓礼也。礼尚往来。"孝的本质就是"报"，属于礼的范畴，因此《左传》认为孝乃"礼之始也"（《左传·文公二年》）。朱熹在解释"孝"的含义时指出"孝德云者，尊祖爱亲，不忘其所由生之事"[1]，"如欲为孝，则当知所以为孝之道，如何而为奉养之宜，如何而为温清之节，莫不穷究然后能之，非独守夫孝之一字而可得也"[2]。朱熹认为，要做到孝，须先对孝有所觉悟，那就是知其"所

---

[1]（宋）朱熹：《朱子全书》第23册，上海：上海古籍出版社，2010年版，第3261页。

[2]（宋）朱熹：《朱子全书》第6册，上海：上海古籍出版社，2010年版，第250页。

以为"。如果一个人只是因为惧怕外部的道德谴责而行孝，那并不是真的具备了德性之"孝"。

《孝经》云："天地之性，人为贵。人之行，莫大于孝。"要觉悟为什么行孝，恐怕还需从感悟天地的生生大德以及生而为人的善缘中去体会父母生养之恩情。唐代诗人孟郊通过一首《游子吟》深刻地阐发了他对母爱的感激与对天地好生之德的感受："慈母手中线，游子身上衣。临行密密缝，意恐迟迟归。谁言寸草心，报得三春晖。"他借用春日的阳光歌颂了母爱的伟大与无私，语言质朴，情感真挚，义理深远，千百年来广为传诵。

（2）敬亲

孔子非常重视态度上对父母的尊敬，认为这是孝道要紧之处。《论语》记载当子游问孔子什么是孝时，孔子回答："今之孝者，是谓能养。至于犬马，皆能有养，不敬，何以别乎？"孔子认为，如果只是能养亲，那与动物并无区别。敬亲，是人道使然。子夏问孝时，孔子说"色难"。行孝最难的是对父母保持和颜悦色。《礼记·祭义》曰："孝子之有深爱者必有和气，有和气者必有愉色，有愉色者必有婉容。"

西汉刘向所编的《孝子传》中有一则"彩衣娱亲"的故事，讲的是春秋时期楚国隐士老莱子非常孝顺父母，总是想尽一切办法让父母愉悦。他70岁时父母还健在，为了不让父母见他有白发而伤感，他做了一套五彩斑斓的衣服穿在身上，走路时装成小儿跳舞的样子使父母高兴，以尽孝道。《孝经》曰："亲生之膝下，以养父母日严。"这句话意思是子女随着成长，对父母的感情是由爱到敬的。小的时候，自己在父母膝下被疼爱，都知道爱父母，长大了，特别是自己有了家庭、有了孩子，就越来越能够体会到父母的辛劳，因而对父母的尊敬之情日益增加。

现代社会，随着传统孝道教育的缺失以及生活方式的改变，加之子女与父母思想观念差异性的不断增大，代际隔阂、矛盾多了起来，很多人行孝停留在改善父母的物质生活上，忽视了父母的情感需要。子女逐渐长大，与父母的心灵沟通却越来越少，古人关于"敬亲"的道理值得现代人去深思。

（3）礼亲

《论语》中，孟懿子请教孔子什么是孝，孔子说"无违"。孔子随即向他的弟子樊迟解释"无违"的意思，那就是："生，事之以礼；死，葬之以礼，祭之以礼。"可见，孔子认为孝就是不要违背礼节，父母活着的时候，要按礼侍奉他们，父母去世后，要按礼安葬他们、祭奠他们。朱熹注解此处写道："人之事亲，自始至终，一于礼而不苟，其尊亲也至矣。是时三家僭礼，故夫子以是警之。然语意浑然，又若不专为三家发者，所以为圣人之言也。"由于孟孙氏家族经常僭越礼制，所以孔子再次劝诫孟懿子按礼制来举行葬礼和祭礼。

在今天，安葬和祭奠父母除了听从父母的遗嘱之外，依然要按照社会普遍遵守的礼节而行，既不能太简单草率，也不能过于铺张浪费，应与家庭条件和社会公序良俗相适应。《孝经》曰："生则亲安之，祭则鬼享之，是以天下和平，灾害不生，祸乱不作。"子女让父母在世的时候，能够过着安乐平静的生活，父母去世后，灵魂能够安享祭奠。这样做，就能对家庭的后代形成一种示范，社会都能普遍遵守礼节，自然天下和平，灾害不生。

（4）谏亲

"谏亲"就是针对父母的过错对其进行规劝，帮助父母德行进步、避免祸患。这是很多人论孝时经常忽略的方面，却是儒家很重视的方面。儒家不赞成子女对父母盲从，而主张凡事应以道德和公理为标准。《孝经》中曾子曾经问孔子："敢问子从父之令，可谓孝乎？"孔子回答："是何言与！是何言与！……父有争子，则身不陷于不义。故当不义，则子不可以不争于父。……从父之令，又焉得为孝乎？"面对曾子"做儿女的顺从父亲的命令，能否称作孝顺？"的问题，孔子斩钉截铁地回答："这是什么话！这是什么话！做父母的拥有会向自己提建议的子女，那么就不会使自己陷入不义的境地。所以面对不义之事，做子女的就需要对父母进行规劝。如果坐视不理，让父母陷入了不仁不义的错误之中，这怎么能称作是孝呢？"

不过规劝父母是要讲究方式方法的。《礼记》说："父母有过，下气怡色，柔声以谏。"父母有了过失，做子女的要低声下气、和颜悦色、柔声细语地加以劝谏。《论语》中孔子说："事父母，几谏，见志不从，又敬不违，劳而不怨。"如果父母不听从建议，那就需要耐心地反复劝谏，保持对父母的尊敬，不要搞对抗，用诚意感化他们，使他们接受。可见，儒家不主张愚孝，而是主张本于仁义的孝，如荀子说的"从道不从君，从义不从父"。今天，有不少年轻人因为婚姻、工作和生活方式的矛盾与父母搞冷战、说恶语，宣称"解除父子关系"，有的甚至对簿公堂，这都是有违孝道的。同样，面对父母的不理智或不合理的要求，抑或是面对父母不利于身体健康的各种习惯，做子女的要像古人说的那样，勇于劝谏，善于沟通，注意方法，用建立在仁爱基础上的相互理解和尊重来化解矛盾、消弭纷争。

（5）显亲

在《孝经》中，孔子提出："立身行道，扬名于后世，以显父母，孝之终也。"成书于南宋的蒙学经典《三字经》教育孩子们："扬名声，显父母，光于前，裕于后。""显亲"就是光耀门庭、光宗耀祖，让父母和整个家族因为自己的功业而享受荣光。

《孟子》认为："天下之本在国，国之本在家，家之本在身。"中国社会由于建立在农耕文明的基础上，基层的实体形态是以血缘亲情为纽带的家庭和家族，形成了以家庭为最小单位的共同体结构和治理思维。家庭利益不但高于个人利益，而且每个家庭成员都需对家庭负有责任。家是国的基础，国是家的延伸，家是最小国，国是千万家。在中国人的精神谱系里，国家与家庭、社会与个人，都是密不可分的整体，这就叫家国情怀。因此，立德、立功、立言的人生价值的实现从一开始就承载着家族的希望、荣耀与延续。奉行孝道也就必然包含着光耀门庭、"以显父母"的实际内容。

显亲的价值追求往往通过传承家风、注重家教来实现。家庭是人生的第一个课堂，父母是孩子的第一任老师，中华民族是在家风家教中塑造人生道德的基础，并使中华文明在家庭美德中薪火相传的。2016年12月12日，习近平在会见第一届全国文明家庭代表时指出："家风是社会风气的重要组成部分。家庭不只是人们身体的住处，更是人们心灵的归宿。家风好，就能家道兴盛、和顺美满；家风差，难免殃及子孙、贻害社会。"

总之，养亲、敬亲、礼亲、谏亲、显亲五个方面涵盖了孝之"善事父母"的具体内容，均基于家庭中子女对长辈的仁爱之心，这是人生立德的根基。

2. 善兄弟姐妹之悌

"悌"指向兄弟姐妹之间的关系。《论语》中孔子指出："弟子入则孝，出则悌，谨而信，泛爱众，而亲仁，行有余力，则以学文。"这一段话成为清代教育家李毓秀编写的三言韵文《弟子规》的纲目。贾谊《道术》曰："弟爱兄谓之悌。"司马迁在《史记》中有："父义母慈，兄友弟恭，子孝，内平外成。""悌"的内容可以总结为家庭的平辈关系中，哥哥姐姐友爱弟弟妹妹，弟弟妹妹尊敬哥哥姐姐。悌道的价值由孝道衍生而来，兄弟姐妹之间的和睦必然使父母长辈身心愉悦，有利于养亲孝亲，而兄弟相争相残也必表现为对父母的不敬不孝。孔子把"悌"纳入自己的伦理思想体系，标志着孝的伦理关系开始泛化。

3. 等差之爱，亲亲为大

以孝悌为本的儒家伦理使中华文化具有一种不同于西方文化的"情感理性"特征，中华文化将缘起于父母子女之间的天然的爱敬相亲之情经由人的理性加工，以概念化、逻辑化的方式确立了整体性的道德伦理原则。梁漱溟先生在《中国文化要义》中指出："周孔教化自亦不出于理智，而以感情为其根本，但却不远于理智———此即所谓理性。理性不外乎人情。"[1]梁漱溟认为，中国伦理具有"因情而有义"的特点，"伦理关系，即是情谊关系。……伦理之'理'，盖即于此情与义上见之"[2]。中华伦理的这一特点不同于康德所指出的建立在纯粹实践理性基础上的无关于情感的西方式的理性主义伦理学。

既然是情感，必有亲疏远近，因此有人将中国的道德伦理描述为一种"等差之爱"。"等差之爱"意味着仁爱具有亲疏远近的差异，既不是墨子的"兼爱"，也不是基督教的"博爱"。《中庸》云："仁者，人也，亲亲为大。"亲亲就是爱敬自己的亲人，就是孝悌之道，立此为本，再谈其他。《孝经》云："不爱其亲而爱他人者，谓之悖德；不敬其亲而敬他人者，谓之悖礼。"一个人如果不爱不敬自己的父母，却声称爱人敬人，其动机是非常可疑的。孝之所以被称为一种"至德要道"（《孝经》），就在于当人将对自家父母兄弟的"孝悌"扩展到社会上去时，会形成仁爱的连锁递进反应。《孝经》指出："故敬其父，则子悦；敬其兄，则弟悦；敬其君，则臣悦；敬

---

[1]梁漱溟:《中国文化要义》，芜湖：安徽师范大学出版社，2014年版，第306页。

[2]梁漱溟:《中国文化要义》，芜湖：安徽师范大学出版社，2014年版，第82页。

一人，而千万人悦。所敬者寡，而悦者众，此之谓要道也。"孝悌作为仁德的根本，是通过人人皆备的理性的"共情"和"移情"来实现的。儒家倡导的"推己及人"或者"己所不欲勿施于人"的辩证思维成为推广仁德的重要的方法论。这就是孟子"老吾老，以及人之老，幼吾幼，以及人之幼，天下可运于掌"的逻辑所在。孔子说："教以孝，所以敬天下之为人父者也。教以悌，所以敬天下之为人兄者也。教以臣，所以敬天下之为人君者也。"（《孝经·广至德章》）各种仁爱之德，无论是夫妻情爱，还是君臣敬爱，抑或是同事关爱，其关系的伦理属性虽不同，最终都可以由孝悌之道推及、扩充而纳入到仁义的范围之中。由此可以看出中华文化的一个特点，那就是务实而理性，不否认人有亲疏远近的私心，但主张人要有推己及人的仁心，亲亲而仁民，只有这样，爱才朴实，才真实，才有生命力。

地势坤，君子以厚德载物。德之为厚，必为根深，王阳明曾做了一个比喻："父子兄弟之爱，便是人心生意发端处，如木之抽芽。自此而仁民，而爱物，便是发干、生枝、生叶。……孝弟为仁之本，却是仁理从里面发生出来。"（《传习录》）所谓"发端处"，即是生长之根基，从孝、悌开端，爱的心意扩展开来，可以达到爱民众、爱万物的境界。

（四）积德行善，反躬自省

《周易》坤卦《文言》曰："积善之家，必有余庆；积不善之家，必有余殃。"积德行善的家族，必然有福庆之事；积累恶劣行为的家族，必然留下祸殃。《周易·系辞下》曰："善不积不足以成名，恶不积不足以灭身。小人以小善为无益而弗为也，以小恶为无伤而弗去也，故恶积而不可掩，罪大而不可解。"这一段话是名言"勿以善小而不为，勿以恶小而为之"的来源，意思是：不积累美德之行就不足以成就功名，不积累恶业就不足以使自己灭亡。小人把小的善事当作是无益于己的事而不去做，又把小的恶事当作无伤大体的事而不去修正，所以恶行积累到无法掩饰的地步，罪行严重到无法宽贷的地步。

"地势坤，君子以厚德载物"中，君子之德厚，并非一朝一夕而成，乃是日积月累的结果。坤卦爻辞的"履霜，坚冰至"，其居安思危、慎重于始的德性意义的内在逻辑是强调时间的累积性。

马克思主义唯物辩证法认为"量变到质变的转化规律"是自然、社会和思维发展的普遍规律。这一规律揭示了事物是由于内部矛盾运动引起发展的。量变是事物数量上的增减，是一种不显著的、非根本性的变化；质变是事物根本性质的变化，是突变、飞跃。量变是质变的准备，质变为新的量变开辟道路。量变超过一定限度必然引起质变，使旧质变为新质，然后在新质基础上又开始新的量变。新的量变超过一定限度又引起新的质变，如此往复不已，推动事物不断向前发展。

《道德经》云："合抱之木，生于毫末；九层之台，起于累土；千里之行，始于足下。"老子讲"道"，道即规律，客观规律决定了很多事物和现象是累积而成，因此修德也好，成事也罢，都需按照客观规律，踏踏实实、有条不紊、从小处入手，不断积累，最终取得收获。《诗经》有"靡不有初，鲜克有终"的诗句。人们往往都会意气风发地开始，却没有几个人能够坚持到最后，做事虎头蛇尾、半途而废的大有人在。同样，一件事情的失败，或一个人的堕落也往往是积累的结果，因此要善于从细微处观察祸患的根由，在"祸变"发生之前做预防性、修补性的工作。

战国时期著名思想家、儒家学说的重要发展者荀子曾经写过一篇脍炙人口的文章《劝学》，系统地总结了学习之道。在论及学习的态度和方法时，荀子用大段文字分析了"积累"的重要性。"积土成山，风雨兴焉；积水成渊，蛟龙生焉；积善成德，而神明自得，圣心备焉。故不积跬步，无以至千里；不积小流，无以成江海。骐骥一跃，不能十步，驽马十驾，功在不舍。锲而舍之，朽木不折；锲而不舍，金石可镂。"学习在本质上就是积累的过程，并没有什么捷径可走。美国作家丹尼尔·科伊尔提出了"一万小时天才理论"，认为人们眼中的天才之所以卓越非凡，并非天资超人一等，而是付出了持续不断的努力。在任何领域，一万小时的锤炼可以使人从"菜鸟"变为"专家"。早在20世纪90年代，诺贝尔经济学奖获得者、科学家赫伯特·西蒙就建立了"十年法则"，这一法则指出，要在任何领域成为大师，一般需要约十年的艰苦努力。这与中国唐代诗人贾岛的名句"十年磨一剑"有异曲同工之妙。

佛学的"缘起理论"是支撑佛学理论大厦的根基，对于理解"积累"这一重要概念具有启示作用。"缘起理论"认为，无论是宇宙、世界还是社会、人生，一切皆是缘起。佛学的重要发展者龙树在《中论》中将缘分为四种：因缘、次第缘、缘缘、增上缘。各种"缘"（因素）积累而成事物。《大宝积经》云："假使百千劫，所作业不亡。因缘会遇时，果报还自受。"佛法认为，我们的善恶之念、一言一行，都是在"作业"，有善业，有恶业。业为因，此因不会自己消亡。因缘际会则生果。自作因，自受果。因此，佛学中有"菩萨畏因，众生畏果"之说。我们剔除佛家缘起理论中的唯心主义糟粕后，就会发现其中含有的智慧结晶。我们要高度重视成长过程中的种种因和缘。一个起心动念，一个不经意的举动，一句话，一件事，都是一次次"积累"，一定要主动为善，主动秉持正念，善于从大处着眼、小处入手。

中华传统文化的主干儒释道都是主张"积德行善"的。《了凡四训》里说"命由我作，福自己求""一切福田不离方寸"，《周易》里说"积善之家必有余庆，积不善之家必有余殃"，《太上感应经》里说"祸福无门，惟人自召，善恶之报，如影随形"。这三句话内涵相通，都在讲起心与动念、积累与业报、主观与客观的关系。这些主张虽然带有宿命论的缺陷，但也并非一无是处。

《诗》云："永言配命，自求多福。"积德行善，不只是一种功业，更是实现有限的个人生命与无限的天地之性融合为一的修行过程。《孟子·离娄上》曰："爱人不亲，反其仁；治人不治，反其智；礼人不答，反其敬。行有不得者，皆反求诸己，其身正而天下归之。"凡是行为得不到预期的效果，都应该反过来检查自己，自身行为端正了，一切就都顺理成章地归正了。儒家认为，人的智慧是一种善于反躬自省的能力，圣贤千言万语，说的无非是"为仁由己"的道理。当你遇到困难、感到困惑的时候，从自身找原因，提高自己的能力和修为是摆脱困境的根本方法。有的人缺少自省的意识，总喜欢抱怨，结果只会使自己的处境越来越糟。

总之，大地厚德载物的思想中蕴含着慎终追远的立德观、无私奉献的无我观、孝悌为本的根植观与积德行善的渐进观。它启示我们，内因在事物发展中始终起决定性作用，一个人的人格和道德决定了他社会行为的效果与人际关系的状态，更决定了他对幸福的认知和感受。修身立德是人处世的根本，是人成长的内因。修炼载物之德，需要在正确的人生价值观指导下，不断追求"无我"的境界，从践行孝悌之道做起，积德行善，在坚持不懈和防微杜渐这两种相辅相成的思维中不断明德、立德、厚德，最终通过修身完成内圣与外王的互通合一。

三、和合之义

天地有"生生之大德"，地之"厚德载物"则昭示大地承载万物的包容之德。"生生"是建立在多样性基础上的。《中庸》写道："天地之道，可一言而尽也。其为物不贰，则其生物不测。天地之道，博也，厚也，高也，明也，悠也，久也。今夫天，斯昭昭之多，及其无穷也，日月星辰系焉，万物覆焉。今夫地，一撮土之多，及其广厚，载华岳而不重，振河海而不泄，万物载焉。今夫山，一卷石之多，及其广大，草木生之，禽兽居之，宝藏兴焉。今夫水，一勺之多，及其不测，鼋鼍蛟龙鱼鳖生焉，货财殖焉。"《中庸》认为，天地之诚，表现在其创生万物万千种类。大地像无私的母亲，孕育生物，承载万物。飞禽走兽、花鸟鱼虫、草木山石，无论善恶美丑，大地母亲一视同仁，没有分别，没有偏爱，万物在大地上和谐共生。

"中也者，天下之本也；和也者，天下之达道也。"（《中庸》）正是物种的多样性，使得这个世界成为一个复杂而精妙的共生系统，人才能于其中展开生命活动。因此，大地之德不仅是"生"之德，还包括"存"之德，即善待生命多样性的问题。对多样性与一致性关系这一基本问题的独特认识，成为中华文化区别于其他文化的重要标志，我们可以把这个独特认识总结为"和合"观念。"和"是一致性中的多样性，"合"是多样性中的一致性。"和合"就是多样性与一致性的统一。张岱年曾说："'和合'一词起源很早。用两个字表示，称为'和合'；用一个字表示，则称为'和'。……许多不同的事物之间保持一定的平衡，谓之和。和可以说是多样性的统一。"[1]《道德经》云："知常容，容乃公，公乃全，全乃天，天乃道，道乃久，没身不殆。""知常"是明白道的规律，从"知常"会发展出"容"的精神，王弼注"容"曰"无所不包，通也"。"容"进而产生无私的美德，此谓"公"，"公"再产生"全"，"全"可以理解为一种周全，是峻极繁盛之象，如《中庸》所讲的"圣人之道，洋洋乎，发育万物，峻极于天。优优大哉，礼仪三百，威仪三千，待其人然后行"。最后，"容"呈现出的是天道，一种永恒的"没身不殆"。"容"是天道价值的根本。"包容和合"的观念是中华

---

[1] 张岱年：《漫谈和合》，《社会科学研究》1997年第5期，第55页。

文明强大生命力的一个来源。

（一）和实生物，同则不继

《说文解字》中"和"写作"咊"，解释为"相譍也"，"相譍"即"相应"，指用声音做出回应。《说文解字》中还有"龢"字，解释为"调也"，即"调和"之义。"龢"在甲骨文中就已经出现，写作：龢。左边是形旁"龠"，其字形像一排竹管或芦管合拼而成的乐器，是笙、箫、排笛之类的吹奏乐器。右边为"禾"字，表示读音。这些乐器一齐吹奏，不同音色音调交融共鸣，声音悦耳动听，显得很调和、和谐，所以"龢"字的本义是指乐声调和、和谐。"咊"字晚于"龢"，在战国金文中出现，其左部为"口"，右部为"禾"。其结构或左口右禾，或左禾右口，秦汉以后结构逐渐统一，作左禾右口之"和"，本义指声音相应和，读"hè"。"龢"字在春秋以前频频使用，进入战国使用频率骤降，文献中渐以"和"代之。今天，"龢"为"和"的异体字。总之，"和"从声音相应、调和的本义出发，衍生为一种重要的哲学思维与处世待人的方法原则。

中国古代的圣贤如同其他文明体系的哲学家一样，都在思考一个终极的问题，那就是"万物从何而来"。西方文化在此产生了带有宗教意义的"上帝创世说"，而中华文化则认为"和实生物"。多样性中的差分、异质通过交融和合而"化"，化则生物。这种思想来源于自然主义，又含有辩证唯物主义的朴素成分。所以说，中华文化一开始就用"哲学"代替了"宗教"。如《周易·系辞下》所言，中华大地上的先祖"仰则观象于天，俯则观法于地，观鸟兽之文与地之宜，近取诸身，远取诸物……以类万物之情"，他们观察天地化生的现象，通过"近取诸身"，发现人类男女交合而孕育生命，通过"观鸟兽之文"，发现鸟兽也是雌雄交合而生出新生命。故《周易·序卦》云："有天地然后有万物，有万物然后有男女，有男女然后有夫妇，有夫妇然后有父子，有父子然后有君臣，有君臣然后有上下，有上下然后礼仪有所错……夫妇之道不可以不久也。"阴阳二性的和合是化生万物的关键。古人继而再发现"土与金、木、水、火杂以成百物"[1]。三国时期学者韦昭在《国语注》中写道："杂，合也。"中华文化不认为有一个绝对超越的神或者上帝创造了万物，也不是某种固定的单一的绝对的"质"化生万物，而是天地之间充满异质与差别的甚至特性对立的"多样性"以"和"的方式来化生万物。

首先，"和"是"生"的根本力量。《国语·郑语》记载："夫和实生物，同则不继。以他平他谓之和，故能丰长而物归之；若以同裨同，尽乃弃矣。"意思是说，"和"是不同元素或因素的结合，不同、差别是"和"的前提，性质相同则无法取得发展，"平"是把性质不同的东西兼容起来，用尊重、包容兼容多样性，构建和谐，物才能"丰长"。"以同裨同"则把性质相同的东西相加在一起，用改造来强化同一性，剥夺事物多样性，则会导致"尽弃"（枯竭不继）的结果。这正是体现了所谓"合则两利，斗则两伤""水至清则无鱼"的思维。《左传》中晏婴与齐景公有一段对话："公曰：'和与同异乎？'对曰：'异。和如羹焉，水、火、醯、醢、盐、梅，以烹鱼肉，燀之以薪，宰夫和之，齐之以味，济其不及；以泄其过。君子食之，以平其心。'"晏婴以烹制羹肴作比，指出和是不同材料、调味品汇集在一起，在人的主观作用下互相配合、加持，取长补短的过程。他进而又用音律作比："声亦如味。一气、二体、三类、四物、五声、六律、七音、八风、九歌，以相成也；清浊、小大、短长、疾徐、哀乐、刚柔、迟速、高下、出入、周疏，以相济也。君子听之，以平其心。"音乐所体现的"和"，是各种相

---

[1] 徐元诰撰，王树民、沈长云点校：《国语集解》，北京：中华书局，2002年版，第470页。

互不同、相互对立的因素通过人有意地调节而成为一种更具动态平衡性的统一状态。各要素既不是相互抵消、溶解，也不是简单地排列组合，而是融合、荟萃各积极方面，彼此增益，形成具有内在活力、生命力、再生力的统一体。这段精彩的辩证来自2000多年前的中国先贤，生动诠释了矛盾的同一性以对立性为前提，矛盾双方的对立统一推动了事物发展。

其次，"和"代表"生"的理想状态。与"和"相较，"合"更多表示一种聚拢的状态。合的造字本义为"合口"，指口的上唇与下唇的合拢。《尚书》中"合"字为符合、聚合之意，如"襄我二人，汝有合哉""罪合于一，多瘠罔诏"。春秋时期，"和合"开始并用为一词，用"合"来强调"和"所塑造的一种理想状态。《管子》提出，"畜之以道，则民和。养之以德，则民合。和合故能谐，谐故能辑。谐辑以悉，莫之能伤"。这段话中，"和"与"道"相连，是万事万物生存发展的原理、根据；"合"与"德"相连，是人、社会按照"道"与"和"的原则实践之后，内化为"德"，达成"合"的状态。道、和为因，德、合为果。和合就能使社会和谐，从而很好地组织民众，民众团结的社会就没有什么外部因素能够伤害。《国语·郑语》有"商契能和合五教，以保于百姓者也"。"五教"即"父义、母慈、兄友、弟恭、子孝"（韦昭注）五种伦理，指商契能使伦理昌明、道德盛行，社会安定团结。墨子认为"内者父子兄弟作怨恶，离散则不能相和合。天下之百姓，皆以水火毒药相亏害"[1]"昔越王勾践好士之勇，教驯其臣和合之"[2]，墨子把"和合"连用一起，表达聚合、团结、不离散之状态，为他的"兼相爱，交相利"的主张服务。

---

[1] 吴毓江撰，孙启治校注：《墨子校注》上，北京：中华书局，1993年版，109页。

[2] 吴毓江撰，孙启治校注：《墨子校注》上，北京：中华书局，1993年版，159页。

最后，"和"代表"生"的运行方式。《道德经》中说："挫其锐，解其纷，和其光，同其尘，是谓玄同。"王弼注："无所特显，则物无所偏争也；无所特贱，则物无所偏耻也。"吴澄注："和，犹平也，掩抑之意；同，谓齐等而与之不异也。""和其光，同其尘"，就是"涵蓄着光耀，混同着垢尘""含敛光耀，混同尘世"。这里的"和"是动词性的，表示配合、应和之义。人是高度社会化的存在，每个人都不可能脱离社会而存在。亚里士多德曾说，离群索居的人，不是神灵，便是野兽。如"和"的早期形态"龢"，代表乐器的配合，声音的相应，我们每个人都是社会这个宏大交响曲的一个音符，"音声相和"才能使社会有序发展。《周易》有"鸣鹤在阴，其子和之"的爻辞（《周易》孚卦），家庭成员要互相扶持、配合，才能"家和万事兴"。"和"作为生的运行方式告诉我们，"孤阴不长，独阳不生"，事物需要在个性与共性间达成平衡，人需要怀有谦逊、仁德的利他之心。不是不能有个性，因为没有个性就没有创造，但是一味追求个性，追求张扬，不懂配合，不懂应和，结果也必然是"众叛亲离"后的"孤军奋战"。因此，孔子说"己欲立而立人，己欲达而达人"。"和"是人与社会的生存之道，也是万物发展的基本运行方式。

西方哲学也注意到差异，但对差异各方关系的理解不是和谐共生，而是矛盾对立。在针对世界本原之问的终极思考中，柏拉图把世界分成两个：一个是由个别事物组成的、用肉眼可见的现象世界，称之为"可感世界"；另一个则是由理念组成的、不可被人感到但可被人知道的理念世界，称之为"可知世界"。这两个世界的关系是原本和摹本的关系，理念世界是原本、模型，现象世界是理念世界的影子或摹本。他把理念实体化和客观化，成为独立于可以感知的个别事物的实在本体。这样一来，在柏拉图的哲学中就出现了个别事物与抽象概念之间的二元分离。柏拉图曾说："凡事物要成为二，就必须'分有''二'，要成为一就必须'分有''一'。"[1]自此之后，"本原是否运动、它与现象如何关联，这一直是西方哲学的棘手问题。性质单一的本原也决定了其肯定同一、否定矛盾的方法"[2]。继柏拉图之后，亚里士多德又提出实体学说，把个别事物与"理念"都看作实体，而其在形式逻辑学说中，认为唯有同一律才能确保真理。古希腊哲学家的观念在一定程度上反映了西方文化与中华文化截然不同的传统。西方哲学中，本体与现象、主体与客体、自我与他人，人的理性与感性，种种矛盾都广泛地处于差异和二分的状态，中华文化则超越了差异和矛盾，以统一性包容了差异性。对比西方，中华民族的最大的特点就是"和"。

"和合"观是最有代表性的中国式辩证法。阴阳之间的关系体现"和"，阴阳互动的价值体现为"合"。《周易·系辞上》："易有太极，是生两仪，两仪生四象，四象生八卦。"《周易》的卦象由阴阳二爻先组成"少阴、少阳、太阴、太阳"四象，再组成"三爻之八卦"，八卦之间两两组合构成六爻之六十四卦。圣人用这些卦象来诠释宇宙万物的存在、发展、变化及其价值内涵。另外用"错综复杂"的卦态说明观察事物发展不仅要看事物本身，还要从相对的角度看、相反的情况看、相加的角度看。[3]人观察事

---

[1] 北京大学哲学系外国哲学史教研室编译：《古希腊罗马哲学》，北京：商务印书馆，1961年版，第178页。

[2] 王海英：《河海不择细流，故能就其深》，《光明日报》2019年8月5日第2版。

[3] 错综复杂原指《周易》六十四卦中两个卦之间的关系——错卦、综卦、复卦和杂卦。错卦又称"对卦""旁通卦"，指阴阳相对的卦。综卦又称"反卦""覆卦"，指将一个"六爻卦"反覆（颠倒）过来所得到的卦。"复卦"是指上下卦由同一个"单卦/经卦"组合而成，也称"纯卦"，六十四卦中，乾、巽、坎、艮、坤、震、离、兑卦为"纯卦"，因为这样的卦只有八个，也称"八纯卦"。杂卦是相对"纯卦"而言的，六十四卦中除"八纯卦"以外，剩余五十六卦都可称之为"杂卦"。

物要从多角度观察，多方位思考，不要非黑即白、非此即彼，不要拘泥死板，要懂得换位思考。

"八卦图"生动形象地体现了中华哲学的"和合观"。据传其是由宋朝一位对道学思想和《周易》学问很有造诣的道士陈抟所绘，后传给周敦颐，周敦颐著《太极图说》加以解释并对朱熹等宋明理学家产生很大影响。

在今天我们所熟悉的太极图中，一个圆代表"道生一"，是混沌，是宇宙，阴阳同在这个圆内体现"阴阳本是一体"。圆体现了中华文化独特的"整体观念"，是"合"的范畴。圆中的黑色与白色部分（所谓"阴阳鱼"）代表矛盾的两个方面，就是"一生二"，"鱼之眼"体现"阴中有阳，阳中有阴"，说明"孤阴不生，孤阳不长，阳阴必须和合才能生物"的道理。太极图的阴阳鱼处于不断旋转换位的运动状态。"阴阳鱼"说明事物是永远处于发展变化中的，具体来说就是阴阳互化。当一点点的小阳发展到阳极的时候，一个小阴生出来；同理，一点点的小阴发展到阴极的时候，一个小阳就生出来了。这些转化、运动，形象地展示了"和"的过程，表现出"生生不息"之相。

（二）和而不同，求同存异

前面的章节已经分析了大地势坤之性所包含的随顺安分与大方正直的美德，这两种美德都是"和"的辩证观念在德性中的展现。人的生存和发展涉及两个最基本的问题，那就是"人与自然"和"人与人（社会）"的关系。人作为理性的行为体，其与自然、社会之间始终布满由竞争与依赖、斗争与合作带来的压力与张力。相对于矛盾的统一性，人似乎对矛盾的对立性更加敏感。在面对矛盾时，理性人一般有两种处理方式：一种是用非此即彼的二元观念、用斗争方式进行单一向度的改造，以求同化抑或消灭矛盾的另一方；另一种是用"和"的观念以及"执两用中"的方法，构建一种"求同存异，包容共生"的"和为贵"境界。后一种是中国人的传统观念，因为其处理方式最大限度地体现了"生生"之义，也是《周易》乾卦中"保合太和，乃利贞"的本义。要做到"保合"，就需要人具备像大地般的包容和宽容，在不同规模的团体或共同体中承担自己的责任，配合别人的工作。同时，更需要"直、方、大"地去贡献力量，坚持一定的原则，坚持"正道"的立场与"合作"的方向。这些都对人的素养有很高的要求。

孔子在《论语》中提出了人在社会中生存和发展的一个重要法则，那就是"和而不同"。《论语·子路》云："君子和而不同，小人同而不和。"此处的"小人"我们最好理解为"平庸的人"，而君子则是儒家倡导的人格标准。君子和平庸的人在对待和处理多样性与一致性的关系上产生分歧。君子包容他者与自己在观念、利益、偏好等方面的不同，本着求同存异的态度，立足于尊重多样性，以"和"的方式去实现一致性。而平庸的人只顾片面地追求"同"，无法容忍分歧与异质，试图通过斗争、同化去实现"同"，结果导致各方离心离德，不仅没有实现一致性，反而加剧了多样性，恶化了社会环境。

"君子和而不同"至少有两方面内涵。一方面，"和而不同"是君子践行"仁爱"的路径。人类社会是复杂的，社会分工是多元的，人的思想是多变的，利益诉求是多样的。作为君子需要不断从"和实生物"的智慧中体会"和"的力量和妙用，包容甚至护持"多样性"，如晏婴所讲的和羹与和声的道理，只有"和"才能实现"生生"。"和"就是接纳不同、尊重不同，使"不同"在"和"中共存和"融通"，"不同"是"和"的"条件"。

另一方面，"和而不同"是君子进行"修身"的方法。君子只有与不同思想的人进行交流甚至交锋，与他人平等坦诚地交换意见才能形成"新知"，从而"苟日新，又日新，日日新"。不同思想之间的相"和"就是"见贤思齐""如切如磋，如琢如磨"的学习过程。不同身份、地位、性格的人相"和"则是"亲民""仁民""己所不欲，勿施于人"的修身过程。《道德经》讲"善者，不善人之师。不善者，善人之资"，"和"是君子修身的态度起点。小人无原则地盲目跟随与附和，甚至是"排除异己"，只能导致"同"，却不能带来"合"。"同"是为了眼前的利，而非出自"忠恕"的感召，关键时刻必然因利益相悖而"离散"。

"和而不同"是一种哲学思想，"求同存异"是做事原则。中国共产党的统一战线政策就是运用"求同存异"原则的成功典范。在长期的革命实践中，中国共产党人积极在复杂的社会矛盾中求团结、促合作，争取人心，赢得主动。许多人正是从中国共产党的统一战线政策中认识到中国共产党是真正为中华民族的解放事业而奋斗的党，对党的态度由疑惧到信赖，由疏远到亲近，成为党的亲密盟友，进而接受了党的领导。

（三）集思广益，协商合作

从"和"的字形演变看，甲骨文的"龢"，本义为乐音调和；金文"咊"写成"口"与"禾"的结构（"禾"表示读音），字义转变为声音相应；金文异体字"訸"用"言"代替"口"，又进一步突出言语相和的含义。语言是人表达思想情感、反映利益诉求的主要工具。语侧重声音，言侧重内容。为政者只有让人民能够发表其意见，表达其观点，反映其利益诉求，才能实现"政通人和"，社会才能和谐。"和"的字形流变，特别是金文"咊"与"訸"的出现，反映了随着国家政治的不断成熟，"和实生物"的哲学观念逐渐演化为一种主张"社会和谐"的政治思想。从"谐"字的构造来看，"皆言"为谐。《说文解字》段玉裁注："凡从皆声字，多有和同义。此盖谓言语之合。"因此，"和谐"一词的本义，就是指言语的"和合"。政治和社会生活中的和谐，意味着参与各方能包容不同观点、尊重不同意见、照顾不同利益，让各方都能表达言论，形成一种包容、宽松、通畅的氛围。中国古代政治家也由此产生了政治性的协商思维，其表现形式可以概括为"集思广益"。

　　"集思广益"一词最早出自三国时期诸葛亮的《教与军师长史参军掾属》中。据说223年，蜀主刘备去世前，把军国大事都托付给了丞相诸葛亮。为了履行对先主的承诺，诸葛亮全心全意地辅佐后主刘禅，殚精竭虑，事必躬亲，任劳任怨。当时，丞相府里有一个办理文书事务的主簿，名叫杨颙，他看到诸葛亮无论做什么事情都要亲自过问，觉得这样太辛苦了，于是劝谏诸葛亮说："处理国家军政大事，上下级之间应该有不同的分工，不需要一切事情都由长官亲自过问处理。"杨颙还列举出一些历史上的典故，劝导诸葛亮在工作上"抓大放小"、善于调动众人参政的积极性。诸葛亮对杨颙的劝告表示接受，后来杨颙病死，诸葛亮非常难过，认为是蜀国人才的损失。为了鼓励下属参与政事，诸葛亮写下了《教与军师长史参军掾属》这篇文告，提出"夫参署者，集众思广忠益也"，意思是"丞相府让大家都来参与议论国家大事，是为了集中众人的智慧和意见，广泛地听取各方面有益的建议"。

　　古代典籍中的"和"与"和合"，其大量的出处都与政治相关。"和实生物"的哲学思维在政治思想中表现为"以民为本"的集思广益与社会和谐之道。"以民为本"既是国家治理的落脚点，也是社会和谐的出发点，如《左传》的"臣闻以德和民，不闻以乱"，《国语》的"惠所以和民……教施而宣则遍，惠以和民则阜""国之大事在农……和协辑穆于是乎兴"。对于农耕文明而言，社会和谐、人民和睦、群策群力是发展作为国本的农业生产的基础。《左传》记载了孔子对于为政的看法："政宽则民慢，慢则纠之以猛。猛则民残，残则施之以宽。宽以济猛，猛以济宽，政是以和。"孔子认为宽严相济、礼法并用是政治的重要原则。宽和礼反映了"和"的原则，包容多样性；严和法反映了"合"的追求，促进一致性。

《论语》中的"礼之用，和为贵，先王之道，斯为美"，反映了治国理政以及政治制度（礼的本质）的设计当以"贵和"为核心价值导向。"礼之用，和为贵"，一方面强调多样性在政治权力空间中的共生与共处、沟通与互补是政治健康发展的基础，另一方面，如荀子所言"礼别异，乐合同"，用"礼"（法律与礼仪）来规定多样性所应遵循的秩序，用"乐"（文化与教育）来促进共识，特别是共同体认同。在孔子心中，上古时尧舜的宽容型政治就是榜样，礼乐制度的价值就在于创造和维系一个容纳、兼顾不同阶层、不同意见、不同利益诉求，和谐共生的政治和社会秩序。今天的中国依然继承着"礼乐"文明的智慧，不断塑造和强化着中华民族的命运共同体意识，为实现中华民族伟大复兴凝聚起智慧和力量。

"天时不如地利，地利不如人和"（《孟子·公孙丑下》）强调了"人和"的关键作用，虽有天时、地利，但"为政在人"。只要发挥了人的主观能动性，就能克服客观条件的限制取得成功。荀子的"和则一，一则多力，多力则强，强则胜物"（《荀子·王制》）强调国家制度在于能够集中力量，形成强组织、强动员、低内耗的政治秩序，增强促进国家强大的软实力。

为了实践"礼之用，和为贵"的思想，中国古代形成了一套协商制度，如朝议、谏议、清议、乡议等制度。古老的尧舜禹禅让制，其政体的内核是协商性共和制。《尚书》云，"汝则会大疑，谋及乃心，谋及卿士。谋及庶人，谋及卜筮"，意思是说，如果首领遇到重大疑难问题，除了自我思考外，要分别与卿士商量，与老百姓、负责占卜的官员商量，权衡多方意见后决策。可见，"在上古时期就形成了一套以王为中心的具有开放性的多方参与的决策体系。"[1]汉武帝"独尊儒术"以后，儒家礼法制度和思想全面介入政治，儒家知识分子通过察举制、科举制参与政治，一种由皇家、贵族、官员、平民共同参与的协商文化被逐步构建起来。一方面，古代协商实践较为丰富。"秦朝凡是重大事件如帝号、封建、封禅等都与大臣商议。汉代协商的议题则扩展至立嗣、立法、人事任免、教育、盐铁专卖、边事、出战、迁都等问题，也设置了针对某项重大政策如盐铁、文教的专题协商会。"[2]隋唐三省六部制以"中书出令、门下封驳、尚书施行"的分权设计，强化了以宰相为首的中枢辅政集团"协商"议事并作为皇帝最终裁决基础的制度。另一方面，儒家知识分子因享有"朝为田舍郎，暮登天子堂"的向上阶层流动的机会，成为上下沟通的中枢。从历史看，皇家、儒家政治精英与老百姓三者沟通畅通则天下大治，沟通阻断则天下大乱。协商之畅通一要依赖于皇权机体的健康，二要依赖人才选拔与官僚管理制度的有效，三要依赖政治协商机制的正常运转。

中国共产党创造性地继承和发扬中华优秀传统文化，在领导中国人民进行革命、建设、改革的事业中，开创和不断推进社会主义协商民主制度，成为中国社会主义民主政治的特有形式和独特优势。党的十八大以来，社会主义协商民主建设进入新时代，2015年中共中央印发的《关于加强社会主义协商民主建设的意见》中指出："协商民主是在中国共产党领导下，人民内部各方面围绕改革发展稳定重大问题和涉及群众切身利益的实际问题，在决策之前和决策实施之中开展广泛协商，努力形成共识的重要民主形式。"它为发展中国社会主义民主政治丰富了形式，拓展了渠道，增加

---

[1] 齐惠：《中国古代政治中的"协商"因素》，《北京日报》2018年8月6日第15版。

[2] 齐惠：《中国古代政治中的"协商"因素》，《北京日报》2018年8月6日第15版。

了内涵，在建设社会主义政治文明、推进国家治理体系和治理能力现代化方面发挥重要作用。

（四）协和万邦，天下大同

大地之广也、厚也、博也、大也，"载华岳而不重，振河海而不泄"给君子以和合共生、和谐共存的启迪，同时也形成中华文明追求"协和万邦""天下大同"的胸怀。《尚书·虞书·尧典》记载："克明俊德，以亲九族；九族既睦，平章百姓；百姓昭明，协和万邦。"由于中华文明区处在全世界最大的农耕区，自古就是世界上人口最多的地区，在上古时期，诸多族群、部落形成小邦林立的政治格局。在尧舜时代，鉴于当时"天下万邦"的社会现实，尧提出"协和万邦"的理念，体现了"和合之义"从个人内心的仁和，扩展到家族的亲和，最终扩展到邦国之间的协和的发展历程。

协和万邦的观念与天下大同的观念密不可分。"天下"观念起源很早，具有三重内涵：第一，地理意义上的"天覆盖下的空间"，如《诗经·北山》的"溥天之下"；第二，伦理学、政治学意义上的"共同体"，如孟子的"穷则独善其身，达则兼济天下"，范仲淹的"先天下之忧而忧，后天下之乐而乐"；第三，心理意义上的"民心"。

据《尚书》记载，早在4000多年前的尧舜禹时代，中华民族就有"光天之下，至于海隅苍生，万邦黎献"（《尚书·益稷》）的"天下"意识。《战国策·齐策》也有"古大禹之时，天下万国"的描述。可见，虽然当时的"万国"只是诸部落而非诸国家，但人们已有一种汇万国为天下的"世界性"思维。这种世界性的思维可能来自现实的需要，比如抵抗洪水。德裔美国历史学家魏特夫就认为中国国家的起源是因治水的需要，他提出中国古代是"治水社会"[1]。诸多部落推举出像尧帝、舜帝、大禹这样的"天子"以协调各部落，商议抵抗水患等全体大事，产生了"协和万邦"的机制性安排。除功能需要外，"天下"思维也来自中国的地缘特点。古人表达"天下"的两个词"普天之下""四海之内"都是明显立足大陆对"世界"地理的表述。如冯友兰认为："住在海洋国家的人民，如希腊人，会不明白，居住在'四海之内'（比如说，住在克里特岛上），怎么就是住在'普天之下'。"[2]古老的地理学著作《山海经》蕴含着中华文化作为海陆两面性地缘文化的诸多特点，是中华文化重视地理探索、物产开发、信息采集和文化沟通的古老文字记载。

天下观念从地理向人文的拓展离不开周。周取代商是中国政治史、文化史上重要的里程碑。"周虽旧邦，其命维新"，周开辟了中国历史的新境界，使"天下"观念得到真正的制度化。作为崛起于中国西北部的部落，周灭商后面临严峻而危险的政治环境。商的灭亡主要是因为商王的"昏庸无道"而导致各诸侯部落对其离心离德，因此，周虽然以"替天行道"之名取得了战争的胜利，但如何维持这一胜利成果，得到各诸侯听命认可、维系共主宝座，是一个现实的问题。为此，分封制应运而生。有学者认为："（周）必须把外在的众多邦国转化为内部存在，这意味着周政权必须创制一种高于国家的世界体系来实现世界的内部化，即创制天下。"[3]分封制和礼乐制是"天下"制度的基石，周公是"天下"的创制者。分封制使当

---

[1]［美］卡尔·A.魏特夫：《东方专制主义》，徐式谷等译，北京：中国社会科学出版社，1989年版，第23页。

[2]冯友兰：《中国哲学简史》，赵复三译，天津：天津社会科学院出版社，2007年版，第17页。

[3]赵汀阳：《天下的当代性：世界秩序的实践与想象》，北京：中信出版集团，2016年版，第55～56页。

时的"世界"形成家天下的网络，打破了夏商时期政治松散、诸国林立的局面，并通过划分权力等级，建立政治秩序，使宗主国与诸侯国相互监护。"礼之用，和为贵"，礼乐制是"精神性的存在秩序"[1]，是配合政治秩序而创造的文化层面的秩序。"德治"则是从伦理学与经济学的双层角度解决利益公正分配问题。周朝政治精英认识到"德惟善政，政在养民"：能够确保政治长久的根本是使利益普遍共享，统治应先重"民本"和"治理"。自此，通过分封、礼乐等制度安排，"天下"从理想转化为实际。

"天下"观念的政治性、精神性、伦理性得到统一。这种统一体现在"天下大同"的观念中。

"天"本身具有一种超越性和整体性，因为"天"是普遍的、光明的、好生的，它至大至广，公正无偏，因此"天下"亦具有"大同"和"为公"的美义。"天下大同"出自《礼记·礼运》："大道之行也，天下为公……是谓大同。""天下大同"继承着以民为本的政道价值，是中国古代圣贤心目中人类最终可达到的理想世界，代表着人类对未来社会的美好憧憬。

随着近代以来中国人开始放眼看世界，中国人意识到"天下"比《禹贡》描述的"九州"大得多。"天下"的地理意蕴已被"世界"或"全球"取代，但其文化意蕴依然影响着中华文明独特的世界观和外交观。

相对于"世界"的概念，"天下"具有一种整体性视野和系统性观照，因而具有一种超越性的精神价值。中文中的"世界"一词来源于佛经，世指时间，界指空间，其外延比今所常用的"世界"要浩瀚得多，类似"宇宙"的同义词。如今一般使用的"世界"一词，多对地球或国际社会而言，

---

[1] 赵汀阳：《天下的当代性：世界秩序的实践与想象》，北京：中信出版集团，2016年版，第58页。

对应的英文为"world"。从这个意义上来说，也可以说它是旧瓶装新酒，面貌是旧的，含义是新的。在西方语境下，"世界政治"即"国际政治"，是以主权国家、民族国家以及国家间关系为基本分析单位的体系。

值得注意的是，西方政治学强调"国家间"，缺乏超越"国家"的整体性治理思维，从而在实践中缺乏能担当全球治理重任的行政单位。无论是联合国还是 G7 抑或 G20，甚至是一体化程度最高的欧盟，其本质上仍是政府间组织。其根源来自古希腊和古罗马作为半岛型、群岛型地缘政治实体所形成的崇尚自由主义、个人主义、国家主义（单一民族单一国家）的传统。如学者赵汀阳所认为："中国的政治哲学把天下看成是最高级的政治分析单位，而且是优先的分析单位。这意味着，国家的政治问题要从属于天下的政治问题去理解，天下的政治问题是国家的政治问题的依据。政治问题的优先排序是'天下—国—家'；与之不同，西方政治哲学中没有'天下'这一政治级别，国家（民族／国家）已经被看成是最大的政治单位了，它的政治问题优先排序是'个体—共同体—国家'。……目前的世界仍然只是个'非世界'（non-world），它只是个地理存在，不是个政治存在……从哲学上看，这表现为如何创造一个具有合法性的世界观的问题。"[1]

"帝国"一词，在现代国际政治范畴内，尽管具有一定的政治或文化意蕴，指"在一个较大地理区域内、涵盖较多人口，建立有鲜明特征的政治、经济、社会、军事体系与人文价值观，形成一定的国际政治体系，并在一定范围内推广、维护这种体系的国家"，但终究未能超越"国家"，在

---

[1] 赵汀阳：《天下体系：世界制度哲学导论》，北京：中国人民大学出版社，2011 年版，第 11～14 页。

历史记忆中，"帝国主义"往往联系着"殖民""剥削""战争""屠杀""分崩离析"等，很难体现具有世界治理价值的正面意义。"天下"则是一个相对整体的且具有感召力的世界概念。

《道德经》的"以身观身，以家观家，以乡观乡，以邦观邦，以天下观天下"以及《大学》的"治国平天下"，都说明了"天下观"在政治逻辑中含有一种对国家观念的超越性，具有"以天下观天下"的整体观照情怀。"天下观"在哲学层面为超越西方国家中心主义，构建真正的具有永久意义的"世界制度"（包容一切他者、共谋发展的"太和"体系）提供了可能，虽然在实践层面将面对很大的困难和挑战。"天下"所要构建的是一种以"世界"本身作为问题起点的思考范畴，是"全球治理"的理想思维。

美好世界是全人类的共同追求。《周易》坤卦《文言》曰："君子黄中通理，正位居体，美在其中，而畅于四支，发于事业，美之至也。"费孝通先生提出："各美其美，美人之美，美美与共，天下大同。"国家之间若能够相互尊重、相互欣赏、和平共处、互不侵犯，这就是"各美其美，美人之美"；不同文明之间若能够相互借鉴、相互合作、共谋发展，构建一个以安全和普惠为核心价值观的人类命运共同体，这就是"美美与共，天下大同"。

第三章

观地之宜而取诸物

《周易·系辞下》曰："古者包牺氏之王天下也，仰则观象于天，俯则观法于地，观鸟兽之文与地之宜，近取诸身，远取诸物，于是始作八卦，以通神明之德，以类万物之情。"天地是大道的根源，是宇宙规律的总汇，把握天道是人事的核心，因此《阴符经》开宗明义："观天之道，执天之行，尽矣。"但是，天道高远渺茫，耐人寻味，如《左传》云："天道远，人道迩，非所及也，何以知之。"于是，"观鸟兽之文与地之宜，近取诸身，远取诸物"就成为一种更为方便的路径，因为万物是道的化生，也是道的载体。"理一分殊""月映万川"，天道普惠万物，万物各备其道。天理存于万物之理中。

几千年来，中华民族在寻觅天道的过程中，形成一种"比德于物"的思维，即在对自身和自然之物的观察中寻找天地之道中的精神品质，供人效法和敬仰。《礼记·聘义》中记载了孔子的一句话："昔者君子比德于玉焉，温润而泽，仁也。"意思是：君子的德操可以和玉相比，温暖而有光泽，像是"仁"带来的感受。

怎么理解"比"呢？中国最早的诗歌总集——《诗经》的表现手法历来被归纳为"赋、比、兴"。《周礼》提出："教六诗：曰风，曰赋，曰比，日兴，日雅，日颂。"汉代经学家郑众解释道："比者，比方于物，诸言如者，皆比词也。比之与兴，同附托外物，比显而兴隐。"郑玄则认为："赋之言铺，直铺陈今之政教善恶。比，见今之失，不敢斥言，取比类以言之。兴，见今之美，嫌于媚谀，取善事以喻劝之。"总之，"比"就是托物言志、借物喻理的表达手法，在中国诗歌艺术中有着集中体现。

此外，《周易》比卦，卦象为下坤上坎。地上有水，有滋润万物、福泽天下、四海归顺之义。比卦是吉祥之卦，其《象传》曰："比，吉也；比，辅也，下顺从也。""比"的目的是择善而辅，"下顺从"意为"人皆有趋利避害之心，知择善而从"。《左传·昭公二十八年》有"择善而从之曰比，经纬天地曰文"之说。

一、水

水是生命的源泉，是地球上最常见的物质之一。地球其实叫"水球"更恰当，因为其表面约有 71% 被水覆盖。水是包括人类在内所有生命生存所需的重要资源，也是生物体最重要的组成部分。在不同地区的文明中，都不同程度地存在对水的崇拜。中华民族以黄河和长江两大水系为文明的摇篮，产生了高度发达的农耕文明，中国人与水密不可分。《管子》提出，水是万物之本原，"是以圣人之化世也，其解在水"。《道德经》提出"上善若水"。可以说，除了天地之道，对中华文明的智慧启迪第三重要的自然意象，就来自"水"。水不仅哺育了中华民族，也孕育了绚烂多姿的中华文明，形成了历史悠久、博大精深的水文化，广泛地存在于中国的语言文字、文学艺术、哲学思想、政治思想等方面。

水的甲骨文早期写作：💧，字形像峭壁上落下的液滴。有的甲骨文写作：💧，像液体顺崎岖凹凸的岩壁由两边向下流泻飞溅的样子。金文简化为流动的曲线。其形正是《周易》的坎卦，两个阴爻在外，一个阳爻在中间，象征水主阴柔，却也刚柔并济。

水的意象极为丰富，历来是中国文人抒发情感的借鉴之物。水富于变化，绚烂多姿。论雄浑，是李白笔下的"黄河之水天上来""飞流直下三千尺"；论瑰丽，是白居易笔下的"日出江花红胜火，春来江水绿如蓝"；论静谧，是柳宗元笔下的"孤舟蓑笠翁，独钓寒江雪"；论柔美，是李煜笔下的"问君能有几多愁，恰似一江春水向东流"。水唾手可得，为茶为雨，故与人亲近，如李清照的"豆蔻连梢煎熟水，莫分茶。枕上诗书闲处好，门前风景雨来佳"。水有时寄托着人们无限的愁思，如李之仪的"日日思君不见君，共饮长江水"；有时寄寓着岁月的安好，如杨万里的"泉眼无声惜细流，树阴照水爱晴柔"；有时裹挟着不甘的志愿，如陆游的"夜阑卧听风吹雨，铁马冰河入梦来"；有时荡漾着浓浓的乡愁，如纳兰性德的"山一程，水一程，身向榆关那畔行，夜深千帐灯。风一更，雪一更，聒碎乡心梦不成，故园无此声"。

水更像师长，是圣贤君子修身的标杆。它是"道生之，德畜之，物形之，势成之"的代表，是尊道而贵德的表率。汉代学者董仲舒在《春秋繁露·山川颂》中对水有一段精彩的分析："水则源泉混混沄沄，昼夜不竭，既似力者；盈科后行，既似持平者；循微赴下，不遗小间，既似察者；循溪谷不迷，或奏万里而必至，既似知者；障防山而能清净，既似知命者；不清而入，洁清而出，既似善化者；赴千仞之壑，入而不疑，既似勇者；

物皆困于火，而水独胜之，既似武者；咸得之而生，失之而死，既似有德者。"董仲舒以水喻德，刻画了水的九种品性，同时也是君子修身的目标。

一是水波涛汹涌，源源不竭，昼夜不停，像是有力量的人；二是水遇到坑洼，要充满填平之后才继续向前流，像是追求公平的人；三是水可以顺着轻微的坡度而下，不遗漏细小的空隙，像是明察秋毫的人；四是水即使在深山峡谷也不迷路，奔流万里直达大海，像是方向明确而有智慧的人；五是水若遇到堤坝阻碍，就安静地等待，静之以徐清，就像知命的人；六是出生时泥沙俱下，浑浊不堪，最终却能沉淀为洁净的清水，就像善于改过自新的人；七是前面纵有万丈深渊，急难险重，却能毫不犹豫，奔涌而去，就像是勇敢的人；八是所有东西都怕火，而唯独水能灭火，像是有本事的人；九是有水则万物生长，无水则万物皆死，就像是有圣德的人！

（一）上善若水，处下不争

在中华文化灿若繁星的诸多经典中，对水之精神最为经典的论述，非《道德经》莫属，尤其是其第八章所写："上善若水。水善利万物而不争，处众人之所恶，故几于道。居善地，心善渊，与善仁，言善信，正善治，事善能，动善时。夫唯不争，故无尤。"这句话的意思是：最高的德行像水一样，因为水善于滋润万物而不与谁争利抢功。水往往居于众人所不齿的卑下污浊之地，所以最接近"道"的品性。人应该像水一般，自处于谦卑之地，内心沉着宁静，待人以仁善为本，谨言而有信，为政正直而善于治理，做事能发挥自己的长处，行动善于把握时机。唯其有谦卑不争的美德，才不会出现过错。

《道德经》之所以认为水是上善，有三个原因：一是善利万物，二是不争，三是处众人之所恶。

首先，水之功德——善利万物，孕育生命。一切生命，无论动物还是植物，其孕育都离不开水。在中西方文化的早期，都有哲人提出水是世界的本原。《河图》之中，有"天一生水，地六成之"。"天一"就是天之德，德生于道，蕴含着水为万物本原之意。《管子·水地篇》则直接提出："水者，何也？万物之本原也，诸生之宗室也。"

公元前7世纪至公元前6世纪，古希腊最早哲学学派米利都学派的泰勒斯提出水是世界的本原之说，认为"水生万物，万物复归于水"。据说泰勒斯曾向埃及人学习观察洪水，他发现每次洪水退后，不但留下肥沃的淤泥，还在淤泥里留下无数微小的胚芽和幼虫。他把这一现象与埃及人原有的关于神造宇宙的神话结合起来，就得出了万物由水生成的结论。泰勒斯还有一句名言——"水是最好的"，和《道德经》的"上善如水"十分相近。《道德经》认为"道"是万事万物的本原，但水的创生性是"道"的重要体现，故水"几于道"。

其次，水之品德——润下而不争。明末清初的思想家王夫之认为："五行之体，水为最微。善居道者，为其微，不为其著；处众之后，而常德众之先。"他认为，水的"微"，即不显山不露水，不居功自傲，不仅是"常德"，而且十分符合"道"。《道德经》试图通过一种极度形而上的抽象思维，为这个世界建立一种具有普遍意义的关于"道与名"的二元哲学观念。开篇"道可道，非常道"指出，"道"是一种无法名状的"常道"，是万事万物遵循的根本规律，"名"是道一体两面的现象世界，二元就是本质与现象的对立统一。第二章指出"天下皆知美之为美，斯恶已。皆知善之为善，斯不善已。故有无相生，难易相成，长短相形，高下相倾，音声相和，前后相随；是以圣人处无为之事，行不言之教，万物作焉而不辞；生而不有，为而不恃，功成而弗居；夫唯弗居，是以不去"。这一章则解释了现象世界的种种是如何存在而组成的，我们应如何从现象世界中发现"道"这一无处不在的本质。"美丑、善恶、高下、前后、音声"等等是现象世界的种种表现和组成，这些概念抑或观念之间所具有的一种天然的对立统一的辩证规律，这就是"道"的存在。"道"孕育了这些概念和观念，建构了多姿多彩的现象世界，"道"却不直接现身，而是隐于背后。"道"是"处无为之事，行不言之教，万物作焉而不辞。生而不有，为而不恃，功成而弗居"。水所体现出的"善利万物而不争"，"润下"之性和"道"是一致的，水孕育生命却无所争、无所恃，清静自然，处下自流，这是水的品德。

最后，水之道德——处众人之所恶。从直观上理解，水总是就下而流于肮脏恶浊、堕坑落堑之地，呈现出一种谦卑自处、容让无欲的美德。《道德经》用"反者道之动"归纳了在现象世界中"道"的行为方式或行动取向，那就是"反"。"反者道之动"说明了事物的矛盾总是会向相反方向转化是颠扑不破的永恒规律，比如黑夜是黎明的前奏、冬天是春天的序章等。我们经常说"人往高处走，水往低处流"，《道德经》恰恰是托物言志，借水教人，崇尚"水之趋下"，反对"人往高处走"。因为老子所言的"人往高处走"是庸俗的，是基于自己的利益的，是为了追求功名利禄和声色犬马的享受而不断"为所欲为"，这种私欲的膨胀和利益的争夺是春秋战国社会动乱的人性根源。《道德经》云："五色令人目盲，五音令人耳聋，五味令人口爽，驰骋畋猎令人心发狂，难得之货令人行妨，是以圣人为腹不为目，故去彼取此。"五色、五音、五味、驰骋畋猎和难得之货都是常人想要获得的肤浅的肉体欲望，而像颜回那样"一箪食，一瓢饮，在陋巷"，极力追求精神世界的富足，就是"处众人之所恶"，颜回如水，故为圣为贤。所谓登高必跌重，知足而知富，水告诉人们：应处下不争，清静无为才可全身而退，水几于道，故反其道而行之。

（二）以柔克刚，因时顺势

《道德经》第七十八章对"水"的特性进一步做出分析："天下莫柔弱于水，而攻坚强者莫之能胜，以其无以易之。弱之胜强，柔之胜刚，天下莫不知，莫能行。是以圣人云：受国之垢，是谓社稷主；受国之不祥，是谓天下王。正言若反。"这句话讲：天下没有比水更柔弱的，但攻坚克强却没有什么能胜过它，因为没有什么可以真正改变得了它。弱能胜过强，柔能胜过刚，天下没有人不知道，但又没有人能实行。因此，圣人常说：能承受国家所受的屈辱，并立志振兴的人，才配做天下的君主；能在国家危困之时担起重任之人，才配做天下的君王。正言若反，这一正确的道理听起来似乎是不正确的，那是因为"反者道之动"使然。

《道德经》明确提出"以弱胜强""以柔克刚"之道，这既是宇宙运行变化的规律，更是人生可以遵循的法则。《道德经》曰："人之生也柔弱，其死也坚强。草木之生也柔脆，其死也枯槁。故坚强者，死之徒；柔弱者，生之徒，是以兵强则不胜，木强则折。强大处下，柔弱处上。"人活着的时候身体柔软，因为气血流畅，死之后身体就僵硬了，草木也是一样。所以坚硬刚强的东西属于死亡一类，而柔软羸弱的东西属于生存一类。强大处于下位，柔弱处于上位。当凭着强大的武力盛气凌人时，其实已经输了。比如核武器，看似强大无比，却基本是被封存的状态，若其得以使用，那发明核武器的人也必然是输家。台风吹来，被吹倒的往往是参天大树，小草因其处下和柔弱反而得以生存。

柔弱和脆弱是不同的，柔弱似水，具有无限的延展性和弯曲度，而脆弱则是一种缺乏弹性的刚性，因而易碎，碎还可扎伤别人。在生活中，有的人生而柔弱，却能默默无闻，甘于奉献，勤劳坚忍，虽然生活贫苦、看似委曲求全，实则保持着人生的高度，或许有一天，就被尊奉为社会的"道德模范"，成为人们学习的榜样。这样的案例很多。这是以弱胜强之道。相反，有的人生而刚强，喜欢争强好胜，却对于生活、对于社会、对于人际交往，过分敏感，拥有一颗"玻璃心"，过着如刺猬般的生活，对别人充满怀疑和防备，没有理想的社交，也没有内心的满足，对生活充满抱怨，本质上是过分强调自我而忽视别人、缺乏人生格局所致。人可以柔弱，却不可脆弱，因为"弱者道之用"，柔弱具有一种内在的生命力，像水那样趋下而动，平而后止，清浊自处，看似平静，实际在积蓄人生的势能，最终以水滴石穿之力，实现人生的价值。

《道德经》第四十三章曰："天下之至柔，驰骋天下之至坚。无有入无间，吾是以知无为之有益。不言之教，无为之益，天下希及之。"世间最柔弱的东西，比如水，比如气，比如感情，可以在最坚硬的东西间来回穿梭驰骋，而没有什么阻碍。没有固定形状的东西可以进入没有间隙的东西，这是无为而无不为的好处。无声胜有声的教化，任其自然的好处，天下很少人能达到。

李白有"抽刀断水水更流"的体悟，杜甫有"随风潜入夜，润物细无声"的观察，王维则看到了"行到水穷处，坐看云起时"的风景。水所展示的生存智慧和生命的柔弱之美、柔弱之用，给人生以无限启迪。水遇强则强，遇弱则弱，驰骋天下。它总是因天时地势的变化而变化，时而是春雨绵绵，时而是暴雨倾注，某处是涓涓细流，某处又是飞瀑怒潮，它或者"云腾致雨"，又或者"露结为霜"。因温度和环境的不同，水能够在固态、液态和气态之间灵活切换。可见柔与刚都是相对的，在绝对的规律和力量面前，水保持着一种高度的适应性，善于转换形态。水并非永远示弱，坚冰也为刚，暴雨也为强，奔流也为急，水以柔为本却能够刚柔并济。河上公为《道德经》作注时这样描写水："圆中则圆，方中则方，壅之则止，决之则行。水能怀山襄陵，磨铁消铜，莫能胜水而成功也。水能灭火，阴能消阳。舌柔齿刚，齿先舌亡。"作为人，应像水一般因时顺势，随遇而安，刚柔一体。至柔的人，是无私的人，他们往往真诚而谦和，善于体谅别人的感受而把自己的利益放在人后，于是走到哪里都受人尊敬。

在高精尖工业领域，有一种切割设备叫"水刀"，是利用高压水射流的原理而对包括高密度钢材在内的任何材料进行切割的技术。相比于激光切割和传统切割，水刀切割可实现任意曲线的切割加工，不仅效率高、精度好，切割产生的热量会立即被高速流动的水射流带走，不产生有害物质，材料无热效应。水刀技术方便灵活，广泛用于航空航天、汽车制造和陶瓷、玻璃、石材等加工领域，是适用性较好的切割工艺。"水刀"很形象直观地诠释了"天下之至柔，驰骋天下之至坚。无有入无间"的道理。

此外，作为人类工业文明的核心技术，蒸汽机正是利用了对水进行加热，水沸腾后产生高压蒸汽，蒸汽膨胀而推动活塞做功的原理。蒸汽机的诞生使人类划时代地掌握了将化石能源的热能转化为机械能的途径，发明出火车、汽车、轮船等交通工具，改变了人类整体文明的进程，具有非凡的意义。今天，在军事领域，包括航空母舰在内的大型舰船的动力系统以及舰载机的蒸汽弹射技术依然是基于"烧开水"的基本原理。

（三）海纳百川，有容乃大

《道德经》第六十六章云："江海所以能为百谷王者，以其善下之，故能为百谷王。是以欲上民，必以言下之；欲先民，必以身后之。"古人观察，江海为什么能够将无数山谷中的小溪、泉流汇集到一起，形成浩浩荡荡的气势，大海又为什么能吸引大江大河向其滚滚奔赴而来，成就其雄浑波澜的无限姿态，那就是因为"善下"。所谓善下，一是水往低处流的特性，二是处于地势最低之处。所以统治者想要位居万民之上，就要以谦下之态对待人民，要想领导万民，就要把自己的利益放在最后，所谓"圣人之道，为而不争"（《道德经》）。古人取象于海，借海立言，重心在框塑政德。

晚清民族英雄林则徐写过一副用来自勉的对联："海纳百川，有容乃大；壁立千仞，无欲则刚。""海纳百川，有容乃大"由此成为一句常用的成语，用于表现人的胸襟宽广和包容大度。林则徐巧妙地引经据典，借大海与高山的无私无欲之性勉励自己要克己奉公。"海纳百川"最早出自晋代袁宏的《三国名臣序赞》："形器不存，方寸海纳。"李周翰注："方寸之心，如海之纳百川也，其言包含广也。"方寸指人心，当人心无私无欲之时，就连大海也容得下。"有容乃大"则出自《尚书·君陈》："尔无忿疾于顽。无求备于一夫。必有忍，其乃有济。有容，德乃大。"意思是：对于顽冥不化的人，你不要愤然忌恨。因为对一个人不能求全责备，要求他尽善尽美。要懂得：忍耐，就会有补益；宽容，德行才会伟大。这是周成王在周公去世之后，对周公的次子、伯禽之弟姬陈关于如何治国理政的一段谆谆教诲，指出教化民众要有容忍的耐心，有容就有德。后来明代兵部尚书、太子太保袁可立在河南睢州自己的"弗过堂"中所著的自勉联写道："受益惟谦，有容乃大。"

法国著名作家维克多·雨果曾写道："地球上最广阔的是海洋，比海洋更广阔的是天空，比天空更广阔的是人的胸怀。"当我们面对大海，看着一望无际蔚蓝色的海水，往往能够排解胸中闷气，忘记烦恼，这是因为大海能够给人一种天然直觉上的启迪，就是"容"。它像一个巨大的宝盆，盛满生命之源，孕育万物。人作为万物之灵，理应秉天地之德，具有广博胸襟。"海纳百川，有容乃大"是大地厚德载物的重要体现，也是"和实生物，同则不继"的哲学源头。中华文化之所以在世界四大文化体系中一枝独秀地维持到现在，而且还在不断地发展壮大，就在于其一开始就拥有"厚德载物""海纳百川"的思维品质和文化精神，形成了多元开放、兼容并蓄的传统。"沧海不遗点滴，始能成其大；泰岱不弃拳石，始能成其高。"从先秦诸子百家争鸣，到汉代佛教东传、隋唐三教汇流，再到近代西学东渐和马克思主义中国化，中华文明像大海一样不断吸收各种文化思想，兼容并蓄，博采众长，不仅使中华文明避免走向封闭与僵化，而且塑造了"有容乃大"的文化感召力和生命力，演绎了5000多年延续不断的文明历程，彰显出巨大文化优势。

2019年4月，习近平在第二届"一带一路"国际合作高峰论坛开幕式上的主旨演讲中指出："'河海不择细流，故能就其深。'如果人为阻断江河的流入，再大的海，迟早都有干涸的一天。"习近平引用的"河海不择细流，故能就其深"出自战国时期秦国大臣李斯写给秦王嬴政的《谏逐客书》。战国末期，韩国为消耗秦国实力，派水工郑国到秦献计修渠。秦王嬴政察觉后下令处死郑国，并驱逐所有客卿。李斯最终以此书劝秦王废除了逐客令，决心以开放包容的心胸任人唯贤，容纳客卿，助力秦国实现了一统天下的大业。今天，国际政治虽然充满权力斗争、利益矛盾甚至文明的冲突，导致霸权主义、单边主义甚嚣尘上，但"海纳百川，有容乃大"的智慧启迪人们，虽有各种不同制度、不同宗教、不同文化的文明，但大家都在同一个地球村，可以选择以"命运共同体"的思维来进行更加合理的价值选择，那就是朝着更加开放、包容、普惠、平衡、共赢的方向发展，核心就是相互尊重，合作共赢。

（四）川流不息，渊澄取映

《千字文》曰："川流不息，渊澄取映。"这两句都是以水喻德，蕴含着儒家关于修身明德的重要思想。"川"的本义是河流、水道，其古字形像两岸之间有水流过。

《中庸》曰："小德川流，大德敦化，此天地之所以为大也。"意思是：天地间有无数分散的小德，如千万条河川溪流，脉络清晰，并行不悖，无休无止。同时，天地之间又有雄浑敦厚的大德，若海若天，为万物化生的本原。大德为体，小德为用，大德为天地，小德为众生，一源分散万支，万支总汇一源。这就是天地之所以"大"的原因。天地之大，不在形状，而在德性。

川与源的关系涉及宋明理学家提出的关于"理一分殊"的哲学思想。到7世纪初的唐代，儒家经典开始成为科举取士的主要标准。三百年后，到了北宋，出现了一批立志于复兴儒学、对儒学进行更新发展的学者。他们从佛教和道教义理中受到启发，试图为儒学构建一套颇具思辨性的精密而完备的哲学架构，包括宇宙论、本体论等，目的是对儒家义理的必然性、普遍性和绝对性进行论证，加强人对社会伦理价值与规范正当性的认识和对于主体道德的个体自觉。由于"理"是这一时期经过发展的核心概念，所以这一时期的儒学，被叫作"理学"。

北宋理学的前两位学者是周敦颐和邵雍，他们都是通过研究《周易》发展出理学早期的宇宙论，如太极。第三位学者张载则提出"气本论"，对后世影响极大。张载认为，"太虚"是宇宙的本体，"太虚即气"，宇宙万物都来自同一个"气"，气的聚散带来万物的生成和消灭。因此，宇宙万物皆是一体，所谓"凡可状，皆有也；凡有，皆象也；凡象，皆气也"。他在《西铭》中说："乾称父，坤称母……天地之塞吾其体，天地之帅吾其性。民吾同胞，物吾与也。"因为宇宙万物一体，所以人的立德修身都是在为宇宙、社会和个体自我同时服务，人自当"为天地立心，为生民立命"。

另一位学者程颢受张载启发，继续对"万物一体"进行发展。他借《孟子》"万物皆备于我"一句，认为人达到视自己万物一体正是仁的体现，"学者须先识仁。仁者，浑然与物同体"。程颢主张人要内观，用心体会与万物一体的联系。程颐则提出"理"的概念，试图弥补张载的"气本论"对于事物差异性分析不足的缺陷。他一方面认为"理"是先于万物的"天理"，"万物皆只是一个天理""万事皆出于理""有理则有气"；另一方面认为，宇宙不仅是气聚而生，还因为万物有万物各自的"理"。程颐将万事万物的一致性和差异性概括为"理一分殊"所致。这就和"小德川流，大德敦化"的所谓源与流的关系很相似了。

到了南宋，学者朱熹对"理"做了更为系统的分析和补充。他在《西铭解义》里说："天地之间，理一而已。然'乾道成男，坤道成女，二气交感，化生万物'，则其大小之分，亲疏之等，至于十百千万而不能齐也。"

总合天地万物的理,只是一个理,分开来,每个事物都各自有一个理,千差万别的事物都是那个"理一"的"分殊"。他将宇宙最至高无上的理,也就是一切"理"概括为"太极",认为:"本只是一太极,而万物各有禀受,又自各全具一太极尔。如月在天,只一而已;及散在江湖,则随处可见,不可谓月已分也。"万物的具体化生及其差异是"气"的作用。朱熹认为:"天地之间,有理有气。理也者,形而上之道也,生物之本也;气也者,形而下之器也,生物之具也。是以人、物之生,必禀此理,然后有性;必禀此气,然后有形。"(《答黄道夫书》)万物之间的差异性是由于所禀受的气的清浊纯杂不同和理在万事万物中所体现出来的程度不同。朱熹说:"有是理而后有是气,有是气则必有是理。但禀气之清者,为圣为贤,如宝珠在清泠水中;禀气之浊者,为愚为不肖,如珠在浊水中。"(《朱子语类》)

在《红楼梦》第二回中,贾雨村曾经发表过一番独特的点评历史人物的"正邪二气禀赋论"。他说道:"清明灵秀,天地之正气,仁者之所秉也;残忍乖僻,天地之邪气,恶者之所秉也。"这是作者曹雪芹对"理气"学说的妙用。

宋代理学家提出"理一分殊",根本目的不是为哲学而哲学,而是为了建构起道德与伦理的哲学基础,特别对个体而言,能够从形而上的层面理解修身明德的意义。其实这种形而上的论说在《周易》《孟子》《中庸》等著作中已大量出现,理学家们只不过对其做了与时俱进的提炼和归纳。程颢认为:"学者须先识仁。仁者,浑然与物同体。义、礼、知、信皆仁也。识得此理,以诚敬存之而已,不须防检,不须穷索。若心懈则有防,心苟不懈,何防之有?理有未得,故须穷索。存久自明,安待穷索?此道与物无对,大不足以名之,天地之用皆我之用。孟子言'万物皆备于我',须反身而诚,乃为大乐。若反身未诚,则犹是二物有对,以己合彼,终未有之,又安得乐?"(《河南程氏遗书》)。孟子的"万物皆备于我"就是点明人皆具有宇宙之大理、天地之大德，所谓"恻隐之心、羞恶之心、辞让之心和是非之心，这些人与生俱来的善德就是理一分殊的体现"。只有认识这一点，人的道德自觉和修身实践才能够如有源之水、有本之末得以强化和持续，道德伦理的信力因此增加了。认识万物与我一体的"理"对于体会"仁"和"反身而诚"有重要的加持作用，即"识得此理，以诚敬存之"。程颐也说过："涵养须用敬，进学则在致知。"当一个人明白涵养和进学的修身之道原存于天地之中，就是完成了"格物致知"，内心对修身明德之事自然起"敬"，自然可遵循"止、定、静、安、虑、得"的心法，获得德业和学业的进益。

宋代理学的集大成者朱熹在为《大学》的"格物"章做补传时写道："言欲致吾之知，在即物而穷其理也。盖人心之灵莫不有知，而天下之物，莫不有理。惟于理有未穷，故其知有不尽也。是以《大学》始教，必使学者即凡天下之物，莫不因其已知之理而益穷之，以求至乎其极。至于用力之久，而一旦豁然贯通焉，则众物之表里精粗无不到，而吾心之全体大用无不明矣。"(《大学章句·格物补传》)朱熹认为"理一分殊"的思想既包含着"理有未穷"（学习的必要性），也包含着"已知与益穷"（学习的可能性）。朱熹不但说明了学无止境（止于至善）的道理，也提出关于求知为学有"用力之久"的渐悟之道和"豁然贯通"的顿悟之道，更描绘了"吾心之全体大用无不明"的"明明德"境界，这与孔子所讲的"知者不惑，仁者不忧，勇者不惧"是相通的。

关于"川流不息"，还有一个典故。传说2500多年前，孔子在闻听吕梁洪（在今徐州东南吕梁山下）乃四险之最，带得意弟子数人，前去观洪。不料路上快马加鞭路过一个山旮旯时，因山路崎岖，车轴"咔嚓"而断，不得不留宿两日。因有圣人寄宿，圣人窝村也由此得名。师徒众人看到山下奔流的河水，有感而发。这就是《论语·子罕》记载的"子在川上曰：逝者如斯夫，不舍昼夜。"孔子站在河岸上感叹："逝去的东西就像河水一样，昼夜不停歇地流走！"朱熹在《四书章句集注》中点评道："天地之化，往者过，来者续，无一息之停，乃道体之本然也。然其可指而易见者，莫如川流。故于此发以示人，欲学者时时省察，而无毫发之间断也。"他还引用程颐的话："此道体也。天运而不已，日往则月来，寒往则暑来，水流而不息，物生而不穷，皆与道为体，运乎昼夜，未尝已也。是以君子法之，自强不息。及其至也，纯亦不已焉。"又曰："自汉以来，儒者皆不识此义。此见圣人之心，纯亦不已也。纯亦不已，乃天德也。有天德，便可语王道，其要只在谨独。"最后朱熹总结："自此至篇终，皆勉人进学不已之辞。"[1]可见，宋代理学家解读孔子的这句话，从"川流不息"中体悟出的是"道体本然"与"天运不已"的形上哲学。人应对接天道之理，建立自强不息、奋斗不止、勤勉坚持的品德。

孔子的确很喜欢水。他曾说："知者乐水，仁者乐山；知者动，仁者静；知者乐，仁者寿。"（《论语·雍也》）水能启迪智慧，是智者所爱，因为人在观察水流的运动时，可以感悟出宇宙法则，得到一种"天人合一"的快乐。

在《孔子集语》中，还记载了一段孔子对水与君子之德的思考。"子贡问曰：'君子见大水必观焉，何也？'孔子曰：'夫水者，启子比德焉。遍予而无私，似德；所及者生，似仁；其流卑下，句倨皆循其理，似义；浅者流行，深者不测，似智；其赴百仞之谷不疑，似勇；绵弱而微达，似察；受恶不让，似包；蒙不清以入，鲜洁以出，似善化；至量必平，似正；盈不求概，似度；其万折必东，似意。是以君子见大水必观焉尔也。'"子贡问道："君子见到大水一定要仔细观看，是什么缘故呢？"孔子说："水

---

[1]（宋）朱熹：《四书章句集注》，长沙：岳麓书社，2008 年版，第 153 页。

嘛，能够启发君子思考自己的德行修养啊。水遍布天下，给予万物，并无偏私，有如君子的道德；所到之处，万物生长，有如君子的仁爱；水性向下，随物赋形，有如君子的高义；浅处流动不息，深处渊然不测，有如君子的智慧；奔赴万丈深渊，毫不迟疑，有如君子的临事果决和勇毅；渗入曲细，无微不达，有如君子的明察秋毫；蒙受恶名，默不申辩，有如君子包容一切的豁达胸怀；在流淌时偶有浊物流入，最后仍然是一泓清水，有如君子的善于教化；装入量器，一定保持水平，有如君子的立身正直；遇满则止，并不贪多务得，有如君子的讲究分寸，处事有度；无论怎样百折千回，一定要东流入海，有如君子的坚定不移的信念和意志。所以君子见到大水一定要仔细观察。"

孔子借助水的性质、特点、功能，系统梳理了君子的十一种德性：德、仁、义、智、勇、察、包、善化、正、度、意。可以说，这是对"上善若水"做得最好的注解，也是对"知者乐水"最好的补充。

此外，在《周易》中，有很多卦辞提到"利涉大川"。凡"利涉大川"者，多有进取之象。如需卦，卦象为下乾上坎，坎为水，《象传》曰："云上于天。"需卦表示水汽上凝为云，有下雨的征兆，"凝于阴而待于阳"（《京房易传》）。卦辞曰："水流成川，则有阻于行路之便，持之以诚信，待之以天晴，则有利于涉过大川。"需卦讲的是"等待"，虽然水流阻断道路，但人只要坚持，学会等待和忍耐，不盲动，不妄动，就一定能够达到目标。马其昶在《重定周易费氏学》中认为："舟楫之利，最是天地大用。凡言涉川，其象皆取诸乾、坤、坎、巽四卦，其义则所谓致远以利天下者是已，非为涉险之喻。""利涉大川"包含着"居善地""动善时""事善能"之义。

如果说"川流不息"关注的是水的"运动"之态，强调人要坚持不懈，体道悟道，那么"渊澄取映"关注的则是水的"静止"之态，强调人要反躬自省，内心清澈。

渊的甲骨文写作：，外部是岸，中间是水，似一个深潭，为水停之处。潭水澄净，像一面镜子映照着客观的事物。"渊澄取映"所蕴含的不仅有"镜鉴修身"之法，还有"内心清静"之义。一方面水无论多寡，一亩方塘，还是一盆一盏，只要清澈都可以镜鉴返照，就像人要不断反省自己，改正错误，以史为鉴，"见贤而思齐，见不贤而内自省也"，这是"取映"；另一方面，水只要保持静态，就会自动沉淀污浊，就像人要保持内心的清静光明，宁静致远，学会积累、深藏和慎独，这是"渊澄"。

朱熹曾作《观书有感》一诗谈读书的感受："半亩方塘一鉴开，天光云影共徘徊。问渠那得清如许？为有源头活水来。"诗中的方塘又称半亩塘，在福建尤溪城南郑义斋馆舍内。"鉴"原指古代用来盛水的青铜大盆，亦可作为镜子使用。朱熹通过观半亩方塘而有感，抒发了与读书有关的哲理思考，与"渊澄取映"之理相合。前两句以塘为镜，通过描写水中对天光、云影的反射和倒影浮动，表达读书之本就是以史为鉴，学习古人的经验和智慧。后两句则借此塘唯有通向源头活水才能清澈如许之义，比喻读书要多读文化源头的经典，才能使内心清澈光明。此诗是典型的借物以喻道，充满哲理。

《庄子·刻意》中写道："水之性，不杂则清，莫动则平，郁闭而不流，亦不能清，天德之象也。"庄子认为：水的本性是清澈澄净的，浑浊只是因为尘沙淤泥等外物的混杂；水的本性也是平静安逸的，流动只是因为风等外部因素的搅动，水如果长期封闭不留，就会成为死水，不能保持清澈，这是天德的表现。庄子以水喻德，指出修道之人要努力避免外部的干扰，保持内心的清澈和平静，但也不能将自己封闭。水正是因为清，所以可鉴照于物；圣人之心正是由于洞明，所以可与玄天合德。

《中庸》有"溥博渊泉，而时出之。溥博如天，渊泉如渊"。"溥博"指天的无边无际，比喻圣人德行的广大和辽远，而"渊泉如渊"则用泉水的汩汩而出和积水成渊，比喻圣人智慧的源源不断和深不可测。在传统文化经典中，"深渊"多有"危险"之义，比如"如临深渊"，走圣人之路，上接天德以修身则可以避免危险。

二、山

中国是一个多山的国家。山地、高原和丘陵不仅约占国土面积的三分之二，而且众多山脉合纵连横，构成了地理上自西向东落差显著的三级阶梯。以西南耸立着的青藏高原为最高屋脊，地势不断向东面北面呈阶梯下降，像一把巨大无比的躺椅，西北背靠亚欧大陆，东南"面朝大海，春暖花开"（北温带）。中国主要的山脉有喜马拉雅山脉、天山山脉、昆仑山脉、秦岭山脉、祁连山脉、阿尔泰山脉、太行山脉、武夷山脉、横断山脉、唐古拉山脉、大兴安岭、长白山脉，等等。众多的山脉构成了中国地形和地势走向的整体骨架，也是不同地区之间的分界线。

首先，诸多山脉所形成的普遍山地气候对农业形成利好，多种垂直气候带和多样性气候条件有利于发展多层次多类型的立体农业，发展林、牧、果、药等多种经营。

其次，西部多山使我国的大江大河多自西向东流淌，不仅灌溉了广大地域，而且以水运沟通了东西部，连接了城市，便于经济发展和国家治理。

再次，山脉褶皱增加了国土表面积，广大山区蕴含着丰富的矿产资源、林木资源、冰川资源等，带来了动植物的多样性，有利于人类生存发展。

从次，山脉为中华文明内部不同地域的早期区域文明提供了军事性的地缘庇护，塑造了多样性的地域文化，而中华民族整体也因东部的海洋屏障、西部的高山屏障形成半封闭的地理环境，形成一种自发的文化，独立成为一个系统，具有强烈的独立性和稳定的连续性。

最后，山区与平原的地理关系推动形成了中华文明大一统的政治格局。地缘政治学家张文木认为："中国这样一个主要由西面高海拔山地向东面低地呈阶梯形钳形包抄的地形对中国国家统一起到了积极作用。广泛的山地及其复杂的地形容易造成中国的地方割据，但这些地方割据势力又都知道如最终不以问鼎中原为结果，其偏安位势既难在山岭间横向兼并，而自身也没有足够的资源以长期自保。另一面看，中原那一面临海三面环山因而攻易守难的'四战'地形反而使其在中国成了最易被攻陷的地区，与此相应，极为丰富的资源势必也成为在山地高原坐大的割据势力'逐鹿'的目标。而仅占中国国土面积 1/10 的平原地区又大大提高了山地割据力量角逐中原的门槛：占据中原的一方必定是诸割据势力搏杀后留下的力量最强的一方，他们占据中原后便利用那里的丰富资源最终成了最有实力——比如战国时的秦国、三国时的曹魏、南北朝时的北周。"[1]

总之，中国多山的地理客观性是中华文明得以生存发展的重要条件，也是形成中华民族多元一体格局的关键因素。

品读中华文明，不仅要看到其作为大江大河文明的基本形态，还要看到山文化对中华精神的重要支撑。中华民族自古以来就饱含着对山的崇拜和敬仰。中国人爱山敬山，游山赏山，依山护山。汉族、藏族、蒙古族、

---

[1] 张文木:《中国地缘政治论》，北京：海洋出版社，2015 年版，第 12 ~ 13 页。

128

满族等许多民族的文化中都有着古老的神山崇拜传统。从《山海经》中的不周、昆仑、大荒到《周易》八卦之一的"艮卦"，从封禅祭祀于三山五岳到佛教、道教庙宇林立、香烟缭绕的名山道场，山在儒、释、道的中华文化主干中均有举足轻重的地位。

山是永恒的符号，记载着中华文明从孕育到壮大的文明历程。一条条连绵起伏的山脉，一座座巍峨雄伟的高山，塑造了中华民族沉稳安定、坚强厚实和极具向心力的民族心理特质，陶冶着"仁者乐山""高山仰止"的道德情怀，也滋养着"悠然见南山""会当凌绝顶"的审美意境。母爱如河，父爱如山，水墨色的山水不仅是中华文化的根脉，更是蕴藏着中华文明无穷的智慧、灵感和审美。

（一）高山仰止，仁者乐山

《诗经·小雅·车辖》有名句"高山仰止，景行行止"，表现的是新郎在迎娶新娘的路上，驾着迎亲的彩车，憧憬着未来的美好生活。他喜悦地说："抬头仰望巍峨高山，快走疾行在光明大道上。"

"止"是《诗经》中较为多见的语气助词，同"之"。后来司马迁在《史记·孔子世家》引此句以赞美孔子："《诗》有之：'高山仰止，景行行止。'虽不能至，然心向往之。"汉代郑玄解释说："古人有高德者则慕仰之，有明行者则而行之。"宋代朱熹则注解："仰，瞻望也。景行，大道也。高山则可仰，景行则可行。"这一比喻，或许与《论语·子罕》中颜渊对孔子"仰之弥高，钻之弥坚"的赞美有关。综合以上古人的理解，自汉代后，成语"高山仰止"就引申为"借山的巍峨表达对圣贤高士的敬仰之情"，如唐代诗人王勃在《倬彼我系》中用"夫岂不怀，高山仰止，愿言敏德，啜菽饮水"描写自己对列祖列宗高尚品德的仰望和感怀。

山的本义是地面上由土石构成的隆起的部分，它立根于大地，向上延伸，却"峻极于天"，久不崩陁。它气魄上阳刚向上，性质上安定沉下，有顶天立地、刚柔交错的"大德"之象，故似圣人。因此孔子说："知者乐水，仁者乐山；知者动，仁者静；知者乐，仁者寿。"在孔子眼中，水的灵动、变化与山的安静、稳定形成对比，水像智慧的人，山像仁心厚德的人，无论岁月流逝，高山兀自独立，不会崩塌。

仁心厚德之人有救人济世之德，如山一般无私承载着万物，庇护着生灵。《说文解字》曰："山，宣也。宣气散，生万物，有石而高。"《释名》："山，产也。产万物者也。"古人选择居住地，往往选择依山傍水之地，一方面，山上的大量林木、矿石、药草、动物等多样性资源可为人所用，另一方面，依山而居可防风避雨，洪水来了可上山躲避，敌人来了也可进山据守。今天的很多城市最早都是由依山傍水的村落聚扩而成。据记载，有一次，当子张问孔子仁者为何乐山时，孔子说："夫山，草木生焉，鸟兽蕃焉，财用殖焉，出云雨以通乎天地之间，阴阳和合，雨露之泽，万物以成，百姓以飨，此仁者之乐于山者也。"（《尚书大传》）

此外，在《礼记》中还有孔子关于"天降时雨，山川出云"（《礼记·孔子闲居》）的论述，反映了孔子朴素的生态系统观念，他从云腾致雨（云水在天地间上下往复）的循环角度，揭示了山川作为森林、湿地的主体对成云、降水等气候现象的重要作用，这也是对《周易·说卦》中"天地定位，山泽通气"的一种诠释。这些观念对于我们理解"绿水青山就是金山银山"的生态保护理念都具有重要的借鉴意义。

汉代经学家董仲舒作《山川颂》歌颂大山美德。"山则嵬嶵崔，摧巍靠巍，久不崩陁，似夫仁人志士。孔子曰：'山川神祇立，宝藏殖，器用资，曲直合，大者可以为宫室台榭，小者可以为舟舆浮漯。大者无不中，小者无不入。持斧则斫，折镰则艾。生人立，禽兽伏。死人入，多其功而不言，是以君子取譬也。'且积土成山，无损也；成其高，无害也；成其大，无亏也。小其上，泰其下，久长安，后世无有去就，俨然独处，惟山之意。《诗》

云：'节彼南山，惟石岩岩，赫赫师尹，民具尔瞻。'此之谓也。"董仲舒引用的孔子之言，虽然出处不详，但和之前《尚书大传》中孔子的意思接近。

董仲舒认为，山有如下性质可供人效法：

山巍峨高大，雄浑安定，不会轻易崩坏，就像仁者的志向和品德，令人高山仰止。如《弟子规》所言"果仁者，人多畏。言不讳，色不媚"，那些仁者，就像雄伟山峰一般给人以庄重严肃之感，不巧言令色，不猥琐谀佞。

一是确立神祇，万民朝拜。山川确立了那些供人们膜拜和祭祀的神祇，这些神不仅使人安心，寄托了人们对大自然的敬畏和感恩，而且起到教化民众、团结人心的作用。山顶天立地的巍峨与云雾缭绕的神秘既孕育着文明的曙光，也是文明鲜明的坐标。

二是慷慨倾囊，利他兴国。山中宝藏无穷无尽，是国家和人民的财富之源。无论是宫殿台榭等大规模营建，还是舟船车具的小件制作，大山拥有的木材、矿石、药材等供人取用，满足各种曲直材质所需。大山没有怨言，人持斧就可任意砍斫，拿镰刀随意割取，正像那些利国利民、克己奉公的栋梁之材。

三是滋养万物，庇护生灵。人活着时进山或居住或谋生或避难，死后也埋于山中，入土为安。无数的飞禽走兽也在山中繁衍生息。大山有如此多的功德，却默默无言，就像谦逊的君子、寡言的仁者。

四是积微成著，积少成多。万仞之山，绝壁之崖，始于一碎石、一抔土的不断累积。贫瘠、微薄、琐碎的山石并无大用，但蓄积为巍巍高山则成可用大器。山就像坚持不懈、奋斗不止的贤士，就像传说中勇于移山的愚公，是精诚所至、金石为开的象征。

五是安定泰然，坚贞不移。大山像一个立体的金字塔，上面小，下面大，提醒世人做人需要先固本强基，厚积而薄发，为国家民族立下显赫功业，铸就永恒的丰碑。

总之，山之巍峨、神奇、稳重、坚固中形成"高山仰止"的重要审美意象，体现着中华文化对圣贤、英雄的崇拜和对高尚道德的敬仰。"高山仰止"影响着中国的文字，如汉字"崇"有两个基本意思：一为山高，引申为高大；二为尊敬、重视。两个意思具有关联性，因为如山之高大，令人难以企及，故而崇敬。"岁"字，则取山的恒久性形容时间。"崩"字，取山的稳定性以喻塌坏。"幽"字，取山的神秘性形容隐蔽。成语中，"嵩生岳降"用嵩山比喻大人物的出生，"渊渟岳立"则比喻人的品德如渊水深沉。此外还有山高水长、东山再起、开门见山、军令如山、泰山北斗、江山易改本性难移、地动山摇、山盟海誓、排山倒海、恩重如山等等很多成语取山的意象。

汉代史学家司马迁在《报任少卿书》中说："人固有一死，或重于泰山，或轻于鸿毛。"司马迁用泰山和鸿毛做对比来形容价值的轻重悬殊，"重于泰山"也成为历代中国知识分子对于人生价值定位的重要取向。

（二）知其所止，不出其位

与天、地、水、火并列，山是《周易》的八个基本卦象之一，用"艮"来表示。根据《周易·说卦》对八纯卦的解说，"艮为山"即艮之体为山，"艮以止之"即艮之用为"止"。古人认为山有安重之体貌，故有止栖之功用。艮字本身有"坚、重、底"之义，《说文解字》收录有约二十个"艮族"字，这些字古音相近，语义相通，字形上有共同的发生源，那就是与"山"的特性相通。一是由山之形状，即底部宽厚而固定、与地相接所引申的表示"底部"的字，如根、跟、龈、垦、恳等；二是由山的沉重、坚固与不易撼动所引申的字，如艰、很、狠、恨、银等；三是由山的静止、界限所引申的字，如限、垠、痕等。汉字常见的表示人、动物视觉器官和小洞之义的"眼"，其实也与静止、界限相关，因为目光瞄定物体之谓"看"。根据汉字字族研究的"右文说"，形声字右边的部分一方面表音，另一方面也有同源派生的表意作用。

《周易》六十四卦中的艮卦是由八纯卦中的艮卦上下两相重叠而成，为两山相重之象。艮卦卦辞曰："艮。艮其背，不获其身。行其庭，不见其人，无咎。"《彖传》曰："艮，止也。时止则止，时行则行，动静不失其时，其道光明。艮其止，止其所也。"《象传》曰："兼山，艮。君子以思不出其位。"从艮卦卦辞、《彖传》《象传》的语义来看，艮卦表达的是人生中关于"止"的智慧，是从大山沉稳、厚重、静养的特性中获得的灵感。

《大学》曰："知止而后有定，定而后能静，静而后能安，安而后能虑，虑而后能得。""止"为古人修身心法的第一关。止的甲骨文写作：，原意是脚趾。脚走路时，脚趾指向目的地的方向，故引申为方向。到达目的地之后自然不再走了，"止"又引申出"至"和"停止"的意思。《大学》中"知止而后有定"的内涵是明白修身的方向，即走圣贤之路。"止—定—静—安—虑—得"，"止"是修身的第一步。当人生明确了奋斗目标，意志自可驻定，不再彷徨。人的状态也会趋于安静，不再浮躁，进而勤于思考，不懈奋斗，最终有所成就。据说隋代著名学者王通（号文中子）受《大学》"知止"之义的启发，著有《止学》一书，讲求"知止则日进无疆""知足不辱""知止不殆"的修身之道。艮卦用"止"来解说，因为止所蕴含的关于方向、目标、固定、安静的意义，都与"山"的意象十分接近。古往今来，水会改道，但山却永远矗立，山是人们旅途中确定方位的重要坐标，指引着人们前行的方向。

艮卦卦辞为"艮其背"。我们可以想象，当人行走到目的地后，便会停下来休息，会很自然地转身回望来时路，以背相对，或背靠着树木山石休憩。"背"具有"止"的意义。北宋思想家周敦颐据此阐发其主静思想："'艮其背'，背非见也。静则止，止非为也，为不止矣。其道也深乎！……'艮其背'者，止于不见之地。止于不见之地则静，静则止而无为，一有为之之心，则非止之道矣。"（《周敦颐集》）周敦颐认为，"背"则于前看不见，看不见自然静止而不为。北宋另一位学者程颐则认为："人之所以不能安其止者，动于欲也。欲牵于前而求其止，不可得也。故艮之道，当艮其背。所见者在前，而背乃背之，是所不见也。止于所不见，则无欲以乱其心，而止乃安。……在背，则虽至近不见，谓不交于物也。外物不接，内欲不萌，如是而止，乃得止之道。"[1] 程颐的解释大有《道德经》"不见可欲，使人心不乱"之意。"艮其背"类似《论语》的"非礼勿视、非礼勿听、非礼勿言、非礼勿动"，指人见到那些违背修身之道的诱惑和欲望时立即背转回避，于不见处求心安。

朱熹则从身体的构造来分析，认为："人之四肢百骸皆能动作，惟背不能动，止于背，是止得其当止之所。"在解释艮卦的《象传》"上下敌应，不相与"时，朱熹对程颢的观点表示赞同，他说："明道曰：'与其非外而是内，不若内外之两忘也。'说得最好。便是'不获其身，行其庭，不见其人'，不见有物，不见有我，只见其所当止也。如'为人君止于仁'，不知下面道如何，只是我当止于仁；'为人臣止于敬'，不知上面道如何，只

---

[1] 梁韦弦：《〈程氏易传〉导读》，济南：齐鲁书社，2003年版，第302页。

是我当止于敬，只认我所当止也。"[1]朱熹对程颐"外物不接"的观点进行了发展，认为与其"外物不交，内欲不萌"，不如"内外两忘"，因为"万物各有所止，著自家私意不得"。"内外两忘"即不着丝毫人欲，当有弟子问朱熹："不见有身，不见有人，所见何物？"朱熹曰："只是此理。"[2]实际朱熹更加强调人的道德自觉性，"内外两忘"是人对"天理"的体会和实践，对一切不加好恶情感和利益算计，而以公道天理为准则标准，而且天命之流行，无一毫之间断。人要不断明天理而克己私。

总之，宋代理学家们在解读艮卦时，都各自阐发了"知其所止"的道理，有的以"静则止"为核心，有的以"无欲则止"为核心，有的则强调"明理则止"。"止"是君子行天道而修其身的重要起点。当一个人建立了内心的原则，具备了《大学》修身之道"格物致知，诚意正心"的内在条件，自然能够如艮卦《象传》所言，"时止则止，时行则行，动静不失其时，其道光明"。人不应主动，也不应主静，而是应"与时消息""与时偕行""当动则动，当静则静"，无事时以静养动，有事时以动求静，做到动静相宜、刚柔并济才合天地之道。

明代学者王夫之在解读艮卦时写道："兼山之艮，止之尤者也。夫人有所行，而将入乎邪辟，以不知返者，非大止之，无以救过。然待其行而遏之，未有能止者也。即或暂止，而乍伏之动，其动必骜。君子知万物之几，皆原于思。物未至前，思一妄动，则邪妄之条理，忽尔粲然，由是而驰骜以赴其所思，莫之能御矣。君子未行之先，亟止其思，当位求实，虚

[1]（宋）黎靖德编：《朱子语类》，北京：中华书局，1994年版，第778页。

[2]（宋）黎靖德编：《朱子语类》，北京：中华书局，1994年版，第1851页。

妄不作，则心静而行自有防，即有无心之过，亦不待俄顷而自息。故艮者治心之道，非治身之术也。"（《周易大象解》）王夫之认为，艮卦非为治身，而为治心。真正的静安如山，不是将自己封闭自守，更不是行为上的无欲无求、沉默寡言，而是修炼内在的浑厚与成熟，使得内心如大山般安定，心绪如仁者般宁静，智慧如天道般流转不息，达到"仁者静"的境界。山的峻极于天，维石岩岩，象征君子上达天理、下明世事的觉悟和笃定，如果明白了"世事洞明皆学问，人情练达即文章"，自然就会做到"君子以思不出其位"，以尽其本分为优先，该坚持时坚持，该努力时努力，机会来了，该改变时则当改变。《中庸》讲"天地位焉，万物育焉"，君子有为才有位，有位才能化育。大山的厚重坚实、静谧泰然都是对"位"的一种抽象表达。

宋代诗人家铉翁作有《赠云山逸人刘巨川瞽而谈命》一诗，巧妙地借艮卦谈人生之道："世人具眼知多少，见山不如云山好。斯人背境自观心，识破云山千万层。须知万物备于我，高下散殊何往而非道。善观物者观以心，目所未见心已瞭。闻君学易多历年，妙处能探造化先。维艮之背不与事物对，物具一极常与此心会。君知云山云山亦知君，是之谓行其庭不见其人。"

（三）江山社稷，久不崩陁

山是国家疆域和政权的重要象征。我们常见的"江山社稷"一词，原指古代帝王封禅祭祀的四个神祇，即河神（江）、山神（山）、土神（社）、谷神（稷），目的是祈求国泰民安、风调雨顺、政权稳固。在这个词中，"江山"侧重国家的疆域、政权、安全，"社稷"则侧重国家经济、社会和民生，两方面不可偏废，共同发展才能国泰民安，因此用"江山社稷"四个字来代表国家。

在中国的史书和文学作品中，"河山"与"江山"经常作为国家的代名词而出现。"山"作为国家的象征，有如下几点原因：

1. "山"是国家版图的重要组成、疆域的分界线以及政区的地理标志

首先，山是人们生存发展、取得生产资料的重要根据地。俗话说"靠山吃山，靠水吃水"。人的一切活动，无论事关政治、经济还是文化，最根本是受地理环境的影响，特别是在古代交通条件十分有限的情况下。山中的林木、矿产、禽兽、药草、冰川、淡水湖等是国家重要的战略资源。广大山区老林也是特殊时期国家、政权与社会安全的重要庇护所，当面临战争、动乱、洪水、瘟疫等灾害时，有山的地方，人们就有了依靠和庇护，进山躲避是常有之事，"靠山"的说法由此而来。从这个角度看，人、社会和国家对山都具有客观上的依赖性。

其次，根据山川、河流等自然地理特征为界来划分政区是世界各文明古国的通行原则。地理政区划分的基本做法是"山川形便"。从《尚书·禹贡》中的划分九州、西周初年的封土建邦，到春秋战国的国家分界，甚至是秦统一天下后历朝历代设置郡县省州的标准，一直到今天，基本原则是以高山大川为界。比如在唐代开国之初，据《新唐书·地理志》载："然天下初定，权置州郡颇多。太宗元年，始命并省，又因山川形便，分天下为十道。"江西道与湖南道以罗霄山脉为界，陇右道与关内道以陇山为界。大山大河的分界不仅形成了政治上的一个个单元，也塑造了不同的地域文化。如以南方五岭（越城岭、都庞岭、萌渚岭、骑田岭、大庾岭）为界的岭南文化，以太行山为界的山东齐鲁文化，还有位于黄河以西、祁连山以北、合黎山以南的河西走廊文化等等。在古代交通条件下，因为山的隔绝，来往不便。翻过一座山，就会发现人的语言、饮食、风俗、性格等风土人情有明显差异，因此俗语讲"江山易改，本性难移"。除了《禹贡》外，中国最早的地理著作《山海经》以山为纲目，"内别五方之山，外分

八方之海"，记载了四五百座山及其风土人情、神话传说和无数珍宝、奇物、草木、禽兽、昆虫、麟凤，等等，是一部包罗万象的上古社会生活的百科全书，与《周易》《黄帝内经》并称为上古三大奇书。

最后，山是国家和地方重要的地理标志。从国家的形象塑造来看，有时一座山就是一个国家的地理标志和形象代表。黄山、五岳、喜马拉雅山、昆仑山等因其广为人知、名满天下，是代表中国的地理标志。有的国家直接以山来命名，如春秋时期的中山国，今天的黑山、肯尼亚共和国（肯尼亚山是非洲第二高峰）等。国家内部的大小政区有很多也以山为地理标志，有的以其和山的方位来命名，如今天中国省级区划的山东、山西。还有不少城市直接以山来命名，如兰州市（皋兰山）、黄山市、峨眉山市、井冈山市、庐山市、武夷山市、乐山市、马鞍山市、鞍山市、韶山市、舟山市、华阴市、泰安市等等，不胜枚举。

2. 山是古代自然崇拜的中心

人类社会在对山具有物质和生存依赖性的基础上，产生了对山的原始精神崇拜。人们认为：山高耸入云故而是与天相通的"天梯"；山至坚至厚而亿万年不倒，故而孕有长生的神力，存有元气之源；山深幽而神秘，故而是风雨雷电的藏处和天神仙灵的居所。如《礼记·礼运》说："山川所以傧鬼神也。""傧"是接引、礼赞的意思。《抱朴子·登涉》言："山无大小，皆有神灵。山大则神大，山小即神小也。"

因此，在古代"绝地天通"的时代，山自然成为先民们自然崇拜的中心，靠山的民族大多都形成了古老的山崇拜信仰。比如居于青藏高原喜马拉雅山脉之上的藏族对神山的崇拜极为虔诚，不但每年都要举办定期的祭山活动——转山会，还会放风马旗（又叫祈祷幡），即将一串串方形、角形、条形的彩色小旗有秩序地拉挂在山头、树木、建筑、门首、绳索、族幢之上，使其随风在大地与苍穹之间摇曳，构成了一种与天相接的境界，上面还会印上藏文咒语、经文、佛像、吉祥物图形等。据说山神以风作马穿越在高山峡谷之中，所以祭祀时风马旗挂得越多、飘得越高，就越吉祥，象征美好的祝愿。还有煨桑、插箭植杆、赛马等活动都是各地祭祀山神必不可少的主要内容。再比如，西双版纳的傣族自古有"垄山"崇拜。"垄"即是傣族语言"神林"的译音，凡傣族村寨每年都有一至二次的"祭垄山"活动，他们相信垄山是神的家园，不可侵犯。此外，蒙古族也有关于多克多尔山的祭祀文化。

华夏民族所崇拜的最古老神山非昆仑山莫属。《山海经·西山经》记载："西南四百里，日昆仑之丘，是实惟帝之下都，神陆吾司之。"《山海经·海内西经》云："海内昆仑之虚，在西北，帝之下都。昆仑之虚，方八百里，高万仞。……面有九门，门有开明兽守之，百神之所在。……开明北有视肉、珠树、文玉树、不死树。……皆操不死之药以距之。"《山海经·大荒西经》云："有大山，名日昆仑之丘……此山万物尽有。"古人认为，昆仑山是天帝设置的"下都"，不仅有神兽、神树，还有不死药和数不清的奇珍异宝。

西汉的《淮南子》对昆仑山的神性进一步发展："昆仑之丘，或上倍之，是谓凉风之山，登之而不死；或上倍之，是谓悬圃，登之乃灵，能使风雨；或上倍之，乃维上天，登之乃神，是谓太帝之居。"[1]《淮南子》中，昆仑山成为人界通往天界的门庭，凡人若进入，上可直达天庭、成仙成神，至少也可得不死之法。神话学家袁珂认为："古人质朴，设想神人、仙人、巫师登天，亦必循阶而登，则有所谓'天梯'者存焉，非如后世之设想，可以'翱翔云天'任意也。自然物中可凭借以为天梯者有二：一日山，二

---

[1]（汉）刘安：《淮南子》，北京：北京燕山出版社，1995年版，第102页。

日树。山之天梯，首日昆仑。"[1]

在汉代，还有人认为昆仑山是擎天之柱所在，是大地的中心、神州的中央。如汉《龙鱼河图》中曰："昆仑山，天中柱也。"东方朔在《神异经》中写道："昆仑有铜柱焉，其高入天，所谓天柱也。围三千里，员周如削，铜柱下有屋，壁方百丈。"《河图括地象》："地中央日昆仑。昆仑东南，地方五千里，名日神州。"

昆仑山与古代的夏、周、羌几个民族的活动都有联系，是中华民族神话传说的摇篮，类似于希腊神话的奥林匹斯山。夸父逐日、西王母与三青鸟等故事都起源于昆仑山。其中对后世影响最大的，莫过于西王母的神话。西王母在《山海经》中形象为"载胜、虎齿、豹尾、穴居"的人头兽身，汉代之后则变成了雍容华贵的群仙领袖。唐代诗人李商隐有《瑶池》一诗曰："瑶池阿母绮窗开，黄竹歌声动地哀。八骏日行三万里，穆王何事不重来？"这首诗的取材是《穆天子传》中所写的周穆王与西王母相会的故事。后来，在道教文化中，西王母又与东王公共理阴阳二气，养育天地群生，成为掌管坤道的女性之主。

唐代李冗在《独异志》中对昆仑山神话进一步发展，写道："昔宇宙初开之时，只有女娲兄妹二人在昆仑山，而天下未有人民。议以为夫妇，又自羞耻。兄即与其妹上昆仑山，咒日'天若遣我兄妹二人为夫妻，而烟悉合；若不，使烟散。'于是烟即合。其妹即来就兄，乃结草为扇，以障其面。"[2]至此，昆仑山则与女娲造人的传说相结合，成为华夏文明创生之所。在之后，历朝历代的许多文学作品对昆仑山的神话不断丰富，人们所

---

[1] 袁珂校注：《山海经校注》，上海：上海古籍出版社，1980年版，第450页。

[2] 李冗：《独异志》，北京：中华书局，1983年版，第79页。

熟知的"嫦娥奔月""白娘子盗仙草""西王母蟠桃盛会"等故事也都发生在昆仑山。在明代小说《封神演义》中，昆仑山则是作为阐教教主和众神之首的元始天尊及其道场玉虚宫的所在地。昆仑山成为神界的中心。

昆仑山究竟在何处？是否就是今天位于我国西北，西起帕米尔高原，全长约 2500 公里，地跨青海、四川、新疆和西藏的昆仑山脉？对此，学界莫衷一是。但不可否认，昆仑山神话系统是中国古人对"山"这一自然物发挥想象力，赋予人文精神和礼赞崇拜的巅峰，使昆仑山在中华文化史上具有"万山之祖"和"龙脉之祖"的地位。

直到今天，关于昆仑山、西王母、女娲的崇拜和信仰在民间依然广泛存在。如甘肃平凉泾川的回山，这里被认为是昆仑山脉的起点，也是西王母降生地和西王母文化发祥地。这里有始建于西汉元封年间的王母宫，是中国最早、最大的西王母祖庙。由民间组织的西王母庙会，从北宋开宝元年开始，至今已举行 1000 多届。长期以来西王母信仰和昆仑山崇拜吸引了大批台湾同胞寻根问祖、祭拜朝圣。现在这里定期举行的"海峡两岸谒礼华夏母亲（西王母）仪式"已成为连接海峡两岸人民情感交流的桥梁纽带。2015 年，西王母宫被中央台办、国台办评选为"海峡两岸交流基地"。"西王母信俗"也被列入第二批全国非物质文化遗产名录。

3. 山是国家政权的象征，具有国泰民安、久不崩阤的喻义

在人民大会堂东大厅主席台背景墙上，赫然悬挂着当代著名画家侯德昌的《幽燕金秋图》。这幅画长 16 米，宽 3 米，画面以苍劲浑厚、连绵起伏的群山为主体，是迄今为止人民大会堂内最大的一幅国画作品。这幅鸿篇巨制描绘了由北戴河老龙头到居庸关一带的秋色山景，画面远近布满逶迤的群山，峰巅错落有致，山石连接长空，上有苍松翠柏、飞瀑青云。整幅作品气势宏大，格调雄强，意境悠远，将自然山水、宇宙天地融为一体，不仅展现了祖国壮美锦绣的河山，也向公众传递着中国政治清明、国

泰民安、海晏河清、率土归心、万古长青的盛景。

自古以来，山在国家政治中有着特殊的功能。当原始社会进化到部落联盟并向国家雏形发展时，部族首领选择通过祭祀大山来彰显政治权威、界定统治区域、建立统治秩序。最早的形式是"巡守"。《尚书·舜典》记载："舜让于德，弗嗣。正月上日，受终于文祖。在璇玑玉衡，以齐七政。肆类于上帝，禋于六宗，望于山川，遍于群神。辑五瑞。既月乃日，觐四岳群牧，班瑞于群后。岁二月，东巡守，至于岱宗，柴。望秩于山川，肆觐东后。……五月南巡守，至于南岳，如岱礼。八月西巡守，至于西岳，如初。十有一月朔巡守，至于北岳，如西礼。归，格于艺祖，用特。五载一巡守，群后四朝。……肇十有二州，封十有二山，浚川。"这段话讲到，当舜在太庙接受了尧帝的禅让和册命后，依次到四岳巡守，祭祀名山大川。岳，原作嶽，指高峻的大山，如《诗经·大雅·崧高》曰"崧高维岳"。其中的"柴""望"都是祭礼。所谓柴，或曰燔，或曰燎，通俗地讲，就是燃柴放火于岳坛以祭天。望，即遥祭。古人认为，在高山顶上放火，火与烟相伴而起，直上云霄，天神更易于接受人间的信息，这就是香烛文化的源头。舜帝这样做，一则是借助"峻极于天"的山向"天帝"敬告，以获得君权神授的政治合法性；二则布告天下百姓，加强四方归一的政治领导力。这是关于帝王封禅于山岳的最早记载。"柴望""巡守"（后或写作"巡狩"）也成为后世五岳封禅制度的前身和重要内容。

到了西周，五岳祭祀制度逐渐成熟，为初步奠定的大一统制度服务。五岳具体的山名和方位也比较清晰。《史记》封禅书引《周官》云："天子祭天下名山大川，五岳视三公，四渎视诸侯，诸侯祭其疆内名山大川。"《周礼·大宗伯》云："以血祭祭社稷、五祀、五岳。"血祭作为古代吉礼的一种，是杀牲取血以祭神，是规格最高之祭，在周礼中，五岳与社稷（土神和谷神）并列，可见非常重要。《尔雅·释山》最早称"泰山为东岳，华山为西岳，霍山为南岳，恒山为北岳，嵩高为中岳"。

西周初年，天子封土建邦，周公制礼作乐，国家雏形诞生。五岳祭祀制度是强化形成大一统政治观念的重要举措。《公羊传·隐公元年》曰："何言乎王正月？大一统也。"徐彦疏："王者受命，制正月以统天下，令万物无不一一皆奉之以为始，故言大一统也。"《汉书·王吉传》："《春秋》所以大一统者，六合同风，九州共贯也。""大"是重视、尊重的意思。"一统"，指天下各方诸侯皆统系于周天子。在"大一统"的形成条件中，最基本的是国土观念，因为人口和土地是国家的两大最基本要素，故曰周王朝"受民受疆土"（《大孟鼎》）。如《诗经·小雅·北山之什·北山》言："普天之下，莫非王土，率土之滨，莫非王臣。"五岳祭祀文化之所以产生，是为了通过在地理上明确定位、空间上彼此联系的五座大山，构建划定一个以"周天子"为核心的地理空间层面的大一统秩序，并由此形成地中、四方、五服、九州等概念。今天在河南登封中岳嵩山所在地，还保留着名为"天地之中"的古建筑群。

《千字文》曰："岳宗泰岱，禅主云亭。"经过战国乱世，"天下"在秦的旗帜下重归一统。公元前219年，秦始皇率领文武大臣及儒生博士七十人，到泰山去举行封禅大典。所谓"封"，是指筑土坛祭天。所谓"禅"，是指祭地，即在泰山下小山的平地上祭地。秦始皇意图通过在泰山祭祀天地，完成"受命于天"的"始皇帝"加冕仪式，正如《峄山刻石》所写："皇帝立国，维初在昔，嗣世称王。"泰山作为五岳之首的地位得到尊显。

公元前61年，汉宣帝下诏祭祀五岳，使五岳祭祀正式成为国家重要的礼仪制度。此后五岳一直作为一个整体规格很高的祭祀对象。

总之，以"五岳"为代表的山文化是中华文化的重要组成，经历代封建王朝所发展的五岳祭祀文化传统不仅是一种山崇拜，而且蕴含着深厚的中华大一统政治智慧。五岳，因其久不崩阤、峻极于天的文化意象，始终凝聚着人们对国泰民安、政基稳固、政治统一的美好祈愿，是国家福祉的象征。

（四）林皋幸即，夜静山空

在中国传统文化中，山的意象是极为丰富的，除了有儒家层面象征仁者仰之弥高的道德情操和知其所止的修身之道，不可忽视的，还有与道家、禅学相关的隐逸避世文化。《千字文》曰"殆辱近耻，林皋幸即"，"殆"是"将要、迫近"的意思，"辱"和"耻"略有区别，内心的羞愧为耻，外来的欺凌为辱。"林皋"就是有山有水，适合隐居之地，"幸"是庆幸、吉而免灾。这句话的意思是，有的人在朝堂之上预感到灾祸和耻辱的事即将发生，就选择辞官下野，退隐山林。"林皋幸即"原出于《庄子·知北游》："山林欤！皋坜欤！使我欣欣然而乐欤！"

古代做官，官场如战场，伴君如伴虎，政治斗争十分激烈，一言一行都要有如临深渊、如履薄冰的危机感。如果世道不好，朝堂可能乌烟瘴气，奸佞当道。如《周易》言，"知进退存亡，而不失其正者，其唯圣人乎"，孔子也提出"用之则行，舍之则藏"（《论语·述而》），人生并非一味求进，用舍行藏、求得心安也是一种人生态度。退隐是一种趋吉避凶、与时偕行、以退为进的人生智慧。在中华文明漫长的历史长河里，无数有名或无名的仁人志士在人生某个阶段选择归隐山林，或为洁身自好、远离污秽，或为功成身退、躲避灾祸，或为养名蓄势、伺机而动。北宋政治家、文学家王安石推行变法失败后，罢相退居江宁，将其居所起名为"半山寺"，作有《题半山寺壁》一诗："寒时暖处坐，热时凉处行。众生不异佛，佛即是众生。"表达了一种顺其自然、乐观豁达的心态。远离喧嚣的深山林皋，给予一个个负重前行、洁身自好的生命以自由娴静的庇护和归宿，成为中华文化中一道独特而温情的风景。

隐士文化与仙道文化之所以同出一源，山是其中关键的结点。《庄子·天地》篇中写道："天下无道则修德就闲。千岁厌世，去而上仙，乘彼白云，至于帝乡。三患莫至，身常无殃，则何辱之有？"中国人自古以来就羡慕那些遨游天地间、来去皆自由的仙人，希望像他们一样无忧无虑，自在怡然，因而有寻仙问道的传统。山的偏远性、神秘性、仙灵性、葆养性自然成为道家神仙文化的源头。"山不在高，有仙则名"，古人认为山是神仙们的居所和道场，有洞天福地之说。《礼记·礼运》曰"山川所以傧鬼神也"，《礼记·祭法》曰"山林川谷丘陵，能出云，为风雨，见怪物，皆曰神"。庄子曾在《逍遥游》中描写了藐姑射山中冰清玉洁的仙女，令人神往，"藐姑射之山，有神人居焉，肌肤若冰雪，绰约若处子"。作为文化符号的三山五岳均关联着奇异的神话传说。

仙与山有着古老的神秘联系。《说文解字》对"仚"（即"仙"字）的解释为"人在山上"。在道家看来，神秘巍峨的山岳能够滋养万物，氤氲奇绝，是因为云雷风雨藏于山中，山体内蕴含着化育生命所需的神灵之力。道教徒们据此将山作为他们居处、采药、行气、修真、炼丹的最理想场所和强大依托，逐渐形成"择灵山以养性，处深山以修道"的信仰传统。东晋道教理论家、医药家葛洪在其名著《抱朴子》中提到华山、泰山、霍山等 20 余座名山，认为"此皆是正神在其山中，其中或有地仙之人。上皆生芝草，可以避大兵大难，不但于中以合药也，若有道者登之，则此山神必助之为福，药必成。"东晋《道迹经》曰："五岳及名山皆有洞室。"《洞天福地岳渎名山记序》云："乾坤既辟，清浊肇分，融为江河，结为山岳，或上配辰宿，或下藏洞天"，"含藏风雨，蕴蓄云雷，为天地之关枢，为阴阳之机轴"。这些著作强化了深山、绝壁、幽谷、密林的神秘性、仙灵性，强调了其与人间世俗世界的相对性、隔绝性，使山成为隐士高人、寻仙问道者修真悟道、得长生法的"另一个世界"。

山意象所衍生出的隐逸文化对中华文明的哲学、宗教和艺术产生了重要的影响，陶渊明和王维是其中的代表人物。

陶渊明，晚年更名陶潜，别号五柳先生，浔阳柴桑（今江西九江）人，东晋杰出的诗人、辞赋家、散文家。他曾任江州祭酒、建威参军、镇军参军、彭泽令等职，最末一次出仕为彭泽令。据《晋书·陶潜传》记载，陶渊明为官清廉，生活简朴，有一天，郡官派一名督邮到彭泽县视察。这名督邮平时依仗太守的宠信，在乡里作威作福，是个粗俗、傲慢、贪财的小人。当县吏向陶渊明通报，建议他穿好衣冠迎接督邮时，陶渊明叹息说："我岂能为五斗米，向乡里小儿折腰！"当他无法说服自己去做官场中的阿谀奉承之事时，果断选择投身田园和山林，在位仅80多天便辞职归隐，体现了他宁固穷终生也要坚守清节的崇高人格。

陶渊明是中国第一位田园诗人，被称为"古今隐逸诗人之宗"和"田园诗派之鼻祖"。陶渊明年少时修习儒家经典，自称"少年罕人事，游好在六经"（《饮酒·其十六》），也曾经"猛志逸四海，骞翮思远翥"（《杂诗》）。他的辞官归隐，在后世学者看来，并非消极地逃避，而是具有批判社会现实的积极意义。

陶渊明将他崇尚高洁、追求自由的灵魂寄托于山水之间。他尤其爱山，在《归田园居·其一》中他直言："少无适俗韵，性本爱丘山。"在《饮酒·其五》中写道："采菊东篱下，悠然见南山。山气日夕佳，飞鸟相与还。""采菊东篱下，悠然见南山"成为千古名句。

在《归园田居·其三》中他写道："种豆南山下，草盛豆苗稀。""南山"并非简单的写实，而是用《诗经》典。《诗经·小雅·天保》云："如月之恒，如日之升。如南山之寿，不骞不崩。如松柏之茂，无不尔或承。"《小雅·斯干》中则有："秩秩斯干，幽幽南山。如竹苞矣，如松茂矣。兄及弟矣，式相好矣，无相犹矣。""南山"在这两首诗中是永恒不老、四季常青的象征。《小雅·节南山》中有"节彼南山，维石岩岩。赫赫师尹，民具尔瞻"，此处的"南山"用以形容名臣师尹光明正大和肃穆威严的官德。至汉代，"南山"又被赋予贤者隐居之地的意义。西汉初年，东园公、里先生、绮里季、夏黄公等四人隐居于秦岭山脉中的商山，合称"商山四皓"。汉高祖刘邦多次征召而不至，成为当时德高望重的世外隐士。因秦岭有"南山"之称，所以便有"四皓"隐于南山之说，如东汉光武帝《以范升奏示公卿诏》中说："自古尧有许由、巢父，周有伯夷、叔齐，自朕高祖有南山四皓。"[1] 由此，陶渊明笔下的"南山"，其意象是非常丰富的，既蕴含着隐逸遁世、自由永恒，又包含着光明正大、德高望重。

在陶渊明的名作《归去来辞》中，有"云无心以出岫，鸟倦飞而知还""既窈窕以寻壑，亦崎岖而经丘"的千古佳句，山的意象沉淀着他对生命、自然、时间的无限思考，寄身于山林，可对生命的有限性进行主观上的延展，达到"天人合一"的境界。他还写下《桃花源记》，塑造了一个隐藏于深山之中，久与外界隔绝的世外桃源，充分表现了他对现实政治的不满和对自由隐逸的向往。

此外，陶渊明笔下关于山的诗句还有"去去欲何之？南山有旧宅"（《杂诗·其七》）、"死去何所道，托体同山阿"（《拟挽歌辞三首》）、"久去山泽游，浪莽林野娱"（《归田园居·其四》）、"积善云有报，夷叔在西山"（《饮酒·其二》）、"山涧清且浅，遇以濯吾足"（《归田园居·其四》）、"山涤余霭，宇暧微霄"（《时运》）、"寒气冒山泽，游云倏无依"（《于王抚军座送客》）、"路若经商山，为我少踌躇"（《赠羊长史·并序》）、"山中饶霜露，风气亦先寒"（《庚戌岁九月中于西田获早稻》）、"目倦川途异，心念山泽居"（《始作镇军参军经曲阿作》）等。他借山以抒怀，托山以言志。"山泽"是陶渊明隐逸人格的寄托处，是自由灵魂的故土家园。

到了300年后的盛唐时期，在陶渊明田园诗歌的影响下，又诞生了一位鼎鼎大名、才华横溢的诗人。他不仅诗书音画样样精通，而且以清新

---

[1]（清）严可均辑：《全上古三代秦汉三国六朝文》第25卷，北京：中华书局，1987年版，第477页。

淡远、自然脱俗的风格，创造出独特意境，"味摩诘之诗，诗中有画；观摩诘之画，画中有诗"（《东坡题跋·书摩诘蓝田烟雨图》），将山水田园诗推上了新的高度，在诗坛独树一帜，他就是王维。

王维不仅继承了陶渊明山水田园诗平淡、自然、悠远的意境和隐逸避世的志趣，而且在诗画融合的冠绝笔法中注入了不同寻常、明妙玄静的佛理禅意，使作品集画意美、音律美、禅意美于一体，散发着浑厚、内敛、幽远的人文神韵，诗中的禅机妙理也令人回味无穷。

盛唐，是佛教禅宗一派获得发扬光大的重要阶段。"禅"是梵文"禅那"的音译，是佛教的一种修持方法，讲求通过静虑、冥想，在定中产生无上的智慧，以无上的智慧来印证"缘起性空"的智慧，从而获得精神上彻底的解脱。这种对"智慧"本身的强调与佛教在印度时强调"定"或"戒律"的修持法产生区别，从而形成了一个中国化最为彻底，对中国哲学、文化、艺术影响最为深远的佛教派别——大乘禅宗。相传如来以心印付迦叶，迦叶遂为禅宗初祖。后历二十八代传至达摩，其来到中国，为东土初祖。后来禅宗历史上里程碑式的人物六祖慧能即生于638年的盛唐。

禅宗一派发扬了佛法的现世关怀精神，突出了佛学的入世性质，与儒、道等文化相融合，使佛教在中国社会获得强大的适应性和生命力，其义理对以王维为代表的知识分子阶层产生较大影响。

据说王维出生时，其母亲崔氏梦见了印度高僧维摩诘，于是给儿子起名维，字摩诘。这名高僧的故事集中记载在大乘禅宗最重要的经典《维摩诘经》中。维摩诘是一个"在俗修道"的居士，不仅富有并且深通大乘佛法，常与文殊菩萨等阔论佛法，阐述大乘般若性空的思想，提出"不舍道法而现凡夫事""不断烦恼而得到涅槃"等重要观念，是佛教深刻融入中国世俗社会的理论基础。

王维毕生深受大乘禅宗影响，思想沉浸于佛禅之中，王维自号"摩诘居士"，反映了他对禅宗义理的笃信和对真俗二境的圆融。他曾说自己"以般若力，生菩提家"（《赞佛文》）。他所写的一些诗直接宣扬佛法，如在《与胡居士皆病寄此诗兼示学人二首》中写道："一兴微尘念，横有朝露身。如是睹阴界，何方置我人。碍有固为主，趣空宁舍宾。洗心诇悬解，悟道正迷津。因爱果生病，从贪始觉贫。色声非彼妄，浮幻即吾真。"这几句深得《维摩诘经》"从痴有爱则我病生"和"荡相遣执"的佛理精髓，大有"本来无一物，何处惹尘埃"的悟空之境。

当然，王维更多的诗作是用一种"似有却无"的笔触，将禅机佛理巧妙地隐含在对山水田园的赞美写意之中，如在《终南别业》中给自己画像道："中岁颇好道，晚家南山陲。兴来每独往，胜事空自知。行到水穷处，坐看云起时。偶然值林叟，谈笑无还期。"此诗不但像陶渊明一样借用了"南山"的隐逸之义，而且通过对行云和流水之间关系变化的观察和感悟，阐发了世间一切法皆有生、住、异、灭之迁流变化，一切事物都在生灭穷通中流转的禅理。"行到水穷处，坐看云起时"一句充满禅机与佛性。

大乘佛法的理论基石是"缘起性空"。所谓"缘起"，指世间上的事物非凭空而有，不能单独存在，必须依靠种种因缘条件和合才能成立，一旦组成的因缘散失，事物本身也就归于乌有，即"诸法因缘生，诸法因缘灭"。所谓"性空"，即一切事物不能独存，不能常住不变，本性是空的。如果自性不空，则不能有，即"真空生妙有"。总之，般若性空是佛学追求的精神境界，是觉悟的核心，因此，名著《西游记》的主角被叫作"孙悟空"。作为"居士"的王维在写作时独具匠心地将"空"与"山"相融合，创造了一个安闲自在、微妙玄通的"空山"意境，产生了一批脍炙人口的佳句，如"空山新雨后，天气晚来秋"（《山居秋暝》）、"空山不见人，但闻人语响"（《鹿柴》）、"人闲桂花落，夜静春山空"（《鸟鸣涧》）、"峡里谁知有人事，世中遥望空云山"（《桃源行》）、"山路元无雨，空翠湿人衣"（《山中》）等等。还有一些诗句，无空却胜空，如"古木无人径，深山何处钟"（《过香积寺》）、"坐看红树不知远，行尽青溪不见人"（《桃源行》）、"荒城临古渡，落日满秋山"(《归嵩山作》)、"雨中山果落，灯下草虫鸣"(《秋夜独坐》)、"山中习静观朝槿，松下清斋折露葵"(《积雨辋川庄作》)、"深林人不知，明月来相照"(《竹里馆》)、"涧户寂无人，纷纷开且落"(《辛夷坞》)、"花落家童未扫，莺啼山客犹眠"(《田园乐》)。品读这些诗句，仿佛置身于王维所摹写的春夏秋冬不同时节、不同气象的空山之中，这是比陶渊明又多了几分玄妙空明的纯净感。

王维笔下的山，虽空但不寂绝，虽静但不沉死，有"人语竹喧"、有鸟惊虫鸣，可见并没有与世隔绝。他往往用桂花明月、秋雨白石、柴扉山客等常见的景物衬托空山的"人间烟火气"，这便是禅宗所提倡的人间佛教，是普度众生的现实主义慈悲心在艺术中的建构。

王维笔下的山，是昂扬开阔、清爽明朗的。这既符合盛唐气象，也与王维始终充满生机的精神取向相关。他早年入仕途，希望定国安邦、建功立业，实现事业理想，后虽遇挫折，归隐山林，但禅宗佛法的魅力吸引他去追求了另一种理想，那就是在山水田园中求悟"般若性空"，从更高的层面寻找人生的价值和生命的意义。因此，在他的作品中，感受不到失落与压抑，也看不到消极与遁世，因为他已将自己的进取与乐观转化为文学创作中的山水意境进行表达。"空山"既是王维文学艺术上构思的布景，也是宗教信仰上灵魂的归宿。

王维笔下的"山"，本质和实相是佛法的空性，但看待的视角却是"真俗无碍"的中观般若。他营造出"空""静"的意境，重传神、轻迹象，充满细节却意境浑然。例如《鸟鸣涧》，依托鸟鸣春涧的灵动画面来写"空"，再如《山居秋暝》，用唯美的"松间明月""石上清泉"搭配竹林中洗衣归来、喧笑可人的少女来写"空"，又如《竹里馆》，幽篁竹林里人不知的空与静中却回荡着"琴声"和"长啸"。动与静、人与自然、声音与画面、诗景与诗意在王维笔下浑然一体，无法区分。其实这就是禅的意境和佛的境界，是"佛法在世间，不离世间觉"的艺术表达。难怪王维会自诩"一悟寂为乐，此生闲有余"（《饭覆釜山僧》），他也的确无愧于"诗佛"的美誉。

三、石

作为地球最为常见之物，自古以来，石与人们的生活有着不解之缘。从上古时代人类以石制器、以石建居、以石作乐，再到对金、玉、银、铜、铁等矿物的开发利用，石是人类生活中重要的物质资源。存在决定意识，与石相关的文化也日益丰富。商周时期的人们制作青铜器、雕琢玉器以祭祀上天先祖，金玉是王权的象征、礼仪的重器。春秋时期儒家知识分子用玉来比德，中国人流行佩玉，形成绵延千年的中华玉文化。石的天然淳朴、金的珍贵赤足、玉的温润高雅在"取象以立意"的文化思维进程中为中华伦理道德提供"他山之石，可以攻玉"的借鉴。

（一）石：淳朴自然，藏愚守拙

从古至今，中国人对"石"都有着浓厚的兴趣和独特的审美意识，形成"山无石不名，水无石不澈，园无石不秀，室无石不雅，庙无石不灵，人无石不安"[1]之说。早在《尚书·禹贡》中，就记有"岱畎丝、枲、铅、松、怪石"。《山海经》则有"又南三百里，日独山，其上多金玉，其下多美石"

---

[1] 黄俭：《赏石艺术》，北京：中国文联出版社，2011年版，第2页。

（《东山经》）的记载，而且其中记载有名目繁多的石头，如历山石、封石、玦石、玄石、洗石、鸣石、脆石、箴石，等等。《诗经》中亦多有关于石头的描写，如"扬之水，白石凿凿"（《唐风·扬之水》）、"他山之石，可以攻玉"（《小雅·鹤鸣》）、"节彼南山，维石岩岩"（《小雅·节南山》）、"我心匪石，不可转也"（《国风·邶风·柏舟》），等等。

春秋时期，社会就兴赏石之风，据《太平御览·阙子》记："宋之愚人得燕石于梧台之东，归而藏之，以为大宝，周客闻而观之。"到了南宋初，杜绾完成的中国第一部论石著作《云林石谱》，这是我国古代载石最完整、内容最丰富的一部石谱。书中写道："天地至精之气，结而为石，负土而出，状为奇怪，或岩窦透漏，峰岭层棱。"[1]明清以来，随着园林艺术的迅速发展，赏石文化更加风行。明代林有麟的《素园石谱》、清代沈心的《怪石录》等均是有名的赏石专著。

中华历史上不乏爱石之人，如苏轼、米芾、欧阳修等都是好石成癖的典型。新中国第一任最高人民法院院长、著名的民主爱国人士沈钧儒，从其曾祖父到其曾孙，上下七代人都爱石藏石，堪称世界收藏史上罕见的藏石世家。在沈家的庭院、客厅、书斋里，到处供有奇石，如被命名为"坐看云起时"的假山石，形似太湖石的"鸡骨石"，以及"竹叶婆娑""仕女弹琴""仙人探洞"等雨花石。沈氏的"传家宝"除上述珍贵的观赏石外，还有"冰纹""青花""绿端"等端砚名品。沈钧儒的藏石，品种丰富，有天上的陨石、地下的化石，仅各种矿石标本就有 200 多枚。他把自己的书斋命名为"与石居"，并咏诗道："吾生尤爱石，谓是取其坚。掇拾满吾居，安然伴石眠。"哪怕是在战火纷飞、异常艰难的革命年代，沈钧儒也

---

[1]（宋）杜绾：《云林石谱》，北京：中华书局，2018 年版，第 1 页。

难舍其好，同为法学家的史良曾回忆说："在重庆时，沈老的身后经常有'尾巴'跟随……抗战胜利后，沈老离渝返沪，在离家的那一天，'尾巴'仍然照例跟随，他们发现沈老有一只箱子很沉重，硬要打开检查，其实是一箱石头。"

人们对石头的审美往往不在石本身，而在于石中的人文精神。石头之所以在中华文学、绘画、园林、建筑艺术中占有重要的地位，主要由其淳朴自然而不加雕琢、藏愚守拙蕴日月精华、嶙峋清奇见孤傲自处的文化意象使然。

1. 淳朴自然而近禅似道

石头产于自然，伴随天地而生，每一块都有亿万年的历史。石头形态各异，千奇百怪，有不加雕琢、不施粉黛之本色美，是文人雅士寄情山水、向往自然的隐喻符号。通过把玩观赏自然美石，人似乎能神游宇宙之间，穿越时空，回归混沌之初，如庄子曰，"乘物以游心""心游万仞"，也应了《道德经》的"见素抱朴"之义。石头浑然天成、返璞归真、不加雕琢的美使得明代学者林有麟在《素园石谱》中写道"石尤近于禅"。

明末清初著名的画家八大山人曾画过一幅《玲珑石》，整幅画面中仅有一块兀自耸立的自然朴石，浑然一体，未被雕琢。画上题诗为："击碎须弥腰，折却楞伽尾。浑无斧凿痕，不是惊神鬼。"此诗中"须弥""楞伽"皆是佛语，作者用朴石来比喻众生与生俱来本自具足的佛性。

在禅宗历史上，有著名的石头希迁禅师，他为六祖慧能门下，曾在南岳一块巨石上结庐而居，人称"石头和尚"，这一系禅法，也因此被称为石头宗。

石头与禅的关联还不止于此。据晋代《莲社高贤传·道生法师》记载："竺道生入虎丘山，聚石为徒，讲《涅槃经》，群石皆点头。"竺道生，又名道生，是东晋佛教学者，俗姓魏，巨鹿（今河北平乡）人。他因为坚持"一阐提人皆得成佛"（一阐提人原指断了善根、不具信心、无涅槃性、无法成佛的人）而不容于寺庙被众人逐出。回到南方，他住到虎丘山的寺庙里，终日为众石头讲《涅槃经》，讲到精彩处，石头们都为此点头示意。这就是"生公说法，顽石点头"的故事。这个故事通过石头的自然淳朴之质来解说禅宗"一切众生皆有佛性，人人皆可成佛"的观念，认为无论什么人，就算愚钝如顽石，但只要心诚志坚、勇于明心见性，依旧能够顿悟禅机，立地成佛。同样，要想禅悟，人的内心也需要像石头一样清静质朴，常持静寂、安定。这一石的意象伴随着禅宗传入日本，形成了日本特有的"水石文化"。

2. 藏愚守拙而内含精华

中国人认为，石头在看似愚鲁笨拙、冥顽不化的外表下，蕴含着源自宇宙混沌之初的神秘力量，而且历经亿万年不断吸收日月精华而颇具灵性。中国四大名著中有两本都参用了这一意象。《西游记》中的孙悟空，原是由东胜神洲花果山山顶一巨石，因受日月精华所生出的一石猴。《红楼梦》则讲的是一块灵石的人间游记。原来女娲炼石补天时，单单剩了一块神石未用，将之弃于大荒山青埂峰下，此石灵性已通，认为自己无才补天，整日哀号啼哭。后来，其被神仙点化为《红楼梦》主人公贾宝玉落胎时口衔的那块"通灵宝玉"，随神瑛侍者贾宝玉在滚滚红尘中经历一番悲欢离合，看尽世态炎凉，最终归于青埂峰下，所以《红楼梦》的原名叫作《石头记》。

石头的精华内藏契合于中华传统文化主干儒释道三家所主张的内修要旨。中华文化认为只要坚持内外兼修，一切凡夫皆可成佛、成道、成圣。在文学作品中，石头所具有的先天灵性代表着佛家所主张的那众生皆具的般若佛性，也是道家看重和追求的修真内丹，更是儒家认为人与生俱来的本善之性和光明之德。这些都是石文化所蕴含的最为隐蔽和深刻的美学和宗教意义。

因此，石头经常成为代表君子人格和文人风骨的重要符号。在中国绘画艺术中，石头经常伴随"梅兰竹菊"这"四君子"频频出现，如苏轼的《潇湘竹石图》、郑板桥的《竹石》、吴昌硕的《梅石图》，等等，可以说是木君子与石君子之间的志同道合和"木石之盟"。

3. 瘦皱漏透而风骨高尚

在中国园林艺术中，经常用景观石来布景。有一种石头看起来奇形怪状、玲珑剔透、与众不同，这就是著名的太湖石。太湖石有形、有纹、有色、有质，千姿百态，每一石都独一无二，或浑穆古朴，或超凡脱俗，是园林中的常客。北宋书画家米芾对太湖石有"瘦、皱、漏、透"的相石四法之总结，对后世中国园林和绘画艺术有较大影响。如清人李渔在《闲情偶寄》中写道："此通于彼，彼通于此，若有道路可行，所谓透也；石上有眼，四面玲珑，所谓漏也；壁立当空，孤峙无倚，所谓瘦也。"

今天我们常见于园林布景中的太湖石，多为瘦高状，上面有形状各异、大小不一的孔洞。唐代吴融作的《太湖石歌》描述其成因和采取方法："洞庭山下湖波碧，波中万古生幽石，铁索千寻取得来，奇形怪状谁得识。"明代画家文震亨在《长物志》中写道："太湖石在水中者为贵，岁久被波涛冲击，皆成空石，面面玲珑。"太湖石上的孔洞是由湖水及水中酸性物质经亿万年侵蚀而成，有窝孔、道孔、穿孔等区别，妙趣横生，是大自然的鬼斧神工。

"瘦、皱、漏、透"虽然表面上描述的是石头的外观、形状、特点，而实际上蕴含着藏愚守拙、清高素雅的君子精神和文人风骨。

一是"瘦"，指的是太湖石形瘦窈窕健美、棱角曲线分明。北宋画家苏汉臣的《秋庭婴戏图》中，一柱擎天的太湖石亭亭而立，势立当空，充满仙风道骨，属于典型的瘦石。这种清瘦象征着清高孤傲、"不为五斗米折腰"的文人风骨。

二是"皱",指的是太湖石表面层叠交错、纵横沟壑的皱褶。如明代画家陈洪绶在《梅石图》中，用笔法突出表现石头表面层叠的纹理和褶皱的质感，使石头看起来具有沧桑厚重的层次感。由于这种褶皱是经水波长期冲击而形成，象征着君子修身所要经历的"风刀霜剑严相逼""千磨万击还坚劲"的考验。褶皱让石头看起来充满骨力，坚韧不拔。

三是"漏"，指的是石头上布满涡孔洞窍，如人的七窍一般，象征君子有"眼观六路、耳听八方"的广博见闻，朝向四面八方的玲珑孔洞也象征仁者胸怀天下、"四海之内皆兄弟"的博爱情操。同时，一个个小孔让人想起"水滴石穿"的故事，增添了修身养性之激励之意。

四是"透"，指的是石头的洞孔间隙上下贯通，左右相连，时有嵌套，宛如迷宫。这些孔洞使石头观之内外一体，空灵而神奇，有"烟通杳霭气，月透玲珑光"之感。"透"象征着君子"世事洞明""光明磊落""一通百通"的境界和智慧。

总之，古人赏石、玩石是将中华传统儒释道的文化精神注入于一方拳石之中。石头，自然淳朴却藏愚守拙，它既有道家崇尚天然、返璞归真的质朴之美，又有禅宗追求智慧空性、玲珑漏透的空灵之美，还有儒家强调人品气节、修身不辍的风骨之美。

（二）玉：言念君子，温其如玉

玉，作为一种矿石，质细而坚硬，带有光泽，略透明。中华民族是最早加工和使用玉的民族，玉的历史比金、银、铜、铁等都要早。中国玉器的源头约距今一万年，而远古玉器的盛期应在距今 6000 至 5000 年的红山文化与良渚文化时期。考古出土的新石器时代的玉器，造型已极为丰富，有玉斧、玉铲、玉刀、玉戈、玉环、玉球、玉镯、玉璜、玉玦、玉珠、玉管等，表明远古时期的玉文化已有相当的规模。

1971年，在内蒙古赤峰市红山文化遗址出土了震惊世界的"红山玉龙"。它距今约6000年，以一整块玉料圆雕而成，细部还运用了浮雕、浅浮雕等手法，通体琢磨、光洁圆润。玉龙的重心位置有一孔，用绳吊起后首尾水平相齐，显得生机勃勃，这都表明了当时琢玉工艺已达到很高的水平。

中华玉文化源远流长，对文字、文学、哲学、艺术影响重大。《说文解字》中玉部的126个字大多都跳出了作为文字符号本身的功能属性，而具有与"德"相关的文化属性。比如，中国人常说的"道理"之"理"本义为"加工玉石"，《说文解字》曰："理，治玉也。"《战国策》有"郑人谓玉之未理者为璞"。"理"就是把玉从璞石里剖分出来，因为必须顺着玉石内在的纹路剖析雕琢，故"理"有认识、把握、剖析事物内在规律之义。如戴震《孟子字义疏证》曰："理者，察之而几微必区以别之名也。""国家治理"中的理就体现着把握规律、按规律办事的重要原则。蒙学经典《三字经》的"玉不琢，不成器，人不学，不知义"，也是用治玉来比喻教育的基本道理。此外，中国人姓名中常见的"玲""瑞""珊""宝""珏""璧""玫""琼""琪""瑛"等，乃至"国"字都有着关于"玉"的文化内涵。

玉经历了从神媒到王权再到君子象征物的文化历程。

早在远古时期，玉被认为是人神沟通的媒介用具，由巫觋阶层掌有，如在良渚文化遗址中出土的带有神秘"神徽"的玉器，是无文字时代先民们留下的历史记录。"灵"字，《说文解字》中写作：霝，是玉部的字，曰："巫，以玉事神。"

到了商周，玉器成为王权的象征。《周礼·春官·大宗伯》记载："以玉作六瑞，以等邦国：王执镇圭，公执桓圭，侯执信圭，伯执躬圭，子执谷璧，男执蒲璧。以禽作六挚，以等诸臣：孤执皮帛，卿执羔，大夫执雁，士执雉，庶人执鹜，工商执鸡。以玉作六器，以礼天地四方：以苍璧礼天，以黄琮礼地，以青圭礼东方，以赤璋礼南方，以白琥礼西方，以玄璜礼北方。"这段记载说明进入这一时期，不但玉器的种类样式更加多样，而且随着王权的日益强化，玉已从由巫师集团掌握的用来与神沟通的原始宗教之物过渡为由王权所掌控的用于祭祀的礼器，礼玉文化几近成熟。玉器作为政治身份的象征，建立了明晰的等级关系。

在甲骨文中，玉的字形是一条绳索上串着三块玉石，字形上与"王"十分相近。"国"的简体字也使用了"玉"。有学者认为："玉器既是巫政结合的一个标志性器物，也是巫政结合后受到最大影响的器物。由于巫政的结合，玉器不但是巫师的法器，也是王权的象征，成为权力的瑞符。"

自周以来，中国古代政治思想中产生了"皇天无亲，惟德是辅"的重要观念，作为王权和礼乐象征的玉也因此开始具有"德"的内涵。《礼记·玉藻》言："君子无故玉不去身，君子于玉，比德焉。"玉在器物上是君子社会地位的象征，在精神层面成为君子人格的代表。《礼记》中写道："君子在车，则闻鸾和之声，行则鸣佩玉，是以非辟之心，无自入也。"（《礼记·玉藻》）古人认为君子步行时，若听到佩玉发出铿锵的鸣声，一切邪僻的念头也就无从进入君子的心灵了。"君子之容舒迟，见所尊者齐邀。足容重，手容恭，目容端，口容止，声容静，头容直，气容肃，立容德，色容庄，坐如尸，燕居告温温。凡祭，容貌颜色，如见所祭者。……立容辨，卑毋诎，头颈必中，山立时行，盛气颠实，扬休玉色。盛气颠实扬休，玉色。"（《礼记·玉藻》）这段指出君子举手投足、行走坐卧皆有一定的规范，要严肃恭敬，仪容端庄，平时站立时头颈必保持正直，如山一般地屹立，不能显得松散。君子当行则行，当止则止，不能犹豫不决，君子的脸色则应温润如玉。"以圭璋聘，重礼也；已聘而还圭璋，此轻财而重礼之义也"（《礼记·聘义》），在周人的聘礼中，以玉作为信物，有崇礼重德轻财之意。

《诗经·卫风·淇奥》生动刻画了一位叫作武公的有德之人的形象。据说他生于西周末年，曾经担任周平王的卿士，晚年虽已90多岁了，还克己修身、谨慎廉洁并且待人宽容，因此很受人们的尊敬，人们作了《卫风·淇奥》这首诗来赞美他："瞻彼淇奥，绿竹猗猗。有匪君子，如切如磋，如琢如磨，瑟兮僴兮，赫兮咺兮。有匪君子，终不可谖兮。瞻彼淇奥，绿竹青青。有匪君子，充耳琇莹，会弁如星。瑟兮僴兮，赫兮咺兮。有匪君子，终不可谖兮。瞻彼淇奥，绿竹如箦。有匪君子，如金如锡，如圭如璧。宽兮绰兮，猗重较兮。善戏谑兮，不为虐兮。"其中，"如切如磋，如琢如磨"一句被引用于《大学》一文中，"切磋"的本义是加工玉石骨器，引申为讨论研究学问。切，治骨之法。磋，治象牙之法。琢，治玉之法。磨，治石之法。"切磋琢磨"比喻人在学问上不断钻研深究，在修身上久久为功。"切磋琢磨"作为成语是君子治学修身的代名词。"充耳琇莹"是挂在冠冕两旁的用玉石做的饰物，表现武公仪容庄重、威严。"如圭如璧"中：圭是重要的玉制礼器，上尖下方，在举行隆重仪式时使用；璧是一种圆形的玉器，中有小孔，也是贵族朝会或祭祀时使用的礼器。圭与璧制作精细，显示佩带者身份高贵，也比喻其品德高雅、胸怀旷达。《诗经·秦风·小戎》有"言念君子，温其如玉"，描写一位女子对丈夫的思念之情，她用玉的温润来比喻丈夫的性格和品质，并盼望他能平安归来。此外，《齐风·著》中的"琼华、琼莹、琼英"，《小雅·采芑》中的"有玱葱珩"等也都是用"玉"来形容人的美貌、风度和品格。

进入春秋时期，天下开始礼崩乐坏。孔子为了捍卫西周的礼乐制度，主张"克己复礼"的君子之道，并沿用玉表达"君子人格"。在《礼记·聘义》中有："子贡问于孔子曰：'敢问君子贵玉而贱珉者，何也？为玉之寡而珉之多与？'孔子曰：'非为珉之多，故贱之也；玉之寡，故贵之也。夫昔者君子比德于玉焉：温润而泽，仁也；缜密以栗，知也；廉而不刿，义也；

垂之如队，礼也；叩之，其声清越以长，其终诎然，乐也；瑕不掩瑜，瑜不掩瑕，忠也；孚尹旁达，信也；气如白虹，天也；精神见于山川，地也；圭璋特达，德也。天下莫不贵者，道也。《诗》云："言念君子，温其如玉。"故君子贵之也。'"这段话中，"碈"是一种像玉的石头，用以和玉做对比。孔子鲜明指出"君子比德于玉"。孔子说君子贵玉不在于玉的稀缺，而在于玉本身的品质。

孔子一口气总结了玉的十一种人文内涵，为"比德于玉"做了系统的诠释：

一是玉温润而有光泽，就好比仁者的德性；

二是玉质细致精密而又坚实，就像智者的德性；

三是玉有棱角而不伤人，就像义者的德性；

四是玉佩垂而下坠，就像君子恭谦有礼；

五是轻轻一敲，玉声清脆悠扬，结束时又戛然而止，像音乐一样优美动听；

六是玉既不因其优点而掩盖其缺点，也不因其缺点而掩盖其优点，就像人忠实正直的品性；

七是玉光彩晶莹，表里如一，就好比人的言而有信；

八是宝玉所在，其上气如白虹，与天相通；

九是产玉之所，山川草木津润丰美，与地相通；

十是圭璋作为朝聘时的礼物可以单独使用，不像其他礼物还需要加上别的什么东西才能算数，是因为玉具有代表美德的独立性；

十一是普天之下没有一个人不看重玉的美德，这就好像普天之下没有一个人不看重"道"一样。

孔子的总结为中华民族后世贵玉、爱玉、佩玉、藏玉奠定了深厚基础。之后荀子也总结过玉的"七德"，西汉刘向总结玉有"六美"，东汉许慎总结玉的"五德"，但都是在孔子论说的基础上加上了自己的观点。

总之，千百年来，中华民族尊玉爱玉，以玉德象征君子人格，配玉以提醒自己要立德修身。2008年，在中国首次举办奥运会时，奖牌设计师们突破了以往奥运会奖牌设计采用单一材质的传统，将极具中国文化元素的"玉"融入其中，创造了"金镶玉"的奥运奖牌，奖牌挂钩的设计也源自中国传统的玉双龙蒲纹璜。这一设计不仅蕴含着中国与世界因奥运会结下"金玉良缘"的美好寓意，也将"君子比德于玉"的文化内涵赋予体育运动。

（三）金：精金之纯，凡圣同具

金，本义为赤金，引申为金属总称。《说文解字》："五色金也。黄为之长。久薶不生衣。百炼不轻，从革不违。西方之行。生于土。"《尔雅·释器》："黄金谓之璗，其美者谓之镠。白金谓之银，其美者谓之镣。"《尚书·禹贡》有"厥贡惟金三品"，指的是金、银、铜三金。汉代经学家颜师古认为："金者五色，黄金、白银、赤铜、青铅、黑铁。"金的含义后来缩小指黄金。一则因为黄金在自然界储量稀少，是贵金属；二则因为金银后来作为货币使用，人皆惜之。

"金"的稀缺性及其货币属性使之成为贵重、珍稀之物的象征，如成语"惜字如金""沉默是金""金榜题名"，俗语"浪子回头金不换"等，还有杜甫的诗句"烽火连三月，家书抵万金"、李白的诗句"人生得意须尽欢，莫使金樽空对月"、《三字经》中的"人遗子，金满赢，我教子，唯一经"，等等，不胜枚举。

中国人贵玉也惜金。但是，金与玉相比，少了些灵气而增了些贵气。金和玉在中国语言文字中经常搭配在一起，用来表达美满富足之义，如金口玉言、金枝玉叶、金童玉女、金玉满堂、金科玉律等等。四大名著《西游记》中，除了孙悟空这块顽石外，还有唐僧，唐僧原是"金蝉子"转世，师徒二人取"精诚所至金石为开"之意。另一部名著《红楼梦》则有别名为《金玉缘》，第五回"终身误"一曲中唱道："都道是金玉良缘，俺只念木石前盟。"据红学家周汝昌先生分析，《红楼梦》一书围绕贾宝玉的感情，大致将他身边的女孩们分为金玉二系。如林黛玉、妙玉、晴雯等女子与贾宝玉是"玉"缘，代表理想化的唯美爱情；而薛宝钗、史湘云、袭人等女子与贾宝玉是"金"缘，代表世俗化的现实爱情。贾宝玉则是理想与现实的矛盾复合体。

从取象以立意的角度看，"金"在中国文化中也象征着难能可贵的高尚人格。唐代诗人刘禹锡在《浪淘沙》中写下名句"千淘万漉虽辛苦，吹尽狂沙始到金"，抒发了自己虽因流言蜚语屡遭贬谪，坎坷备历，但他精神乐观，胸怀旷达，将人生苦难看作对灵魂的磨砺，"千淘万漉"后彰显的是自己如黄金般高尚的道德情操。

明代杰出的思想家、儒学家王阳明在《传习录》中提出重要的"成色斤两论"。他借黄金的"成色"和"斤两"之分，运用品质和数量的关系生动诠释了人生"德性"与"事功"的关系。学生蔡希渊问老师王阳明一个问题，大意是："伯夷、伊尹和孔子比较起来才能、力量不同，但为什么后世统称他们为圣人呢？"王阳明回答道："圣人之所以为圣，只是其心纯乎天理，而无人欲之杂；犹精金之所以为精，但以其成色足而无铜铅之杂也。人到纯乎天理方是圣，金到足色方是精。然圣人之才力，亦有大小不同，犹金之分两有轻重。尧、舜犹万镒，文王、孔子犹九千镒。禹、汤、武王犹七八千镒，伯夷、伊尹犹四五千镒。才力不同，而纯乎天理则同，皆可谓之圣人；犹分两虽不同，而足色则同，皆可谓之精金。以五千镒者而入于万镒之中，其足色同也；以夷、尹而厕之尧、孔之间，其纯乎天理同也。盖所以为精金者，在足色，而不在分两；所以为圣者，在纯乎天理，而不在才力也。故虽凡人，而肯为学，使此心纯乎天理，则亦可为圣人；犹一两之金，比之万镒，分两虽悬绝，而其到足色处，可以无愧。故曰'人皆可以为尧、舜'者以此。"[1]

王阳明的这段话巧妙利用黄金"成色"与"斤两"的关系，生动形象地回答了儒学中长期探讨的"德性"与"事功"的问题，指出历史上圣人之间的区别就像黄金斤两的不同，虽有事功的大小，但其"成色"是一样的，就像尧、舜好比万镒的纯金，文王、孔子是九千镒的纯金，伯益、伊尹则是四五千镒的纯金。他们的心都是同样纯然合乎天理的。对纯金的界定，不是因为分量而是因为成色。他主张人生的价值取向就是要成为"足色"的"黄金"，而不在追求"斤两"的大小，"足色"是本，"斤两"是末，不能本末倒置。

王阳明认为，后世的人只专门在知识、才能、事功上努力学习圣人，认为这样就能够成圣，但忽视了圣人的根本在于让心合乎天理，即"致良知"，只费尽心力钻研书本、考训名物、推理形迹，却不从"心"上下功夫，知识越渊博，私欲越是滋长，才能越高，离天理良知反而越远。这就像看见别人拥有一吨的黄金，只妄想在斤两上超过别人，于是把铜铁锌锡等杂质掺进金子里，却不肯用心冶炼自己的成色。最后分量增加了，品质下降了，成为坐而论道、欺世盗名之徒。

王阳明通过以金的成色斤两作比，有力诠释了古人"人皆可以为尧舜"和"止于至善"的修身理念，证明了"致良知"的重要性，并从学术上形成了"凡圣一体"的观点。我们每个平凡人，通过"致良知"和"知行合一"，都可以成为与孔子、孟子一样的成色足的"精金"，哪怕分量上只是一钱也好。正如雷锋曾说过"做一颗永不生锈的螺丝钉"，我们不求做出多大的事功，不求有多么鲜亮的人设、多么卓越的才能，只求唯精唯一、

[1]（明）王阳明:《传习录》，北京：中国华侨出版社，2014年版，第239～240页。

内心光明、苦心修炼内功、从一点一滴做起。"成色斤两论"从理论上给予平凡人成为圣贤的可能，带给普罗大众以道德的希望和力量，是阳明心学实践论的重要观念，更使儒学面向大众，下接地气，成为普通人可以使用的人生哲学。

四、木

树木和花卉不仅是人类在大自然中的重要伴侣，也是上天赐予人类的宝贵财富。它们有的为人类提供重要的生产生活资料，同时保养水土、防风固沙、净化空气，以实用性获得人类的青睐；有的则通过令人"喜闻乐见"的香气和外观，成为人们审美怡情的爱宠；还有的则因其独特的生命个性、特殊的生存环境，成为人们"近取诸身，远取诸物""以类万物之情"的智慧师资，被人们赋予诸多的精神情感，成为代表坚贞、自由、高洁、朴实、正直、谦逊、素雅等的文化意象，也成为人们抒发爱情、亲情、友情，表达仰慕、爱恋、向往、幸福、长寿、吉祥的重要寄托和象征。

自古以来，中国文人就乐于通过诗歌、绘画、音乐等艺术形式表达对特定树木花卉的文化审美意象。如果我们翻开中国文学史，从《诗经》的"蒹葭苍苍，白露为霜""桃之夭夭，其叶蓁蓁"，到屈原的"扈江离与辟芷兮，纫秋兰以为佩"，从《道德经》的"草木之生也柔脆，其死也枯槁"，到《论语》的"岁寒，然后知松柏之后凋也"，从陶渊明的"采菊东篱下，悠然见南山"，到王安石的"遥知不是雪，为有暗香来"，从北宋周敦颐脍炙人口的散文《爱莲说》用"出淤泥而不染"自比高洁清逸的人格，到曹雪芹在《红楼梦》中用不同的花卉来象征大观园众女子的独特和美好，却最终用以表达"千红一窟"（千红一哭）、"万艳同杯"（万艳同悲）的巨大艺术悲剧性，令人感慨神伤。清康熙四十七年，学者汪灏等人奉康熙皇帝之命，在王象晋《群芳谱》的基础上增删、改编、扩充成《广群芳谱》一百卷，收录在《四库全书》之中，这部巨著囊括了 2000 多年历史中中国文人咏花咏木的各种诗词曲赋，是蔚为壮观的关于中华花文化的百科全书式的鸿篇巨制。

比德于木、托木言志是中华传统文化的重要组成部分。中国人一方面从对树木花卉的自然审美中感受"天人合一""生生不息"的生命情趣，另一方面，某些植物因在恶劣环境中展现的顽强生命力而使之从大多数植物中"脱颖而出"，被文人赋予了君子精神。从对某些树木花卉的观察、玩味、欣赏中，人们可以汲取独立自强、昂扬向上、自然纯真的人格力量。

中华民族善于以美清心、以美储善、以美育德。梅、竹与松被称为"岁寒三友"。兰花、菊花加上水仙、菖蒲，并称为"花草四雅"。自明代黄凤池编写《梅兰竹菊四谱》以后，梅兰竹菊被称为"四君子"。如当代美学家薛富兴认为："人始终是自然之子。……请不要小看自然审美的赏花惜草、游山玩水。以自然审美精神提升人类整个审美活动之精神品格，拓展人类审美活动之精神境界，这正是自然审美的普遍意义。……它始之以自然对象的声色之美，继之以对自然生命的崇拜，终之以对大自然的精神依恋，具有极为丰富、深厚的人文价值。"[1]

（一）梅：凌霜傲雪，俏不争春

梅，原产于中国南方，属于蔷薇科杏属植物，既可观赏又可产果实。

---

[1] 薛富兴：《生活美学——一种立足于大众文化立场的现实主义思考》，《文艺研究》2003 年第 3 期，第 31 页。

梅有许多品种，不但可以露地栽培，还可以栽为盆花。花、果、叶、根都具有一定药用价值。梅的寿命很长，可活数百年至千年。浙江天台山国清寺有一株隋梅，至今已1300余年。梅花的花期比较特殊，多在冬季或早春，先开花，后发叶。梅在我国西南地区的花期为当年12月至次年1月，华中地区为2月至3月。常见的梅花花萼通常为红褐色，花瓣为白色至粉红色，也有紫红、淡黄、淡墨等多种颜色，不但花形优美，而且花香清幽淡雅。

梅在中国有着悠久的栽培历史。1975年考古人员在安阳殷墟商代铜鼎中发现有梅核，可见早在3000多年前，梅已成为食品。《尚书》中的"若作和羹，尔唯盐梅"，《礼记》中的"桃诸，梅诸，卵盐"，也说明人们将梅子经过腌渍晾晒后或入羹烹调食用。

观赏梅花是中国人的传统。春秋时代就已引种驯化野梅成为家梅。在汉初，梅就已作为装饰园林的观赏树木。据《西京杂记》载："汉初修上林苑，远方各献名果异树，有朱梅，胭脂梅。"西汉末年扬雄作《蜀都赋》云："被以樱、梅，树以木兰。"由于梅花是为数不多在寒冷冬季开放的花，且花形优美，花香怡人，因此被冠以花中之魁、群芳之首。历朝历代，梅花不知吸引了中国文人画师多少的笔墨对它表示爱慕与敬仰，它不仅和兰花、竹子、菊花一起被列为"四君子"，也与松、竹并称为"岁寒三友"，在群花中的地位十分显赫。古人总结梅有"四德五福"。所谓四德，即"初生蕊为元，开花为亨，结子为利，成熟为贞"，这是对《周易》乾卦"元亨利贞"四德的比附。所谓"五福"，来自梅花的五瓣，有"梅开五福"之说，分别是"长寿""富贵""康宁""好德""善终"，可见人们对梅花的喜爱。

梅的生理特性塑造了其与众不同的文化属性。历朝历代，咏梅的诗词最多，文人们赋予梅以典型的君子意象，用梅之自然美，关乎于人生意境，用以自我激励，启发道德智慧。

首先，梅有凌霜傲雪的顽强生命力。梅花开处，环境恶劣，气候严寒。当百花已凋零，独梅能在凌厉风雪中傲然绽放，这代表了一种迎难而上的士人骨气和坚忍不拔的顽强生命力，是民族魂的代表。其中典型的作品有毛泽东在《卜算子·咏梅》中所写的："风雨送春归，飞雪迎春到。已是悬崖百丈冰，犹有花枝俏。"这首诗写于1961年，整首词无丝毫颓废消沉之意，用"百丈冰"与"花枝俏"的对比以及风雨飞雪却迎春的意境，加上后句"待到山花烂漫时，她在丛中笑"的拟人手法，彰显大无畏的革命乐观主义情怀，读来令人耳目一新。此外，唐代张谓的"不知近水花先发，疑是经冬雪未销"（《早梅》）、南宋陆游的"雪虐风饕愈凛然，花中气节最高坚"（《落梅》）、元代王冕的"冰雪林中着此身，不同桃李混芳尘"（《白梅》）等等，也都突出表现了梅凌霜傲雪、不与群芳争春的顽强意象。

其次，梅花有淡雅内敛、恒久超然的君子魅力。文人们喜欢用梅花别具神韵、清逸幽雅的香气来比附君子超凡脱俗、坚贞内敛的人格魅力。王安石在《梅花》一诗中写下"遥知不是雪，为有暗香来"的名句，"遥"与"暗"二字生动刻画了梅花香气的绵远、淡雅，实则是表达自己在经历了所主持的变法失败后，虽广受谤议，孤独艰难，但自己的操守却不曾改变。南宋爱国诗人陆游也有名句："零落成泥碾作尘，只有香如故。"（《卜算子·咏梅》）陆游虽才华出众，却因坚决主张收复失地而屡屡受到朝廷里以秦桧为首的投降派的迫害，几度沉浮。他一生爱梅，以梅言志，他用梅花的"零落成泥碾作尘"比喻自己坎坷悲壮的命运，用"只有香如故"表达自己视死如归的大丈夫气概和矢志不渝的爱国情操。唐代崔道融的"香中别有韵，清极不知寒"（《梅花》）、宋代卢梅坡的"梅须逊雪三分白，雪却输梅一段香"（《雪梅》）、元代王冕的"不要人夸好颜色，只留清气满乾坤"（《墨梅》）等，都是咏赞梅香的千古佳句。

再次，梅有不与群芳争艳的谦逊品格和隐士风范。宋代学者沈括在《梦溪笔谈》中记载了"梅妻鹤子"的故事。宋朝有个名叫林逋的诗人，他幼年丧父，家境贫寒，但读书十分用功，成年后以学识渊博闻名于世。他不慕名利，不愿为官，在杭州西湖旁的小孤山盖了几间茅屋隐居起来。林逋一生有三个爱好：诗、梅、鹤。他觉得梅花和自己高雅独立的性格很像，因此深爱梅花，常常四处寻访，只要遇到好的梅花品种，不管多贵，都会买回来。他在房前屋后遍植梅树，以赏梅为乐。林逋还在家养了好几只白鹤，喜欢看它们在云霄间翻腾盘旋。据说有只仙鹤叫"鸣皋"，每次客人来访的时候，如果林逋不在，童子便打开笼子，"鸣皋"便会跑去给林逋报信。他终生不娶妻，不生子，以梅为妻，以鹤为子。林逋留有名句"疏影横斜水清浅，暗香浮动月黄昏"（《山园小梅》），形象描摹出梅枝在水面上横斜的稀疏倒影和在黄昏月下淡淡飘散的怡人幽香，刻画了一幅孤梅隐逸图。宋代诗人范成大在《梅谱》中说："梅以韵胜，以格高，故以横斜疏瘦与老枝怪奇者为贵。"梅枝有俯、仰、侧、卧、依、盼等形态，树形有直立、屈曲、歪斜等不同姿态，且梅树皮黑多纹，其枝虬曲苍劲，有一种饱经沧桑的飘逸潇洒之美。

此外，梅还有"报春使者"的独特意象，象征着乐观、进取、智慧的君子人格，如"俏也不争春，只把春来报"（毛泽东《卜算子·咏梅》）、"雾雨胭脂照松竹，江面春风一枝足"（宋·范成大《岭上红梅》）、"愿借天风吹得远，家家门巷尽成春"（清·李方膺《题画梅》）等句，均对梅的这一品格进行了由衷的赞美。

（二）兰：花中君子，遗世独立

兰是单子叶植物纲、兰科、兰属植物的通称，中国传统的兰花品种有春兰、蕙兰、建兰、墨兰和寒兰等，统称它们为"中国兰"。中国栽培兰花有2000多年的历史。据记载早在春秋时期，越王勾践就在浙江绍兴的山上种兰。魏晋以后，种兰、赏兰在士大夫阶层中普遍流行，兰花成为点缀庭院的常见花卉。宋代是中华兰艺的鼎盛时期，产生了专门介绍兰花的书籍，如南宋的赵时庚于 1233 年完成的《金漳兰谱》。这本书既是中国，也是世界上第一部兰花专著。

与热带兰花呈现花大色艳的特点不同，"中国兰"以质朴文静、淡雅素洁的气质著称。兰花喜阴，怕阳光直晒，耐寒，容易成活。花色淡雅，以嫩绿、黄绿居多，但尤以素心者最为名贵。兰花的叶子一年四季常绿，而且体态优美。以常见的寒兰、春兰为例，其叶高挑修长，文雅得体，刚健中不乏秀美。明代诗人张羽写下"泣露光偏乱，含风影自斜。俗人那解此，看叶胜看花"（《咏兰叶》）的诗句，似乎将兰叶形容为一位在风中凭栏斜倚、含情脉脉、楚楚动人的美妙女子。

兰花以其香气久负盛名。《说文解字》对"兰"的注解为："香草也。"兰花之香与月季、牡丹相比显得清而不浊、香而不腻、淡而悠远，一盆在室，只闻得满院淡淡幽香。元代诗人余同麓用"坐久不知香在室，推窗时有蝶飞来"（《咏兰》）描写兰香的淡雅。《周易》有"其臭如兰"，《左传》有"兰有国香"，《千字文》云"似兰斯馨"等关于兰的句子，唐代大诗人李白则有"幽兰香风远，蕙草流芳根"的佳句咏兰。

兰花是君子独立人格的象征。君子之道追求内修和慎独。孔子指出"人不知而不愠，不亦君子乎"（《论语·学而》），君子不在意外界对自己的看法，面对别人对自己的漠视、误解甚至讥讽，回之以淡然与宽容。所谓"君子周而不比，小人比而不周"（《论语·为政》），君子更不会去谄媚和拉拢别人，不屑于搞那些团团伙伙的人际关系，而是以"凡是人，皆须爱"的不偏不倚和"己所不欲，勿施于人"的仁心观照建立一种独立人格与济世爱人相平衡的社会关系，不做沽名钓誉、德不配位之人。孔子提出"君子不器"（《论语·为政》），君子追求的是"形而上者谓之道"的独立人格，有着高远的人生格局和独立的价值准则。这些君子精神和兰花的特质有相似之处。兰花多生于空谷，遗世而独立，整日与杂草山石为伍，餐风宿露，质朴文静，喜独处而不与百花争奇艳，因此有"空谷幽兰"的美誉。兰花在空谷遗世独立、淡定自若地生长着，就像喜欢独处的君子，实践着"人不知而不愠""周而不比""君子不器"的"慎独"之行。花期一至，悄然开放，馨香浸远，却不哀于无人欣赏。"空谷幽兰"是那些受儒家思想影响下身居闹市、在宦海中不断浮沉的士大夫的理想生存状态，是君子修身明道的参照。

据《孔子家语》记载，孔子教育弟子时，为说明环境对人的影响时曾说："与善人居，如入芝兰之室，久而不闻其香，即与之化矣。与不善人居，如入鲍鱼之肆，久而不闻其臭，亦与之化矣。丹之所藏者赤，漆之所藏者黑，是以君子必慎其所处者焉。"（《孔子家语·六本》）孔子认为，"善人"如"芝兰"，善人之德如芝兰之香，与善人居，久而久之，内心得到净化，行为加以改善，故主张弟子应"亲仁"，所谓"能亲仁，无限好，德日进，过日少"（《弟子规》），与有仁德的"善人"多多相处，就能见贤而思齐，不断使自己的品德得以改善，减少过失。

孔子还指出："芝兰生于深林，不以无人而不芳；君子修道立德，不以穷困而改节。"（《孔子家语·在厄》）君子选择修身、慎独、改过本质上都是为了使自己拥有更高质量的生命而做的选择，是为了自己内心的安宁与精神的满足，并非贪图世人的赞誉和外界的认可，就像兰花在无人的深林中，不会因为没人欣赏而该开放时不开放。君子如兰花，之所以甘愿遗世独立，是因为具有淡泊中和的心态。诸葛亮说，"非淡泊无以明志，非宁静无以致远"（《诫子书》），"淡泊"是修道之人应具备的心态，是一种"中和"的精神状态，如《中庸》言："中也者，天下之大本也；和也者，天下之达道也。""中和"之中藏有天地之道、自然之情，是圣人的境界，兰花的幽谷独香、孤芳自悦就像颜回的清贫之乐一般，孔子赞曰："贤哉，回也！一箪食，一瓢饮，在陋巷，人不堪其忧，回也不改其乐。贤哉，回也！"（《论语·雍也》）颜回正是独立人格的代表。宋代曹组的《卜算子·兰》中有一句"着意闻时不肯香，香在无心处"，无心之香恰似那淡泊中和的君子心境和不欲人知却馨香自远的君子品格。

据东汉文学家蔡邕所著的《琴操》一书记载，孔子曾作古琴曲《猗兰操》以抒怀。蔡邕在《琴操·猗兰操》中说："《猗兰操》者，孔子所作也。孔子历聘诸侯，诸侯莫能任。自卫反鲁，过隐谷之中，见芗兰独茂，喟然叹曰：'夫兰当为王者香，今乃独茂，与众草为伍，譬犹贤者不逢时，与鄙夫为伦也。'乃止车援琴鼓之云：'习习谷风，以阴以雨。之子于归，远送于野。何彼苍天，不得其所。逍遥九州，无所定处。世人暗蔽，不知贤者。年纪逝迈，一身将老。'自伤不逢时，托辞于芗兰云。"孔子一生颠沛流离，奔走在列国间，推行周礼以求天下安定，可奈何四处碰壁，其政治主张不为诸侯所用。于是，孔子用杂草中的兰花自比，表达生不逢时的遗憾之情。唐代大诗人李白作有《兰花·古风》一诗："孤兰生幽园，众草共芜没。虽照阳春晖，复悲高秋月。"他亦借孤兰芜没于众草自比怀才不遇。

1300 年之后，唐代诗人韩愈感怀于孔子身世，提笔仿写成了另一首享誉千古的《幽兰操》："兰之猗猗，扬扬其香。不采而佩，于兰何伤。今天之旋，其曷为然。我行四方，以日以年。雪霜贸贸，荠麦之茂。子如不伤，我不尔觏。荠麦之茂，荠麦之有。君子之伤，君子之守。"与孔子原作相比，韩愈的诗多了几分勇毅刚劲之意。"不采而佩，于兰何伤"似乎是韩愈对孔子跨越千年的一种慰藉，孔子在世时虽然经历颠沛流离，就像无人采摘的兰花，但是不妨碍其成为后人敬仰的"大成至圣先师"。韩愈还用荠麦经历雪霜反而茂盛成长的意象衬托兰花若不是生长在这苦脊之地，又怎么能引起人的关注。君子的命运如同兰花、荠麦，正因为经历了生活的严酷打击，遍体鳞伤，才练就了坚贞不屈的操守，这就是"君子之伤""君子之守"。

兰花也是山中的"名士高人"。屈原以其伟大的人格魅力赋予兰花高洁的意象，他在《离骚》中咏兰"余既滋兰之九畹兮，又树蕙之百亩"，在《九歌》中咏兰"秋兰兮麋芜，罗生兮堂下。绿叶兮素华，芳菲菲兮袭予"。他还"纫秋兰以为佩""蕙肴蒸兮兰籍"，以兰为饰，以兰为食，的确对兰花是钟爱有加。宋代诗人杨万里将兰花比作山林处士："雪径偷开浅碧花，冰根乱吐小红芽。生无桃李春风面，名在山林处士家。"清代郑燮则有《题画兰》一诗："身在千山顶上头，突岩深缝妙香稠。非无脚下浮云闹，来不相知去不留。"借兰花表达自己对闲云独去、与世无争、独善其身的贤士的敬仰。

此外，唐代王勃在《七夕赋》中有"荆艳齐升，燕佳并出。金声玉韵，蕙心兰质"。蕙指蕙兰，他不着笔墨于女子们的外貌之美，却形容她们一个个有蕙兰一般纯洁善良的心地，和兰花一样的温文尔雅的气质。"蕙心兰质"或"蕙质兰心"也成为此后形容女子内在美的经典成语。

（三）竹：虚心劲节，不扶自直

竹是一种高大速生型乔木状禾本科植物，是重要的森林资源，多分布于热带、亚热带及暖温带地区。竹子的地上茎木质而中空，其从地下根状茎成簇状生出。竹子外观笔直修长，坚硬挺拔，颜色青翠欲滴。竹子与人类的生活关系密切，在中华民族衣、食、住、行中，小到毛笔、筷子，大至房屋、廊桥，到处都有竹的倩影。竹子既可用作为建材，也用于制作桌椅、床柜、枕席、筐篮等日常用品。竹笋、竹荪等可食用。早在原始社会，我们的祖先就用竹子制作弓箭长矛，用于捕猎或战争。宋代苏东坡曾感叹地说："食者竹笋、庇者竹瓦、载者竹筏、炊者竹薪、衣者竹皮、书者竹纸、履者竹鞋，真可谓不可一日无此君也。"

竹耐寒抗风，四季青翠，形象笔直高挑、清瘦淡雅，是中华园林艺术中兼备装点性与功能性的重要植物，深得中国人喜爱。竹与梅、兰、菊并称为"四君子"，与梅、松并称为"岁寒三友"。从古至今，文人墨客，画竹咏竹者众多。

在文化意象上，竹子是中华君子精神的标志。

唐代文豪白居易曾作《养竹记》一文，系统总结竹子的君子文化内涵："竹似贤，何哉？竹本固，固以树德，君子见其本，则思善建不拔者。竹性直，直以立身；君子见其性，则思中立不倚者。竹心空，空以体道；君子见其心，则思应用虚受者。竹节贞，贞以立志；君子见其节，则思砥砺名行，夷险一致者。夫如是，故君子人多树之，为庭实焉。"

白居易认为竹子之所以像君子，一是立根稳固。所谓"善建不拔者"，竹子因根深致其坚挺，就像君子高尚的品性来自日积月累而修身不辍所形成的道德根基。这是做人当先植本固本的道理。二是不扶自直。竹子之形直如君子之为人正直，中立不倚，君子顶天立地，保持自己独立的人格，不愿为富贵名利向权贵达人点头哈腰，谄媚令色。三是虚心谦逊。君子见竹心之空则体道悟道，时刻参悟"为学日益为道日损""满招损，谦受益"之理，不仅待人虚怀若谷、彬彬有礼，对待知识学问也是虚心涵泳、谦虚求学。四是坚贞守节。"节"的本义来自竹，《说文解字》注："节，竹约也。"约，缠束也。竹节如缠束之状。节泛指草木枝干间坚实结节的部分。后来用以指代人性中最为硬质的那部分，形成名节、气节、节操、晚节、高风亮节等概念。竹子的节节高长就像君子的成长，无论颠沛流离还是富贵穷通，始终固守气节，砥砺前行。"使节"一词就取义于此。从古至今，常驻他国的外交官员因持有代表国家象征的"符节信物"，因此被叫作"使节"。符节早期一般都以多节的竹竿作柄，上面缀些牦牛尾等装饰品，又称"庭节"。张骞、苏武等人出使西域时，手持的就是这种"符节"，持节的寓意是国家希望外交官们虽身在异国他乡，但不能忘记本来的身份和使命，要坚持高尚节操，代表好本国的形象，履行好应尽的职责，永不叛国。使节们则往往对这根符节倍加爱惜，看得比自己的生命还要珍贵。西汉时期，著名的外交使节张骞和苏武都曾被困于敌境匈奴之地长达几十年。当他们归来时人已黑发变白发、少年变老年，但他们手中却依然持有当初皇帝赠予的那根竹节。节不丢，则象征着自己对国家恪尽职守，没有变节。他们也因此留下了张骞通西域和苏武牧羊的美名。这正是《千字文》所讲的"节义廉退，颠沛匪亏"的道理。他们是中华外交使节的优秀代表。

作为四书之一的《大学》在论述修身之道时，引用了《诗经·卫风·淇奥》的名句"瞻彼淇奥，绿竹猗猗。有匪君子，如切如磋，如琢如磨"。这几句诗将谦谦君子切磋琢磨的求学形象置身于水边茂密青翠的竹林之中，正是以绿竹比德于君子。魏晋南北朝的"竹林七贤"亦是如此。此后，中国文人的居室住宅中大多植有绿竹，文人们乐以通过养竹赏竹对自己为人处世进行暗示和提醒。宋代文豪苏东坡曾说："宁可食无肉，不可居无竹。无肉令人瘦，无竹令人俗。人瘦尚可肥，士俗不可医。"家中有竹，则生雅意。

清代拥有书画诗三绝之誉的郑板桥一生爱竹画竹，最善刻画竹子的清瘦挺拔，他曾有诗写道："四十年来画竹枝，日间挥写夜间思，冗繁削尽留清瘦，画到生时是熟时。"他提炼出"眼中之竹、胸中之竹、手中之竹"三步而成的画竹理论成为中国画技法的金玉良言。这三步即是从客观（自然竹）到主观（胸中竹）再回到客观（笔下竹）的过程。"胸中之竹"是人运用抽象思维对竹进行立象取意的艺术化加工过程，笔下的竹不再是单纯的自然之竹，而是附加了人文精神的"竹之君子"。郑板桥作有题画诗《竹石》："咬定青山不放松，立根原在破岩中。千磨万击还坚劲，任尔东西南北风。"此诗生动表现出竹子将根牢牢扎在破岩碎石之中，披风被雪、坚韧不拔的刚健形象，"咬定青山"之喻不仅在文学层面堪称绝妙，也浓缩着郑板桥对修身之道的理解，那就是要想成为君子圣贤，就应当有不畏艰险、迎难而上，在栉风沐雨中越挫越勇，永葆勇猛精进的意志。

唐代诗人刘岩夫也写有《植竹记》一文，用"刚、柔、忠、义、谦、常、乐贤、进德"来归纳竹之八德，文曰："君子比德于竹焉：原夫劲本坚节，不受霜雪，刚也；绿叶萋萋，翠筠浮浮，柔也；虚心而直，无所隐蔽，忠也；不孤根以挺耸，必相依以林秀，义也；虽春阳气旺，终不与众木斗荣，谦也；四时一贯，荣衰不殊，常也；垂蕡实以迟凤，乐贤也；岁擢笋以成干，进德也。"

历朝历代都有专门咏竹的佳作。如唐代陈子昂的"岁寒霜雪苦，含彩独青青"（《与东方左史虬修竹篇》）、杜甫的"但令无剪伐，会见拂云长"（《严郑公宅同咏竹》）、元稹的"惟有团团节，坚贞大小同"（《新竹》）、李涉的"负郭依山一径深，万竿如束翠沉沉"（《葺夷陵幽居》），宋代王安石有"人怜直节生来瘦，自许高材老更刚"（《咏竹》）、杨万里有"凛凛冰霜节，修修玉雪身"（《咏竹》），明代憨山德清有"寒飞千尺玉，清洒一林霜"（《咏竹》）、陆容有"历冰霜、不变好风姿，温如玉"（《满江红·咏竹》），等等。此外，唐代王维的"独坐幽篁里"（《竹里馆》）、刘长卿的"苍苍竹林寺"（《送林澈上人》）、李白的"野竹分青霭"（《访戴天山道士不遇》）、孟郊的"竹竿有甘苦，我爱抱苦节"（《苦寒吟》），宋代苏轼的"竹杖芒鞋轻胜马"、辛弃疾的"饱看修竹何妨肉"（《满江红·山居即事》），明代王阳明的"茅茨松竹泻寒声"（《次韵陆金宪元日春晴》）等名人诗句，也都或多或少借取了竹子高洁、正直、虚心、贞节的君子文化内涵。中国人如此爱竹，无怪乎英国著名学者李约瑟曾说东亚文明乃是"竹子文明"。

（四）菊：蕊寒香冷，战地黄花

菊花是一种常见花卉，为多年生宿根草本植物。菊花品种繁多，花色有黄、白、红、橙、紫、粉红等色，茎直立，头状花序多变化，有单瓣、平瓣、匙瓣等多种类型。菊花花期为秋冬之际的九月至十一月，喜阳光、耐寒、耐旱，适应性和生命力较强。菊花原产于中国，栽培历史悠久。菊花不仅具有观赏性，还能入药、酿酒，作为茶饮等。《礼记·月令》就有"季秋之月，鞠有黄华"之说，屈原的《离骚》中也有"夕餐秋菊之落英"之句。据说早在秦朝时，咸阳就出现过展销菊花的大市场。8世纪前后，菊花由中国传至日本。17世纪末荷兰商人则将中国菊花引入欧洲。

中国人深爱菊花，将之与梅、兰、竹并称为"四君子"。菊花多为黄色，而黄色是中华民族的正色，象征着生命的永恒、高洁，故祭奠逝者多用菊花。菊花在深秋时节不畏严寒、斗霜凌寒而盛放，又似不屑与群芳争春争艳，这种意象带给观菊者两种似对立又统一的审美旨趣，那就是菊花兼具"斗士"与"隐士"的两种人格化象征。

1. 花中斗士

在"四君子"中，历代文人们独赋予菊花一种刚烈和敢于斗争的精神品质，使得其与兰相比，少几分恬淡中和、与世无争；与竹相比，减几分文质彬彬，谦卑自守；与梅相比，虽都是冷艳傲骨，但少了梅花与人间的疏离感，减了几分冰清玉洁，多了几分壮怀激烈。

黄巢所作的菊花诗是反映菊花斗士精神的经典。黄巢是中国历史上的一位乱世枭雄，他所领导的唐末农民起义声势浩大，虽最终失败，但对唐帝国构成沉重打击，令大唐名存实亡。880年，起义军突破潼关，攻陷长安。881年1月黄巢即位于含元殿，定国号为"大齐"。后起义军在唐朝将领李克用、王重荣等人的猛烈反攻下，退出长安。884年，黄巢战死于狼虎谷。

《全唐诗》收录了黄巢的三首菊花诗。这三首诗是这位乱世枭雄一生戎马生涯的生动写照。他将自己领导起义改变社会的革命精神和猛志逸四海的拼搏品格注入菊花的高洁意象中，形成菊花刚烈激情的独特花语。

据宋代张端义《贵耳集》记载，黄巢5岁时候陪父亲和家中老人为菊花连句，当长辈思索未至时，他随口吟出："堪于百花为总首，自然天赐赭黄衣。""天赐赭黄衣"因有称帝之意，唬得其父大惊失色，责怪他不知天高地厚。祖父命其重作，黄巢思索片刻后得诗："飒飒西风满院栽，蕊寒香冷蝶难来。他年我若为青帝，报与桃花一处开。"（《题菊花》）这首诗充满了发动起义的暗示。"飒飒西风"本就有肃杀之意，而"满院栽"一扫传统菊花"孤傲隐逸"之象而似乎指代劳苦大众的集结，有聚众起事之意。"蕊寒香冷蝶难来"借菊花苦寒高冷表达对生不逢时、命运不公的感慨。"他年我若为青帝，报与桃花一处开"则饱含着要为象征社会底层大众的苦寒菊花改变命运的强烈现实关怀和激昂抗争精神，实难想象出自5岁孩童之口。

黄巢成年后曾几次应试进士科，但皆名落孙山，于是他满怀愤恨地写了一首《不第后赋菊》后便离开了长安。此诗曰："待到秋来九月八，我花开后百花杀。冲天香阵透长安，满城尽带黄金甲。"前两句意味深长，既通过菊花傲霜而立与百花遇霜而凋的对比展现菊花顽强不屈的生命力，又暗示着天道轮回、王朝更迭的一种不可抗御的规律性力量。后两句则直接将菊花塑造为满城身披金甲的烈士军团，攻城拔寨、直捣黄龙、气势如虹，充满着凌厉、骁勇的浓重杀气，带有一种前所未有的暴力美学。明太祖朱元璋也曾作诗："百花发时我不发，我若发时都吓杀。要与西风战一场，遍身穿就黄金甲。"他引典于黄巢，二人诗意情志相合。宋代末年的诗人郑思肖赞菊曰："花开不并百花丛，独立疏篱趣未穷。宁可枝头抱香死，何曾吹落北风中。"他以寒菊之独立彰示自己忠于故国决不向新朝俯首的心迹，用"宁可枝头抱香死"表达视死如归的高洁爱国情操。唐代边塞诗人岑参有名句"遥怜故园菊，应傍战场开"（《行军九日思长安故园》），通过菊花传达出一种忧国忧民和对战争无情的慨叹。

1929年10月11日，毛泽东在福建上杭县城的临江楼上养病，当日正逢重阳佳节来到，院子里的菊花如散金般盛开。毛泽东触景生情，填词《采桑子·重阳》一首："人生易老天难老，岁岁重阳。今又重阳，战地黄花分外香。一年一度秋风劲，不似春光。胜似春光，寥廓江天万里霜。"毛泽东通过这首词，借用菊花坚贞不屈的斗士意象，表达了对中国红色革命必定胜利的坚定信念，传递出富有感染力的革命乐观主义精神。整首词托物言志、情景交融、富含哲理。"战地黄花"的称呼，赋予了菊花新的象征意义。

2. 花中隐士

菊花作为隐士的意象首先来自东晋陶渊明的"采菊东篱下，悠然见南山"。陶渊明每日与菊为伴，种菊、品菊、赏菊、咏菊，以菊花自比，是那样的物我两忘和悠然自得。菊花不仅是陶渊明远离喧嚣尘世和功名利禄的田园归属的象征物，更寄托着他"不为五斗米折腰"的高洁人格。后代诗人多以咏菊致敬陶渊明。如杜甫《秋尽》里的"篱边老却陶潜菊，江上徒逢袁绍杯"，孟郊《秋怀》里的"清诗既名朓，金菊亦姓陶"，温庭筠《赠郑处士》里的"醉收陶令菊，贫卖邵平瓜"，以及周敦颐《爱莲说》里的"菊，花之隐逸者也"。在众多花卉中，唯菊花与陶渊明做到了人花合一，也成为魏晋那个特殊年代名士贤人们隐逸精神的代表。

三国时期，魏国的军事家钟会曾作《菊花赋》曰："何秋菊之可奇兮，独华茂乎凝霜。挺葳蕤于苍春兮，表壮观乎金商。"他总结了菊花的五种美德："故夫菊有五美焉。圆花高悬，准天极也；纯黄不杂，后土色也；早植晚登，君子德也；冒霜吐颖，象劲直也；流中轻体，神仙食也。"他认为菊花花形、花色包含天地之道，圆花高悬合天圆地方之说，是天道的象征，而纯黄之色因是五行中央之土的正色，又为地道的象征。如宋代范成大在《范村菊谱》中认为，古人独称菊曰"菊有黄华"，莫非以其"正色独立，不伍众草"？所谓"早植晚登"，指菊花与其他花卉一起种植，却在百花凋零后开放，如君子之老成而不与别人争名夺利。菊花在风刀霜剑的逼迫中依然绽放，就像君子在挫折艰难中逆水行舟，困难不会损其一丝正直的人格。

此外，受汉代开始形成的道教影响，菊花化身为服之可延年益寿甚至成仙得道的"仙品"。《神农本草经》说菊花是百草上品，有"久服利血，轻身耐老延年"之效。陶弘景《名医别录·上品》谓菊花"主治腰痛去来陶陶，除胸中烦热，安肠胃，利五脉，调四肢"。西晋傅玄《菊赋》云："服之者长寿，食之者通神。"东晋道士葛洪《神仙传》云："康风子服甘菊花、柏实散，乃得仙。"道教观念为菊花的隐士风姿更平添了几分飘逸的神仙气质。菊花也成为人们祈愿健康长寿、返老还童的美好寄托，这就是重阳节人们赏菊、佩菊、饮菊花酒的文化渊源。

（五）松：孤标劲直，干霄凌云

松树属于常绿乔木，是地球上最重要、最常见的森林树种之一。尤其在人类集中分布的北温带地区，松属植物不仅种类多，而且往往形成浩瀚的林海，有"北半球森林之母"之称。松树也是寿命最长的树种之一，被誉为"万木之长"。泰山普照寺内的六朝松，据说已有1400年树龄，广西壮族自治区贵港市南山寺中有一棵"不老松"，据说树龄超过2500年，而树龄五六千年以上的松科植物在全世界也都不算特别罕见。松树的长寿缘于其对环境的适应性极强。它可以忍受-60℃的低温或50℃的高温，能在裸露的矿质土壤、砂土、火山灰、钙质土、石灰岩土等各类土壤中生长，耐干旱、耐贫瘠。松树最明显的特征是叶子成针状，常二针、三针或五针为一束。每根松针的外围都有一层厚厚的角质层和一层蜡质的外膜，这样就减少了松树树身水分的蒸发。

中华民族自古以来就敬松、爱松，把松、竹、梅并称"岁寒三友"。据《东坡杂记》记载，宋代苏轼十分喜爱松树，曾自述："予少年颇知种松，手植数万株，皆中梁柱矣。"他被贬黄州时，依然不辞辛劳在住所周围栽松，使得"处处松木郁盛"。

松在众树木中享有独特的显赫地位。秦始皇统一全国后，在泰山举行"封禅"。《史记·秦始皇本纪》记载："下，风雨暴至，休于树下，因封其树为五大夫。"《汉官仪》记载"小天门有秦时五大夫松"，说明秦始皇所封爵的正是一棵松树，故有"秦松"之说。秦代定爵位二十级，五大夫为第九，十分尊贵，难怪宋代王安石《字说》云："松为百木之长，犹公也。故字从公。"古人拆"松"字为十八公，元代冯子振曾撰《十八公赋》。唐代《独异志》记载："初奘将往西域，于灵岩寺见有松一树，奘立于庭。以手摩其枝曰：'吾西去求佛教，汝可西长；若吾归，即却东回。使吾弟子知之。'及去，其枝年年西指，约长数丈。一年忽东回，门人弟子曰：'教主归矣！'乃而迎之。奘果还。至今众谓此松为摩顶松。"今山东济南市长清区灵岩寺内仍有一棵古柏，名"摩顶松"。

松树的文化意象依然是君子精神。

首先，松树的耐寒耐旱、久不凋零象征君子的刚劲不屈、气节不改。"木公"为松，松就是树木中的君子，它易生长，对水、肥、修剪、除虫等要求甚低，却能长得高大伟岸，就像始终秉持公心的圣人，"外其身而身存，后其身而身先"，克制己私，换来了"青松"的美誉。松树四季常青，就像圣贤万古长春，也像君子始终如一。孔子曰："岁寒然后知松柏之后凋。"（《论语·子罕》）只有到了一年中最冷的季节，才知道松柏是不会凋谢的，比喻在经历艰苦卓绝环境的考验后，才知道谁是真正的君子。《庄子·让王》云："天寒既至，霜雪既降，吾是以知松柏之茂也。"《庄子·德充符》有"受命于地，唯松柏独也正，在冬夏青青；受命于天，唯尧舜独也正，在万物之首"之语，认为松柏就像尧舜的美德一样不朽。《荀子·大略》则有"岁不寒无以知松柏，事不难无以知君子无日不在是"之句。

唐代诗人李白作有《赠韦侍御黄裳》："太华生长松，亭亭凌霜雪。天与百尺高，岂为微飙折。桃李卖阳艳，路人行且迷。春光扫地尽，碧叶成黄泥。愿君学长松，慎勿作桃李。受屈不改心，然后知君子。"这是李白赠给韦黄裳的政治讽谏诗，希望他不要做谄媚逢迎、急功近利的桃李，而要做高大正直的青松。杜甫则有"青松寒不落，碧海阔愈澄"（《寄峡州刘伯华使君四十韵》）之句，鼓励朋友像青松般坚强高洁，如碧海般辽阔清廉。近代中国革命家陈毅元帅也十分爱松，在书房挂有松柏图，写诗赞松"大雪压青松，青松挺且直，要知松高洁，待到雪化时"。陈毅用松树象征着革命者视死如归、坚贞不屈的英雄气节。

其次，松树高大笔直的形象代表君子顶天立地的志向和气概。唐代诗人杜荀鹤的名作《小松》云："自小刺头深草里，而今渐觉出蓬蒿。时人不识凌云木，直待凌云始道高。"他借松树赞美君子人格，表达自己的凌云之志，抒发怀才不遇的感慨。松树高大而栉风的形象使得它常常与风为伍，共同形成一种文化意象。三国时期诗人刘桢《赠从弟》云："亭亭山上松，瑟瑟谷中风。风声一何盛，松枝一何劲。"唐代刘长卿在《听弹琴》中有"泠泠七弦上，静听松风寒"。唐代李山甫的《松》曰："地耸苍龙势抱云，天教青共众材分。孤标百尺雪中见，长啸一声风里闻。桃李傍他真是佞，藤萝攀尔亦非群。平生相爱应相识，谁道修篁胜此君。"远望那青松枝干遒劲纵横，好像一条苍龙拔地而起，势欲上天驾雾腾云。松树终年青翠，这是大自然让其和别的树木有所区分。高高突出的青松树梢在积雪掩盖下依然明显，风吹过，松涛声声，清晰可闻。那桃李依傍青松不过是讨巧，那藤萝攀附青松也终究不是同一类群。即使那众皆喜欢的修竹，也比不上喜爱青松之情这么深。

宋代书法家黄庭坚与友人游鄂城樊山时，夜听风波松涛有感而写下了《松风阁诗》，晚年写成《松风阁诗帖》，堪称中华行书精品。在河北承德避暑山庄，有康熙皇帝定名的"万壑松风"建筑群落，此地风景秀美，清幽宁静，是清帝批阅奏章、修身养性之所。

松树的松枝舒展如臂，其色四季常青，象征君子待人始终如一、情真意切。南朝乐府民歌《冬歌》云:"渊冰厚三尺,素雪覆千里,我心如松柏,君情复何似。果树结金兰,但看松柏林,经霜不坠地,岁寒无异心。"作者用松树象征金兰之谊、莫逆之交。苏东坡为悼念亡妻而作的《江城子》一词,有名句"料得年年肠断处,明月夜,短松冈"。他借月下之松表达了对亡妻绵而不绝的深切之爱和令人肝肠寸断的怆然思念。我国黄山则有著名的"迎客松",树龄已超过1300年,常年青翠挺拔,其一侧松枝向外伸出,如雍容大度的翩翩君子张开臂膀欢迎远方来客,体现"有朋自远方来,不亦乐乎"的君子之道。黄山迎客松不仅是黄山和安徽的标志,其作为人民大会堂会客厅重要的背景画也早已成为中国人民热情好客的重要标志。

(六)荷:出泥不染,明妙道心

荷花,是一种多年生水生草本花卉,又称莲花、芙蓉、菡萏、泽芝等,是我国的传统名花。荷花几千年来深受人们喜爱,主要用于观赏和食用。早在周朝就有栽培荷花的记载,如《诗经》有"山有扶苏,隰有荷华""彼泽有陂,有蒲与荷",《逸周书》载有"薮泽已竭,既莲掘藕",可见当时荷花已是水泽中常见的植物。《尔雅·释草》中说:荷,又被称为芙蕖,莲花是它的果实,莲子叫"菂",莲子中心的胚芽叫"薏",花叫"芙蓉",花苞称"菡萏",叶子叫"蕸",梗子叫"茄",根部叫"藕"。如此详细的名称,反映出当时人们已对荷花相当熟悉。

荷花生于水中,开花时花叶相接,花枝高雅清丽、亭亭玉立,就像水面上的仙子,与梅、兰、菊等开于树上或地上的花相比,观之有一种独特的韵致,充满仙灵之气,故三国曹植作《芙蓉赋》曰,"览百卉之英茂,无斯华之独灵",他认为荷花在众花中最具灵气。荷花有白、粉、黄等多种颜色,在碧水绿叶的衬托下显得十分艳丽,如古人喻白色荷花为"白玉花开绿锦池"（吴融《高侍御话及皮博士池中白莲因成一章寄博士兼奉呈》），喻红色荷花为"凌波仙子静中芳，也带酣红学醉妆"（范成大《州宅堂前荷花》）。宋代杨万里的"接天莲叶无穷碧，映日荷花别样红"（《晓出净慈寺送林子方》）可谓咏荷诗之冠。

古代文人因爱荷花而多为之赠名，称其水芝（水中灵芝），如隋朝陈羽诗曰，"百花开尽水芝香"（《夏日宴九华山池赠主人》）。又称其玉井花，如唐代韩愈诗曰"太华峰头玉井莲，花开十丈藕如船"（《古意》）。或称其藕花，如宋僧道潜的"藕花无数满汀洲"（《临平道中》）、李清照的"兴尽晚回舟，误入藕花深处"（《如梦令·常记溪亭日暮》）等等。据说早在春秋时期，吴王夫差就在其宫殿中为美女西施修建了专门用来赏荷的"玩花池"。

在几千年文明发展中，中华民族始终与荷花为友。荷之花、之叶、之茎、之根、之实，或可观赏，或可怡情，或可食用，或可入药。对人类来说，荷花是艺术性与经济性高度集中于一体的花中典范，为人类无私奉献一切，无愧于"花中君子"（《爱莲说》）的称号。无数文人骚客歌颂荷花，赞美荷花，用君子精神比德于荷花，形成了内涵丰富的"荷文化"。

1. 荷花代表君子的洁身自好

北宋周敦颐的散文《爱莲说》是儒家哲学取象于植物以立意的代表作品。其文曰："水陆草木之花，可爱者甚蕃。晋陶渊明独爱菊。自李唐来，世人甚爱牡丹。予独爱莲之出淤泥而不染，濯清涟而不妖，中通外直，不蔓不枝，香远益清，亭亭净植，可远观而不可亵玩焉。予谓菊，花之隐逸者也；牡丹，花之富贵者也；莲，花之君子者也。噫！菊之爱，陶后鲜有闻。莲之爱，同予者何人？牡丹之爱，宜乎众矣。"作为一名儒家学者，周敦颐实际是借荷花"出淤泥而不染"的形象来诠释屈原笔下"举世皆浊我独清，众人皆醉我独醒"的那种洁身自好和坚决不与恶浊势力为伍的君子精神。在《论语》中，孔子经常用君子与小人作比，来阐发自己对理想人格的定位，如"君子坦荡荡，小人长戚戚""君子周而不比，小人比而不周""君子喻于义，小人喻于利""君子和而不同，小人同而不和""君子泰而不骄，小人骄而不泰""君子上达，小人下达"等。小人并非坏人，而是一种凡俗的境界，而君子代表着儒家的道德伦理准则，是时代风向的引领者（君子之德风），有着"君子不器"的"对形而上者谓之道"的精神追求，处世"矜而不争，群而不党"。君子与小人有着截然不同的人生观、价值观、世界观，从而也有着对立的财富观、交友观、事业观等等，君子是从芸芸众生脱颖而出的瑰宝和奇葩，是社会中的稀缺。周敦颐笔下的富贵牡丹，代表凡俗之美、小人之好、普罗大众的功利境界，而莲花则代表超凡脱俗、高情远致的君子人格，虽生长于滚滚俗世红尘，却能洁身自好（不染），不做作、不虚伪（不妖），内心洞明、人品正直（中通外直），不攀附结党、不逢迎谄媚（不蔓不枝），始终用高尚的魅力感召他人（香远益清），坚持独立的人格和自由的精神（亭亭净植）。同时，儒家追求"内圣外王"，即修身基础上的齐家、治国、平天下，因此，周敦颐也反对那些不愿承担社会责任、只顾自己消极避祸的出世隐逸者，这些人就像"花中隐士"菊花，也必被历史遗忘。宋代画家宋伯仁作有《荷花》一诗写道："绿盖半篙新雨，红香一点清风。天赋本根如玉，濂溪以道心同。"濂溪是周敦颐的号，作者用"以道心同"表达周敦颐的爱莲之说与自己的心境相同，表达一种共鸣。

2. 荷花象征女子的美妙玉洁

在中国文人眼中，荷花亭亭玉立、冰肌玉骨的形象宛若水面上含情脉脉、温柔伫立的少女，有的含苞待放，显得娇羞可爱，有的娇艳欲滴，显得落落大方。人们把对女子美妙、清雅、圣洁的向往寄托在对荷花的赞美之中。《国风·陈风·泽陂》中的"彼泽之陂，有蒲与荷。有美一人，伤如之何？寝寐无为，涕泪滂沱"，描写一男子将莲花比作倾慕已久的美女，许久未能见到，辗转反侧，相思得涕泪纵横。梁元帝萧绎作有《采莲赋》，其中写道："莲花乱脸色，荷叶杂衣香。因持荐君子，愿袭芙蓉裳。"唐代诗人王昌龄则有《采莲曲》，其中有句曰"荷叶罗裙一色裁，芙蓉向脸两边开"。他们用"人花合一"的写作手法，渲染采莲女秀丽清雅的容貌气质。清代曹雪芹在《红楼梦》中，借贾宝玉之笔写下悼念晴雯的《芙蓉女儿诔》："其为质，则金玉不足喻其贵；其为性，则冰雪不足喻其洁；其为神，则星日不足喻其精；其为貌，则花月不足喻其色。"这是《红楼梦》中最长的一篇赋体文，作者以飞扬的文采和饱满的情感，抒发对挚爱晴雯的悼亡之情，也借荷花表现晴雯的灵秀聪慧和高洁贵质，悲悯其所受到的构陷与迫害。小说中贾宝玉甚至想象着俏晴雯被天帝任命为芙蓉花神。

3. 荷花象征着超脱红尘的智慧和净土

荷花与佛教信仰有密切关系。

一是荷花代表智慧。有佛偈曰，"美玉藏顽石，莲花出淤泥。须知烦恼处，悟得即菩提"，认为荷花"出淤泥而不染"的香洁就像菩萨的智慧须在生死烦恼中生出、开示、结果。淤泥是福田，莲花是智慧，故有"莲花藏世界"之义。"红莲业火"的比喻也与此相关。莲花的根在泥土里，茎在水中，而花却在空中，这是三种智慧境界。根表示凡夫众生执着于"相"的愚鲁，茎代表"声闻"与"缘觉"执着于"空"的二乘境界，但并非究竟，荷花则代表菩萨得般若智慧的圆满境界，因为菩萨已超出空和有、染和净的界限，获得一种中道圆融的智慧。用《金刚经》的三句偈来讲，根在土里是"所谓诸法"，茎在水里是"即非诸法"，花在空中是"是名诸法"。此外，与众多花卉先开花再结果相比，莲花有"华实共生"的特点，即花与莲蓬同时结出。因此，荷花被佛家视为是兼具过去、现在和未来的三世佛化身。大乘佛教天台宗的根本经典名为《妙法莲华经》，阐述了"开权显实""会三归一"的思想，即融会声闻、缘觉、菩萨为一乘的理论，并提出一切众生皆能成佛的理念，其比喻佛法智慧的根本意象，就是"莲花"。

二是莲花代表着"净土"。中国佛教宗派中的净土宗，因专修往生阿弥陀佛净土法门，故得名。其始祖东晋慧远曾在庐山建立莲社，所以又称莲宗。《阿弥陀经》中记载："极乐国土，有七宝池，八功德水，充满其中，池底纯以金沙布地，……池中莲华，大如车轮，青色青光，黄色黄光，赤色赤光，白色白光，微妙香洁。"莲华即荷花，被认为是西方净土的象征。净土宗认为：修行完满者死后可往西方极乐世界，身坐莲花台座，因各人生前修行深浅不同，而所坐莲台有九等之别。莲花象征着修行者身、语、意的绝对清静。在佛教看来，往生莲花净土代表着修行者精神层面的涅槃重生，在《封神演义》中太乙真人用莲花赐予哪吒第二次生命，就借用了此义。

三是莲子代表佛性。佛教认为莲子作为荷花的果实，必须剥去黑色而坚硬的外壳，才显出可食用的白色莲仁，莲仁好比"本心""佛性"，只有"明心见性"，才能"见性成佛"。莲蓬上供莲子居住的一格格莲室，被喻为人体的窍门开关。今天风行世界的瑜伽，即本是作为达到"梵我合一"的通窍静虑炼心的修行方法。

总之，莲花是佛教和佛学的重要象征。根据《佛陀本生传》记载，释迦牟尼佛出生时向十方各行七步，步步生莲花，并有天女为之散花，故有"七步莲花"之说。菩萨以莲花为宝座，菩萨结跏趺坐的姿势（两腿交叉、双脚放在相对的大腿上，足心向上的姿势）被称为莲花坐势，西方极乐世界被称为"莲邦"，佛教庙宇被称为"莲刹"，念佛之人被称为"莲胎"，释迦牟尼的手被称为"莲花手"，僧尼受戒被称为"莲花戒"，僧尼之袈裟被称为"莲衣"，善于说法者被称为"舌上生莲"，此等种种不可枚举。可以说，莲即是佛，佛即是莲。

五、五行

五行学说，是中国古人认识世界的基本方式，蕴含着丰富的系统思维、抽象思维、辩证思维。它采用取象比类的方法，将世上万事万物朴素地分为五类——金木水火土。在五行属性的基础上，运用生克制化的关系，来说明和解释事物之间的相互联系和变化。值得注意的是，五种属性取名为"行"，是为了突出五种属性动态平衡的运动方式，而非实在的某种特定的元素。

甲骨文的"五"写作：ⵝ。《说文解字》曰："五，五行也。从二，阴阳在天地间交午也。"上面一横代表天，下面一横代表地，中间的叉代表五行在天地间相生相克，化育万物。

《尚书·洪范》记载了箕子与周武王的对话，是关于"五行"最早的文献："一曰水，二曰火，三曰木，四曰金，五曰土。水曰润下，火曰炎上，木曰曲直，金曰从革，土爰稼穑。润下作咸，炎上作苦，曲直作酸，从革作辛，稼穑作甘。"古人充分运用自己的智慧，将宇宙万物的属性进行了分类整合，而且对每类的性质与特征都做了界定，这是一种非常了不起的理性思维。

以润下（滋润、渗透）、炎上（燃烧、破灭）、曲直（弯曲、生长）、从革（顺从、变革）、稼穑（长养、化育）的五属性归纳为基础，后人又演绎出五行相生相克理论。所谓相生，是指两类属性不同的事物之间存在相互帮助、相互促进的关系，如木生火、火生土、土生金、金生水、水生木。所谓相克，则与相生相反，是指两类不同五行属性事物之间关系是相互克制的，如木克土、土克水、水克火、火克金、金克木。中国后世学者不断运用五行的各种特性，以水火木金土为核心，将自然界和人类社会的各种现象、特征、形态、功能、表现等与五行进行匹配、类比、归纳，如时间、空间、颜色、味道、道德、人体内脏甚至历史朝代等等，试图将各种纷繁复杂的现象理出五行规律，以说明甚至预测各类之间的联系及变化关系。

五行对应五种方位。商代"四方"之说加上本位坐标"中央"，所以就有五方的观念，这是中国人在空间问题上的觉醒。木，具有生发、调和的特性，属东方。火，具有炎热、向上的特性，属南方。土，具有长养、化育的特性，属中央。金，具有清静、顺从的特性，属西方。水，具有寒冷、向下的特性，属北方。

五行在中医学方面有广泛的应用。五行对应五脏。心属火，肺属金，肝属木，脾属土，肾属水。五脏之间的相生关系为：肝木藏血以济心火，就是木生火；心火之阳气可以温脾土，就是火生土；脾土运化水谷之精气可以益肺金，就是土生金；肺气清肃则津气下行以资肾水，就是金生水；肾水藏精以滋养肝木的阴血，就是水生木。五行在中医学的应用，主要用以分析研究机体的脏腑、经络、生理功能的五行属性和相互关系，以及阐释它们在病理中的相互影响。五脏对应五味，即辛、酸、甘、苦、咸。酸味入肝、苦味入心、辛味入肺、甘味入脾、咸味入肾。五行对应五色，即青、黄、赤（红）、白、黑五色。青属木属肝，赤属火属心，黄属土属脾，白属金属肺，黑属水属肾。五脏还对应五官，鼻为肺之官，目为肝之官，口唇为脾之官，舌为心之官，耳为肾之官。五脏还对应五种情绪，如心在志为喜悦，肝在志为怒，脾在志为思，肺在志为忧，肾在志为恐。

与天地之道一样，五行学说依然属于中华文化"近取诸身，远取诸物"中对天地、自然、万物的智慧借鉴，是对阴阳辩证哲学的重要发展，是古人试图归纳和说明世界万物的形成及其相互关系的原始的系统论。它高度强调整体和运动，与西方古代的地、水、火、风四元素学说有明显区别，是集哲学、历法、中医学、社会学等诸多学科于一身的理论，对中华文化和中华文明影响至深。汉代学者董仲舒在《春秋繁露·官制象天》中写道:"天有十端，十端而止矣：天为一端，地为一端，阴为一端，阳为一端，火为一端，金为一端，木为一端，水为一端，土为一端，人为一端。凡十端而毕天之数也。"董仲舒将中国天道观概括为"天地人三才""阴阳""五行"十个面向。隋代萧吉《〈五行大义〉序》说："夫五行者，盖造化之根源，人伦之资始。万品秉其变易，百灵因其感通。本乎阴阳，散乎精像。周竟天地，布极幽明。"萧吉认为五行可统辖外事万物演变规律，是天地之道的重要内容。近代学者顾颉刚认为："五行，是中国人的思想律，是中国人对于宇宙系统的信仰。"[1]英国学者李约瑟则认为，五行是"古代中国人能够构想的最终原理"[2]。

---

[1] 顾颉刚编：《古史辨》第 5 册，上海：上海古籍出版社，1982 年版，第 404 页。

[2][英] 李约瑟：《中国科学技术史》第 2 卷，何兆武等译，北京：科学出版社，1990 年版，第 254 页。

第四章
观鸟兽之文
以类万物之情

　　鸟兽虫鱼等动物是人类在地球上的朋友。这些千姿百态、奇异灵动的生命使人类并不孤独存在于这个浩瀚宇宙和方寸世界。经过几千年来的共生共存，它们中有的经过人类驯养，成为人们衣食住行中必不可少的物质资料，如《三字经》云："马牛羊，鸡犬豕，此六畜，人所饲。"有的则始终与人类保持适当距离，与人若即若离。从功能主义的角度来看，动物不仅是人赖以存在的自然生态系统重要的组成部分，也直接为人服务。一是为人类提供肉、蛋、乳等食物，提供人类繁衍和进化所需的营养物质；二是为人类提供毛、皮、丝、骨等生物材料，人用来制作服装、工具、药品等等，造福了人类文明的发展；三是为人类提供重要的运力和劳力，特别是在人类的近代工业革命之前，极大方便了人类生产生活；四是供人类进行生物仿生学研究，推动人类科学技术的进步；五是作为人类的宠物，除看家护院、打鸣捕鼠等外，还为人纾解焦虑、改善情绪，满足人的精神需求。

　　中国驯养动物的历史很悠久。在大地湾遗址（考古年代为距今约4800到8000年）中，不仅发现了大象、棕熊、猎豹、犀牛的遗骨，还发现了猪、马、牛、羊的骨头。科学家根据猪骨的同位素研究，认为当时人们已开始驯养家猪，这印证了伏羲氏教民驯养野兽的传说。

《易传》曰："观鸟兽之文与地之宜，近取诸身，远取诸物，于是始作八卦，以通神明之德，以类万物之情。"中华文化源自祖先对自然之物的深刻体察与抽象提炼，除了天地山水石木等，鸟兽鱼虫也是重要的认识对象。

人类为了生存繁衍，以采集食物为最初的生存方式，此过程延续了近百万年，人除了采集植物的果实，也捕猎各种飞禽走兽、虫鱼虾龟。随着人类对周围世界和动物的认识不断加深，先民们产生了原始的世界观念，开始"专注在存在物和现象的神秘属性、神秘力量、隐蔽能力上面"[1]。在人类眼中，动物与太阳、月亮、山、水等都是自然之物，虽然与人类同属生命体，却具有局部性上超越人类的某些能力。比如，它们有翅膀可以飞翔于天空，有鳞片可以遨游于江海，有远超于人的奔跑、跳跃、繁殖能力，有夜视、凿洞、辨向、御寒、避险等种种能力。因为这些能力，动物们有的成为人类的助手，有的却是人类生存的威胁。动物的神秘力量使得人类不仅把它们当作图腾式的文化符号予以记录和表达，也形成原始的动物崇拜。根据考古发现，世界上所有的原始部族几乎都有过动物崇拜，如古埃及的狮身人面像、古希腊的半人马、古印度的迦楼罗（一种巨鸟）等等，都是动物崇拜的表现。

中华地区自上古时代就出现了丰富多彩的鸟兽崇拜文化。如黄河中游地区的仰韶文化遗址出土了大量带有鸟、鱼、蛙等动物花纹的彩陶。长江下游的良渚文化中有大量的鸟形骨器、玉器。江苏中部的海安青墩遗址与兴化影山头遗址中出土了鸟形陶鬶、象征鸟卵的陶球等遗物，表明长江流

---

[1] [法]列维·布留尔:《原始思维》，丁由译，北京:商务印书馆，1981年版，第37页。

域的东夷之地为鸟图腾、鸟崇拜的起源之处。

在中华民俗文化中，十二生肖的传统就与这种动物崇拜有直接关系。据湖北云梦睡虎地和甘肃天水放马滩出土的秦简可知，先秦时期即有比较完整的生肖系统存在。东汉王充的《论衡》中就记载了与现在一致的十二生肖，即用动物作为十二地支的形象化代表——子（鼠）、丑（牛）、寅（虎）、卯（兔）、辰（龙）、巳（蛇）、午（马）、未（羊）、申（猴）、酉（鸡）、戌（狗）、亥（猪）。有学者认为，中国的十二生肖文化起源于九黎部落联盟的十二个分别以十二神兽为图腾和名称的部落结盟聚会。[1]后演变为标记地支的历法符号，反映着早期中华大地各部落族群的融合。十二神兽随着历史的发展逐渐融入相生相克的民间信仰观念，反映在婚姻、人生、年运等，每一种生肖都有丰富的传说，并以此形成一种观念阐释系统，成为民间文化中的形象哲学，如婚配上的属相、庙会祈祷、本命年等。现代，更多人把生肖作为春节的吉祥物，成为娱乐文化活动的象征。

动物不仅是人类不可或缺的忠实的伙伴、帮手和邻居，还是人类在哲学道德方面的良师益友，自古以来都是哲学家、文学家的灵感来源。每个略有规模的城市，必有动物园、水族馆、海洋馆、昆虫馆等。在动物园中，人们除了欣赏动物与众不同的形态外，还潜移默化地接受着生物多样性、人与自然和合共生、天人合一的哲学观念。蒙学经典《千字文》中的"海咸河淡，鳞潜羽翔""鸣凤在竹，白驹食场""驴骡犊特，骇跃超骧"也在向孩子传达这些观念。

人们总是善于从动物种种不同的生理特点、生活习性中抽象总结出可供人审美、借鉴的独特价值，用来启迪灵魂、感化道德与表达志愿，如鹰

---

[1] 参见麻根生：《十二神兽文化探源》，《民族论坛》1993年第3期，第35页。

的雄风、鹤的仙逸、牛的踏实、马的忠诚、蜂的勤劳、蚕的无私，等等，并形成"龙""凤""麒麟"等集多种美德于一身的瑞兽珍禽。古人会用"犬守夜，鸡司晨，苟不学，曷为人。蚕吐丝，蜂酿蜜，人不学，不如物"，或者"鸦反哺，羊跪乳，为人子，当孝老"这样的道理来教育孩子勤学和忠孝。德国哲学家费尔巴哈曾说："动物是人不可缺少的、必要的东西；人之所以为人，要依靠动物，而人的生命和存在所依靠的东西，对于人来说，就是神。"[1]他还指出："人的崇拜对象，包括动物在内，所表现的价值，正是人加于自己、加于自己的生命的那个价值。"[2]

晚清时山东文人牟常锡楷书四条屏记载了这样一个故事：古时江西有两兄弟在朝为官，兄乃翰林院沈仲仁，弟为户科都给事沈仲义。先人过世，留下万贯家业，为争家产，兄弟二人反目成仇，争讼于知府衙门，历六年之久，经三任知事调解未果。已离任赋闲的知事余总宪得知这件事后，沉思有顷，遂提笔疾书，一气呵成一文，让人贴于知府衙门前影壁之上，书云："鹁鸪呼雏，乌鸦反哺，仁也；鹿得草而鸣其群，蜂见花而集其众，义也；羊羔跪乳，马不欺母，礼也；蜘蛛结网以求食，蝼蚁塞穴而避水，智也；鸡非晓而不鸣，雁非社而不移，信也。禽兽尚有五常，人为万物之灵，岂无一得？以祖宗遗业之小争而伤手足之至情，兄通万卷，全无教弟之才，弟掌六科，岂有伤兄之理？仲仁，仁而不仁！仲义，义而不义！过而能改，再思可也。"又批一颂："兄弟同胞一母生，祖宗遗业何须争。一番相见一

[1]［德］费尔巴哈:《费尔巴哈哲学著作选集》下卷，荣震华等译，北京：生活·读书·新知三联书店，1962 年版，第 438～439 页。

[2]［德］费尔巴哈:《费尔巴哈哲学著作选集》下卷，荣震华等译，北京：生活·读书·新知三联书店，1962 年版，第 541 页。

番老，能得几时为弟兄。"弟兄二人阅之，惭愧万分，抱头痛哭，不复争矣。故事中的余总宪一口气用乌鸦、鹿、蜘蛛等十种动物的特性类比人的五常之德，告诫人若无德，则愧对先祖，愧为万物之灵。这篇文章掷地有声，是教化世人、化解争讼的典范。

孔子在《中庸》中引用《诗经》曰："鸢飞戾天，鱼跃于渊，言其上下察也。"孔子认为君子应像天上的鸟和深渊的鱼一般，上能察天文，下能知地理，要有远大的格局和豁达的品德。《周易》的"元亨，利牝马之贞"，用"母马"温顺的性格象征坤道的宽容安顺之德。《庄子·逍遥游》云："北冥有鱼，其名为鲲。鲲之大，不知其几千里也；化而为鸟，其名为鹏。鹏之背，不知其几千里也；怒而飞，其翼若垂天之云。"庄子通过"鲲鹏"与蜩、学鸠等动物"小大之境"的对比，阐述"至人无己，神人无功，圣人无名"的精神自由。"三人行，必有我师焉"，鸟兽鱼虫亦为人师。这是中华文化"天人合一"根本精神的体现，是人的高明之处。

一、鸟

鸟是飞禽的总称，是适应于陆地和空中生活的高等脊椎动物。长羽毛，能维持身体的恒温。胸部有突起的龙骨突，全身骨骼多空隙，内充气体，身体轻便。前肢成翼，后肢行走，多数能飞行，活动范围广泛。鸟的出现比人类早约一亿多年，它见证着人的诞生进化，与人类有十分密切的关系。驯养后的家禽可为人提供稳定的肉、蛋，如鸡、鸭、鹅。一些鸟为人消灭害虫和鼠类，保护农作物及林木，如燕子、猫头鹰等。有些鸟供人观赏，如画眉、鹦鹉、百灵等；有的则被训练为人类的信使和猎手，如鸽子、鹰等。

中华鸟文化历史悠久，蕴含着人们对自由、幸福、健康的信仰和追求。

"鸟"字是象形文字，商代甲骨文鸟字的喙、首、身、羽、足之形具备。《说文解字》曰："鸟，长尾禽总名也。"汉字中鸟字旁的字有300多个，很多都是常用字。

鸟由于体态轻盈，能够在天空飞翔，有的还带有华丽的羽毛，一开始就被人视为带有某种"神性"。从古至今，世界不同地域的文明大多都伴有"鸟崇拜"的文化。

中华文明产生初期，先民们将鸟的形象刻画在岩石上，之后演化为鸟的图腾、纹饰出现在陶器、玉器上。许多考古遗存出土有鸟形、鸟纹器皿，最有名的如三星堆、金沙遗址的"太阳神鸟"金箔、玉神鸟、青铜神树及其上神鸟等。早期人们祭祀时会在头上、身上佩戴鸟的羽毛，吹奏用鸟骨制作的饰物，如骨笛，用舞蹈表现鸟的飞翔等。

不少族群和民族都尊崇自己的祖先是鸟。《诗经·商颂》有"天命玄鸟，降而生商"，《史记·秦本纪》有"秦之先，帝颛顼之苗裔，孙曰女修。女修织，玄鸟陨卵，女修吞之，生子大业"，商部落和秦部落都认为自己的祖先是"玄鸟"。傣族认为自己的祖先是"神鸟孔雀"。《说文解字》记载有"凤出东方君子之国"，《山海经·海外南经》记载"羽民国在其东南，其为人长头，身生羽"，许多东方的部落以鸟为崇拜对象。在上古部落中，许多氏族以鸟为自己的名号，如凤鸾氏、玄鸟氏、青鸟氏等，三皇五帝中的少昊氏就以鸟为自己部落的图腾和官职之名，故《千字文》有"鸟官人皇"之说。

到明清时期，鸟的形象出现在文官官服上，叫作"补子"，用不同的鸟代表官位等级，一品文官补子为仙鹤、二品为锦鸡、三品为孔雀、四品为云雁、五品为白鹇、六品为鹭鸶、七品为鸂鶒、八品为鹌鹑、九品为蓝雀，人们在政治生活中，用这些鸟象征着忠诚、儒雅、廉洁、智慧、庄严等精神。

神话是哲学的摇篮，中华神话不仅有朱雀、玄武、青龙、白虎作为天之四灵与四方神祇，还有"凤凰涅槃""百鸟朝凤""精卫填海""太阳金乌""鹊桥相会""大鹏金翅"等传说。成语有小鸟依人、鸟语花香、鸟啼花落、惊弓之鸟、鸟尽弓藏、笼中之鸟、鸟兽率舞、文鸟之梦，等等。

涉及鸟题材的文学作品更是灿若繁星。在中华文学源头的《诗经》中，第一首即以鸟命名的《关雎》，第一句为"关关雎鸠，在河之洲。窈窕淑女，君子好逑"，用雌雄二鸟相互应和的"关关"叫声衬托男女之间唯美纯洁的爱情。还有"鸿雁于飞，哀鸣嗷嗷"（《诗经·小雅·鸿雁》）、"鹤鸣于九皋，声闻于天"（《诗经·小雅·鹤鸣》）、"雉于飞，上下其音。展矣君子，实劳我心"（《邶风·雄雉》），等等。在《楚辞》中，屈原以鸷鸟、鸾凤自比，而把谗佞干进的小人斥之为鸡鹜燕雀，如"鸾鸟凤凰，日以远兮。燕雀乌鹊，巢堂坛兮"（《怀沙》）、"鸷鸟之不群兮，自前世而固然"（《离骚》），等等。

汉代出现了以禽鸟为题材的赋作。六朝时期禽鸟赋作品，现知的有60多篇。在中国最早的诗文总集《昭明文选》中，收录有贾谊的《鵩鸟赋》、祢衡的《鹦鹉赋》、张华的《鹪鹩赋》、鲍照的《舞鹤赋》。无论在题材内容还是写作形式上，它们都很有代表性，并非纯粹咏物之作，而是托禽鸟以言志抒怀。

在唐诗、宋词、元曲中，关于鸟的清词妙句就更多了。人们熟知的有杜甫的"两只黄鹂鸣翠柳，一行白鹭上青天"（《绝句》）、孟浩然的"春眠不觉晓，处处闻啼鸟"（《春晓》）、白居易的"几处早莺争暖树，谁家新燕啄春泥"（《钱塘湖春行》）、黄庭坚的"千林风雨莺求友，万里云天雁断行"（《宜阳别元明用觞字韵》）、杨万里的"却是归鸿不能语，一年一度到江南"（《初入淮河四绝句》）、秦观的"莺嘴啄花红溜，燕尾点波绿皱"（《如梦令·春景》）、贺铸的"青松巢白鸟，深竹逗流萤"（《雁后归·想娉婷·其二》）、马致远的"枯藤老树昏鸦"（《天净沙·秋思》）等等不胜枚举。

在音乐、舞蹈、绘画等领域，鸟都是常见的取材对象。

禽鸟的啼鸣声或清脆悦耳或低回婉转，给人美的精神享受。王维有名句"月出惊山鸟，时鸣春涧中"（《鸟鸣涧》），他巧妙地用鸟鸣反衬夜的静谧，唐寅有名句"平生不敢轻言语，一叫千门万户开"，他借雄鸡打鸣的威武英姿表达自己的人生理想。音乐家采风于自然的鸟鸣，创作了许多脍炙人口的音乐，如北方民乐《百鸟朝凤》《乌夜啼》《鹧鸪飞》、江南丝竹《柳浪闻莺》《空山鸟语》《寒鸦戏水》、广东音乐《孔雀开屏》《双鹤听泉》等。俄国著名作曲家柴可夫斯基创作的古典芭蕾舞剧《天鹅湖》用舞蹈、音乐表现天鹅的美丽纯洁，使之摘得人类舞台艺术作品的桂冠，具有无与伦比的艺术价值。我国舞蹈大师杨丽萍的《雀之灵》，以现代创作融合了傣族传统的孔雀舞，模仿孔雀优雅的姿态而惟妙惟肖，是中国人家喻户晓的舞蹈作品。

在绘画方面，花鸟画是国画中专以动植物为主要描绘对象的传统画科，集中体现了中国人与作为审美客体的自然生物的审美关系，具有较强的抒情性，以描写手法的精工或奔放分为工笔花鸟画和写意花鸟画。北宋《宣和画谱·花鸟叙论》云："诗人六义，多识于鸟兽草本之名，而律历四时，亦记其荣枯语默之候，所以绘事之妙，多寓兴于此，与诗人相表里焉。"历代花鸟画家人才辈出，如唐代薛稷的鹤、边鸾的孔雀，五代郭乾晖的鹰，宋代崔白的雀、吴元瑜的花鸟、李迪的禽，元代张守中的鸳鸯，明代林良的禽，近代李苦禅的鹰，等等。

总之，鸟文化是中华民族传统文化的重要组成部分。从古至今，人们观鸟、养鸟、崇尚鸟、歌颂鸟，鸟文化集中表现了人类对广阔胸怀的追求、对自由生活的向往、对无限生命力的敬仰和对美好大自然的热爱。一些特殊的禽鸟经历代无数文人的演绎比兴，被赋予深厚而典型的人格意象，成为永恒的象征。受篇幅限制，本文特选取鸟文化中的代表鹤与雁加以详细论述。

（一）鹤：鸣于九皋，声闻于野

鹤是鹤科鸟类的通称，人们熟知的有白鹤、灰鹤、沙丘鹤、丹顶鹤、赤颈鹤等，其主要特点是头小颈长，嘴长而直，脚细长，羽毛白色或灰色。鹤喜群居，一般栖息在沼泽、浅滩、芦苇塘等湿地，以捕食小鱼虾、昆虫、软体动物为主，也吃植物的根茎、种子、嫩芽。鹤善于奔驰飞翔，睡眠时常单腿直立，扭颈回首将头放在背上，或将尖嘴插入羽内，姿态优美，气质高贵而独立。鹤在我国属迁徙鸟类。除黑颈鹤与赤颈鹤生活在青藏、云贵高原外，其余鹤类均生活在北方，每年十月下旬迁至长江流域一带越冬，第二年四月春回大地再飞回北方。

鹤在中华文化中有仅次于神鸟凤凰的重要地位，被誉为"白羽之宗"，又被称为"仙禽"或"一品鸟"。自古以来，爱鹤、咏鹤者众多。鹤的人文意象主要有"贤者君子""仙人寿者""重情义者"三种。

1. 鹤鸣九皋：隐居山林的贤者君子

《诗经·小雅·鹤鸣》曰："鹤鸣于九皋，声闻于野。鱼潜在渊，或在于渚。乐彼之园，爰有树檀，其下维萚。他山之石，可以为错。鹤鸣于九皋，声闻于天。鱼在于渚，或潜在渊。乐彼之园，爰有树檀，其下维榖。他山之石，可以攻玉。"这是一首著名的招隐诗，用鹤、鱼、檀树和他山之石四物比喻隐居于山林沼泽之中的贤者。诗中鹤所处的"皋"为沼泽中由高地围成的小沼泽，"九皋"言泽之深广，形容贤能之士的隐秘难寻。"声闻于野""声闻于天"则用鹤清亮的鸣叫声形容贤者的非凡才能与人格魅力。《毛诗序》说："《鹤鸣》，诲宣王也。"《郑笺》补充说："诲，教也，教宣王求贤人之未仕者。"清代方玉润认为此诗是"讽宣王求贤山林也"。

《周易·系辞上》引中孚卦九二爻辞："'鸣鹤在阴，其子和之。我有好爵，吾与尔靡之。'子曰：'君子居其室，出其言善，则千里之外应之，况其迩者乎？居其室，出其言不善，则千里之外违之，况其迩者乎？言出乎身，加乎民；行发乎迩，见乎远。言行，君子之枢机。枢机之发，荣辱之主也。言行，君子之所以动天地也，可不慎乎！'"这段话中，孔子认为，鹤在树荫中鸣叫，小鹤也会随声呼和，比喻有道德有学问的圣贤君子，虽深居简出，但其嘉言善行像鹤鸣远播一样，对社会道德构建发挥积极影响，能够改善社会风气。因此，"鹤鸣"一词成为君子德行的象征。

北魏郦道元的《水经注·沔水二》中有"惟此君子，作汉之英，德为龙光，声化鹤鸣"。西晋文学家陆云作有《赠郑曼季诗四首·鸣鹤》一诗，如其序曰："鸣鹤，美君子也。"他用鹤的姿态（"戢其左翼""垂翼兰沼""濯清芳池"）、鹤的声音（"肃雍和鸣""其鸣喈喈""载好其声"）形容君子的美德与威仪。其兄陆机则作有《羽扇赋》，文章开篇云"楚襄王会于章台之上，宋玉、唐勒侍，皆操白鹄之羽以为扇"，陆机不仅以宋玉自比，而且赞美用白鹤羽毛制作的扇子是"妙自然为言""宪灵朴于造化，审贞则而妙观"。后世诸葛亮、周瑜等羽扇纶巾之形象也与鹤的贤士意象有关。《抱朴子》中有"周穆王南征，一军尽化。君子为猿为鹤，小人为虫为沙"的故事，李白据此作有"古来贤圣人，一一谁成功。君子变猿鹤，小人为沙虫"（《古风》）。

鹤也代表着君子的洁身自好，如谚语"鹤非染而自白，鸦非染而自黑"。鹤与琴的意象一起出现，象征君子的高洁和操守。宋代沈括《梦溪笔谈》曰："赵阅道为成都转运使，出行部内，唯携一琴一鹤，坐则看鹤鼓琴。"《宋史·赵抃传》："帝曰：'闻卿匹马入蜀，以一琴一鹤自随；为政简易，亦称是乎！'"后扬州八怪之一的黄慎特意为此作画《赵公琴鹤图》，也有了"一琴一鹤"这个成语用以形容官员的廉洁。

此外，鹤的"一飞冲天""千里之行"也象征君子拥有远大无畏的志向。《相鹤经》说鹤"飞则一举千里"。刘禹锡作《秋词》曰："自古逢秋悲寂寥，我言秋日胜春朝。晴空一鹤排云上，便引诗情到碧霄。"此诗一反文人悲秋之传统，用鹤的排云直上表达奋进的精神和开阔的胸襟。阮籍《咏怀·其二十一》："云间有玄鹤，抗志扬哀声。一飞冲青天，旷世不再鸣。"这也与贤者君子之道相应。因此，古代皇帝求贤的诏书，也被称为"鹤书"或"鹤板"。

2. 松鹤延年：修道出世的仙人寿者

丹顶鹤的寿命长达五六十年，是禽类中的寿者，因此被看重养生的道家视作仙物，称之为仙鹤。《淮南子·说林训》载："鹤寿千岁以极其游，蜉蝣朝生暮死而尽其乐。"《西游记》《封神演义》《白蛇传》中出现的"寿星老人"（又名南极仙翁），其坐骑正是一只仙鹤。由此，人常用白鹤的羽毛形容老者的须发，用"鹤发童颜"赞身体健康的老人。郦道元的《水经注》记载："仙家以鹤传书，白云传信。"

道教故事中有不少修道者羽化登仙为鹤的传说，如南北朝时期的《搜神后记》第一个故事就记载了一个叫丁令威的人羽化为鹤，千年后还家却看到物是人非的故事："丁令威，本辽东人，学道于灵虚山，后化鹤归辽，集城门华表柱。时有少年举弓欲射之，鹤乃飞，徘徊空中而言曰：'有鸟有鸟丁令威，去家千年今始归，城郭如故人民非，何不学仙冢累累！'遂高上冲天。"南朝《神境记》中也有一个故事：古时，荥阳郡南郭山中有一石室，室后有一高千丈、荫覆半里的古松，其上常有双鹤飞栖，朝夕不离。相传汉时，曾有一对慕道夫妇在此石室中修道隐居，松枝上的白鹤则是他们所化。

江南三大名楼之一的武汉黄鹤楼始建于三国时期。469年，祖冲之撰成志怪小说《述异记》记述此楼因江陵人荀环在此遇见仙人驾鹤而得名。后仙人驾鹤的故事经过不断演绎，有一个版本是这样的："曾有道士在此地辛氏酒楼的墙上画了一只会跳舞的黄鹤，店家生意因此大为兴隆；十年后道士重来，用笛声招下黄鹤，乘鹤飞去，辛氏遂出资建楼，称黄鹤楼。"

唐代诗人崔颢作《黄鹤楼》一诗曰:"昔人已乘黄鹤去,此地空余黄鹤楼。黄鹤一去不复返,白云千载空悠悠。"南宋严羽的《沧浪诗话》评:"唐人七言律诗,当以崔颢《黄鹤楼》为第一。"黄鹤楼声名大振。此类故事对后世影响极深。唐代诗人陈子昂在《春日登金华观》中就以鹤的形象衬托道观曰"鹤舞千年树,虹飞百尺桥"。苏轼在《赤壁赋》也写道:"飘飘乎如遗世独立,羽化而登仙。"后世也用"驾鹤西游"作为对逝者的追悼寄托。

在成语与中国画作品中,鹤常与松共表长寿寓意,如成语"松鹤延年""松龄鹤寿""松鹤长春"。中国画中,善作松鹤图者众多。如有"晚清画苑第一家"之誉的虚谷,其作的《松鹤图》中,不仅有松鹤,还配以灵芝、菊花、青竹等长寿高洁之物。画面设色清淡,善用干笔偏锋,但鹤顶的朱红尤其醒目,使整幅画冷峻之中又富隽雅鲜活。此外,八大山人、沈铨、王礼、任伯年、沈一斋、高剑父、黄君璧、朱宣咸等也都有风格各异的《松鹤图》流传于世。松鹤图也是老百姓最喜欢的国画题材,常献给老人作为祝寿之用。

3. 白鹤衔珠:知恩图报的重义者

《左传》中有黄雀"结草衔环"的故事,提醒世人滴水之恩当涌泉相报,不要忘恩负义,人不如物。鹤作为鸟中君子,在文学作品中也是知恩图报、重情重义的文化意象。晋代干宝的《搜神记》记载有白鹤衔珠报恩的故事:"哙参,养母至孝。曾有玄鹤,为弋人所射,穷而归参。参收养,疗治其疮。疮愈放之。后鹤夜到门外,参执烛视之,见鹤雌雄双至,各衔明珠以报参焉。"清初短篇小说集《虞初新志》载有另一则很感人的故事:陈州有一姓卢的差役没有孩子,养有两只鹤,驯服得很好,能够听他的号令。然而有一天,一只鹤不幸受伤而亡,另一只鹤性情大变,终日哀鸣不食,卢氏很是心疼,苦苦恳求它,它才勉强进一点食物。一日清晨,这只鹤一边围着卢氏不停踱步,一边大声哀鸣,似有事相告,卢氏好像也明白它的意思，就对鹤说："若你伤情于此地，不能忘记死去的同伴，想走就走吧，我不再束缚于你了。"这只鹤振翅云际，徊翔数次告别，终于飞走，再无音讯。此后过了若干年，卢氏一直老病无子，归卧于黄蒲溪边的草庐。一日晚秋萧索，他拄着拐杖行走于林间。忽有一鹤盘空，鸣声凄断，卢氏仰头向鹤问询道："难道你是我在陈州的故交吗？"话音未落，鹤如箭飞下，竟投入卢氏的怀中，用鹤喙不停牵拽卢氏的衣角，又在地上高兴地旋舞，原来真的就是曾经离去的那只孤鹤。多年未见，一鹤一人相拥而泣，如故友重逢。卢氏遂引鹤相归，鹤再未离开，与其结伴终老。后来，卢氏病逝后，鹤亦不食而死，卢氏的家人就将鹤埋在卢墓的左侧。无论是对待伴侣还是恩人，鹤尚有真情真义，况于人乎？

4．寡鹤羁雌：坚贞不渝的重情者

俗语说，夫妻本是同林鸟，一日夫妻百日恩。鹤雌雄相随，情笃义贞，胜过常人，故文人多用鹤比喻坚贞不渝的爱情，用孤鹤、寡鹤、羁雌来比喻失偶者及其孤独和悲伤。梁武帝"沙汀夜鹤啸羁雌，妾心无趣坐伤离"（《燕歌行》）、南朝陆厥"寡鹤羁雌飞且上，雕梁翠壁网蜘蛛"（《李夫人及贵人歌》）、唐代白居易"寡鹤当徽怨，秋泉应指寒"（《松下琴赠客》）等诗句，都表达了这种感情。

相传光绪十九年，省悟禅师在平山堂养了两只仙鹤，任由仙鹤戏耍自如。后有一只仙鹤患足疾而死，另一只仙鹤便不吃不喝，绝食而死。省悟禅师很感动，就把两只仙鹤埋在了大明寺，立碑名曰"鹤冢"。此碑流传至今。

古人也用"别鹤"象征分离的夫妻。《昭明文选》引汉代蔡邕《琴操》并晋代崔豹《古今注》记载了关于古琴曲《别鹤操》的故事："《别鹤操》，商陵牧子所作也。牧子娶妻五年，无子，父母将为之改娶。妻闻之，中夜起，闻鹤声，倚户而悲。牧子闻之，怆然歌曰：'将乖比翼隔天端，山川悠远路漫漫。揽衣不寝食忘餐。'后人因以为乐章也。"故事说商朝有一个人叫牧子，娶妻五年，还没有生儿子，他的父母令他休妻改娶。他妻子听说了这件事，半夜时分就惊醒了，靠着窗户，听见鹤鸣，独自悲伤哭泣。牧子听见了后，就拿过琴来，弹奏道："伤心恩爱的夫妻将要永远分离，就像是比翼双飞的鹤被生生拆散，从此彼此相思而不眠不食。"因而名为《别鹤操》。据说后来他们依然是夫妻。南朝宋鲍照据此作有《拟行路难》一诗，诗中曰："宁作野中之双凫，不愿云间之别鹤。"诗人表达了对爱情的热切期盼。

此外，人们也常用"闲云野鹤"比喻无拘无束、来去自如、崇尚自由的"隐士"和"散人"，如《梦溪笔谈》里"梅妻鹤子"的林逋。清代词人纳兰性德有多首咏鹤之作，表达对"田园隐逸"的向往，如"鹤生本自野，终岁不见人。朝饮碧溪水，暮宿沧江滨。忽然被缯缴，矫首盼青云。仆亦本狂士，富贵鸿毛轻。欲隐道无由，幡然逐华缨"(《野鹤吟赠友》)。文人们还借"鹤立鸡群"表达一种"有志难骋""生不逢时"之叹，如南朝宋文人鲍照在《舞鹤赋》中的"守驯养于千龄，结长悲于万里"，白居易的"我本海上鹤，偶逢江南客。感君一顾恩，同来洛阳陌……饮啄杂鸡群，年深损标格。故乡渺何处，云水重重隔。谁念深笼中，七换摩天翮"，等等。

总之，鹤因独特不凡的形、鸣、义、隐，在中国文学艺术中留下太多仙姿，也为人们修身、问道、为政、齐家提供了重要的精神滋养。

（二）雁：鸿雁来宾，生死相许

雁是一种善于飞行的大型游禽，在我国的种类主要有豆雁、鸿雁、灰雁、斑头雁和白额雁等。大雁则是人们对雁属鸟类的通称，因为其共同特点是体形较大。雁是候鸟，每年秋分后飞往南方过冬，春分后飞回北方的西伯利亚一带。雁多为一夫一妻制，甚至是终身一侣，雌雄共同参与雏鸟的养育。它们在北方的水边用芦苇、水草和羽毛筑巢繁殖。雏雁破壳而出后，可在水中游泳觅食，夏天即能飞行。雁群迁徙时总是几十只甚至数百只汇集在一起，互相紧接着列队而飞，人称"雁阵"。"雁阵"由有经验的"头雁"带领，加速飞行时，队伍排成"人"字形，一旦减速，队伍又由"人"字形换成"一"字长蛇形，这是雁为了长途迁徙而采取的适应性措施，符合力学原理。当飞在前面的"头雁"的翅膀在空中划过时，翅膀尖上就会产生一股微弱的上升气流，排在它后面的雁就可依次借助这股气流以节省体力。但"头雁"却很容易疲劳，所以在长途迁徙中，雁群需要经常地变换队形，更换"头雁"。它们的行动很有规律，有时边飞边鸣，旅途休息时，以鱼、虾、水草等为食，由老雁放哨，以防敌人袭击。约经一至两个月，方抵南方热带地区。

雁作为我国古人常见的禽类，因其候鸟的特性成为人类重要的审美意象和文学创作中常见的题材，形成别致的"雁文化"。雁的别称有鸿、鹄、月鹭、翁鸡、霜信等。《古今图书集成》收录以"雁"为题的赋18篇，诗词167首。以雁为地名的有雁翅、雁荡山、雁飞岭、雁江、雁门坎、雁门关、雁门、雁山、雁石，等等。湖南衡阳则被称为"雁城"，由于其"衡山截断炎方北，回雁峰南瘴烟黑"（李绅《逾岭峤止荒陬抵高要》），即借衡山截断北方的寒流和南方的瘴气，气温冷热适度，自古以来就是"雁南飞"重要的落脚点之一，并因"塞下秋来风景异，衡阳雁去无留意"（范仲淹《渔家傲·秋思》）和"雁阵惊寒，声断衡阳之浦"（王勃《滕王阁序》）而著称于世。

中华文化比德于雁的传统也由来已久。鸿雁既代表着吉祥、尊贵、钟情、团结、鸿志，又是游子、信使、士兵、夫妻、团队的象征。李时珍在《本草纲目·集解》中说雁有四德："寒则自北而南，止于衡阳，热则自南而北，归于雁门，其信也；飞则有序而前鸣后和，其礼也；失偶不再配，其节也；

夜则群宿而一奴巡警，昼则衔芦以避缯缴，其智也。"雁在团队式南北迁徙中，多能体现儒家文化重合作、讲秩序、明长幼、守信义的人文价值。雁群对于老弱病残的队友，不会弃之不顾，这是仁；大雁雌雄相伴，从一而终，这是义；雁阵长幼有序，服从领头的老雁，这是礼；雁机警明觉，落地歇息时，会有老雁放哨警戒，一有风吹草动，立马会飞向空中，这是智；雁南来北往，遵时令而动，这是信。仁义礼智信皆备，是鸟中的贤达和君子。

1. 鸿雁于飞：不忘故土的游子

在雁诸多的文化意象中，最常见是象征远方游子，借雁表达游子旅人离乡背井、羁旅漂泊中的思乡之情，传递着勿忘故土、落叶归根、做人不能忘本的家国情怀。

早在《诗经·小雅·鸿雁》中，古人就为雁塑造了"鸿雁于飞，肃肃其羽。之子于征，劬劳于野"的离乡漂泊的凄凉意象。"哀鸿"也成为因战乱或天灾而流离失所的征夫灾民的代名词。边塞文学中，经常用雁象征为国远征在外和守卫边关的战士，如"征蓬出汉塞，归雁入胡天"（王维《使至塞上》）。三国时期，戎马一生奠定魏国基业的曹操曾经写下《却东西门行》："鸿雁出塞北，乃在无人乡。举翅万余里，行止自成行。冬节食南稻，春日复北翔。田中有转蓬，随风远飘扬。长与故根绝，万岁不相当。奈何此征夫，安得驱四方？戎马不解鞍，铠甲不离傍。冉冉老将至，何时反故乡？神龙藏深泉，猛兽步高冈。狐死归首丘，故乡安可忘。"这首诗中，曹操用鸿雁比喻自己以及许许多多连年征战而背井离乡的将士，用龙、兽、狐的不离故地衬托自己的身不由己，虽满怀思乡愁绪，却也隐隐透露出不建功立业绝不归还的壮志。

从古至今，许多人为了不同的目的而不得不背井离乡、告别至亲。有的为了求学，有的为了生计，有的为国远嫁和亲，有的从事商贸探险。由于古代的交通和通信条件十分有限，游子与家乡往往互相杳无音讯，归期难至。在外的游子每当看到天上飞行的雁阵，就不免触发怀念故乡、思念亲人之敏感心绪，或心如刀绞，或暗自垂泪，多么渴望能够化身为一只归雁振翅而飞。因此，逐渐形成了文学中"归雁"的意象，十分厚重。著名的有东汉蔡文姬的"雁南征兮欲寄边声，雁北归兮为得汉音。雁飞高兮邈难寻，空断肠兮思喑喑"（《胡笳十八拍》）、晋代陶渊明的"边雁悲无所，代谢归北乡"（《杂诗》）、北周庾信的"客游经岁月，羁旅故情多。近学衡阳雁，秋分俱渡河"（《和侃法师·其二》）、唐代王湾的"乡书何处达？归雁洛阳边"（《次北固山下》）、宋代欧阳修的"夜闻归雁生乡思，病入新年感物华"（《戏答元珍》），等等。他们的诗句都表达着人对故土的眷恋。此外，文人们也善用雁来表达流年逝去后对岁月的感慨，如"秋风起兮白云飞，草木黄落兮雁南归"（汉武帝《秋风辞》）、"壮年听雨客舟中，江阔云低，断雁叫西风"（宋·蒋捷《虞美人·听雨》）、"何处秋风至，萧萧送雁群"（唐·刘禹锡《秋风引》），等等，伤春与思乡之情叠加，更易引起读者共鸣。

2. 雁字回时：生死相许的伴侣

雁雌雄相依、终生忠诚，共同哺育后代，象征着男女炽烈忠贞的爱情。旧题师旷撰的《禽经》载"舒雁鸣，前后和。舒雁，飞成行也，雌前呼，雄后应也"，雁的相随鸣和符合中华文化提倡的夫唱妇随、不离不弃的婚姻价值追求。古代婚礼聘仪中有雁奠之礼，以雁为赘见之礼（见面礼），即订婚、亲迎时，男子须向女家献雁为礼。汉代班固在《白虎通·嫁娶》中说："取其随时而南北，不失其节，明不夺女子之时也；又是随阳之鸟，妻从夫之义也；又取飞成行，止成列也。明嫁娶之礼，长幼有序，不相逾越也。又昏礼赘不用死雉，故用雁也。"可见，雁在中国古代婚聘之礼中具有重要地位，雁以其具备仁义礼智信的五常之德寄托着男女双方家族对新人未来生活的美好祝愿。

　　雁是夫妻生死相许的象征。金末文人元好问曾记录自己的一段经历。泰和五年，他到太原参加考试，路上碰到一个捕雁的人，捕雁人讲述早上其捕到一只雁，将之杀掉。另一只漏网的雁苦苦地叫个不停，不肯离开，最终碰死在地上。元好问于是从捕雁的人手中将双雁买下，把这对死雁葬在汾河岸边，堆些石块作为标记，称作"雁丘"。他感慨于大雁的殉情而填词一首："问世间，情为何物？直教生死相许。天南地北双飞客，老翅几回寒暑。欢乐趣，离别苦，就中更有痴儿女。君应有语，渺万里层云，千山暮雪，只影向谁去？"近代教育家、诗词曲作家吴梅评价此词"可谓一往情深，含有无限悲感者也"。[1]武侠小说名家金庸在《神雕侠侣》中多次引用这首词表现杨过和小龙女之间至死不渝的爱情。

　　雁是中国文学戏剧中表达男女相思之情的经典意象。唐代女诗人鱼玄机有"蘼芜盈手泣斜晖，闻道邻家夫婿归。别日南鸿才北去，今朝北雁又南飞"（《闺怨》），宋代才女李清照有"云中谁寄锦书来，雁字回时，月满西楼。花自飘零水自流。一种相思，两处闲愁"。她们都借雁的意象表达对丈夫的相思和对夫妻团聚的期盼。中国著名古典戏剧《西厢记》在"长亭送别"一折中有"碧云天，黄花地。西风紧，北雁南飞"的唱词，《长生殿》中李隆基也有"无边落木响秋声，长空孤雁添悲哽"的咏叹。在名著《红楼梦》中，贾宝玉给大观园中一景取名"蓼汀花溆"，"蓼汀"正出自唐代诗人罗邺的《雁》诗句"暮天新雁起汀洲，红蓼花开水国愁"，作者似乎在为后文贾宝玉和林黛玉之间的生离死别埋下伏笔。

---

[1]吴梅：《辽金元文学史》，郑州：河南人民出版社，2016年版，第79页。

3. 鸿雁传书: 佳音良信的使者

在古代，鸿雁是天候时令的报告员。看到雁阵，听到雁鸣，人们就能感受到寒暑变化的气息。如俗语"八月初一雁门开，鸿雁南飞带霜来""季秋之月，鸿雁来宾"（《礼记·月令》）、"孟春之月鸿雁北，孟秋之月鸿雁来"（《吕氏春秋》）、"雨霁鸡栖早，风高雁阵斜"（陆游《幽居》）、"万里人南去，三春雁北飞"（韦承庆《南中咏雁诗》）等等。

《周易》渐卦用雁的意象代表时间的推移和事物的发展，通过"鸿渐于干""鸿渐于磐""鸿渐于陆""鸿渐于木""鸿渐于陵"来提醒人做事要懂得循序渐进，不要超越常规，否则会欲速则不达。当境况不佳时，要耐心等待，切莫操之过急。

对雁的使者意象进行合理延展，便产生了"鸿雁传书"之说。鸿雁成为远行游子们得到佳音的贵鸟和信使。据《汉书》记载，汉武帝时，苏武出使匈奴，因两国交恶，苏武被匈奴单于流放到北海放羊。十年后，汉朝与匈奴和亲，皇帝派使者请求单于让苏武归汉，可单于却诈称苏武已死。与苏武一起出使匈奴的常惠，把苏武的情况密告汉使，两人设下一计。后来汉使对单于讲: 汉朝皇帝打猎射得一雁，雁足上绑有书信，叙说苏武在某个沼泽地带牧羊。单于听后，忌惮大汉军队的雄威，只得让苏武归汉。后来，人们就用鸿雁比喻传递书信的使者，如"巫峡啼猿数行泪，衡阳归雁几封书"（唐·高适《送李少府贬峡中王少府贬长沙》）、"雁来音信无凭，路遥归梦难成"（五代·李煜《清平乐·别来春半》）、"可怜一纸平安信，不及衡阳雁字多"（宋·周弼《收家信》）、"衡阳犹有雁传书，郴阳和雁无"（宋·秦观《阮郎归·湘天风雨破寒初》）、"鱼书不至雁无凭、几番空作悲愁赋"（明·李开先（《夜奔》）等等。古人邮寄书信时，还会用竹木或绢帛制成雁的形状，将信夹在其中，意为鸿雁传书，也会用"延年"两字装饰信笺，被称为"飞鸿延年"。一则是"保佑"书信能平安送达，二则表达对收信人的思念。

人们还用鸿雁之序形容官场的秩序，把官员的列班比喻为整齐的雁阵，如蒙学经典《声律启蒙》中有"俊士居官，荣列鹓鸿之序；忠臣报国，誓殚犬马之劳"。唐代科举新进士有题名雁塔的传统，后世也用"雁塔题名"祝愿学业进步、金榜高中。

二、兽

兽，根据《现代汉语词典》（第7版）的解释："指哺乳动物，通常指有四条腿、全身生毛的。"繁体字形为"獸"。兽与捕猎相关，《说文解字》："兽，守备者。"段玉裁注："能守能备，如虎豹在山是也。"与鸟类相比，兽与人类的关系似乎更为接近。一方面，在早期原始社会，兽由于与人类同处地面活动，较鸟更易被人狩猎，是人类的主要肉食来源，其皮毛被人做成保暖防风的衣物，其骨和角等成为人类的武器和工具；另一方面，人开始驯化一些野生兽类，使之能够为人类供应稳定的肉食和其他生产生活物质资料。人们把野牛、野羊、野马、野猪、野狗、野兔纷纷驯化为家养动物，并且越来越依赖这些动物。

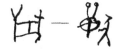

与鸟类相比，兽对人类的影响也比较大。一些凶猛的食肉动物如虎、豹、狼、狐狸等长期威胁着人类的生存。它们不仅有较大的身躯、令人畏惧的利齿和尖爪，还拥有高超的奔跑、跳跃、攀登、咬合、围捕、夜视等能力。可以说，早期的人类生活就是和这些猛兽做不懈斗争的血腥历史，也形成了人类对兽类动物的敬畏心。

人类一方面要针对这些猛兽的特点开展防卫与斗争，如居住在结实且封闭的空间里，学会组织起来进行警戒，学会制造火把、陷阱、弓箭、长矛等等，学会以颜料文身或佩戴面具头饰等进行伪装和恫吓，在这一过程中，人的大脑和双手都得到进化。另一方面，人想尽办法试图驯服一些野兽，使其成为劳动力或参与到人与人的冲突中变为武器。据《史记·五帝本纪》记载，轩辕黄帝在统一华夏的过程中，曾在阪泉之战中战胜炎帝部落，而其战法中有"教熊罴貔貅䝙虎"之说，即训练熊、罴、貔貅、䝙、虎等猛兽助战。当然也有专家认为这不过是五个以猛兽为图腾的部落。不管是真的猛兽军队还是以猛兽为图腾的部落，都反映了上古时期人们对猛兽种种能力的重视与觊觎。

中国汉字中大量的汉字与兽类动物有关，如部首"牛""犭""豸""虎""羊""豕"等，中国人的姓氏中也有"马""牛""熊""龙""鹿"等。上古文献《山海经》中记录了诸多奇异怪兽，如九尾狐、狰、穷奇，还有麠、犰、驳、兕、狌狌、玃如、鹿蜀、帝江、臷羊、鸵鼠，等等，它们有的拥有强大而神奇的力量，所记录的是上古动物崇拜的缩影。后来，人们发挥想象，创造出"龙""麒麟""貔貅""玄武"等瑞兽，使其作为圣贤出世或者天下太平的重要象征。龙在古代封建社会是皇权的象征，在近代成为中华民族的整体文化符号。《周易》乾坤二卦用"龙马精神"作为中华精神的符号。

中国文学作品更是充满兽的印痕。《诗经》中有大量关于兽的诗句，《小雅·鹿鸣》有名句"呦呦鹿鸣，食野之苹。我有嘉宾，鼓瑟吹笙"。作者发挥想象，将笙歌燕舞、欢乐祥和的宴会场中的人们比喻为空旷原野上一群悠闲吃草并发出呦呦之声的鹿群。《鲁颂·駉》："駉駉牡马，在坰之野。薄言駉者，有骃有皇，有骊有黄，以车彭彭。思无疆思，马斯臧。"作者通过写牧马的盛况来赞颂鲁国的富强和国君鲁僖公的才干。《召南·羔羊》："羔羊之皮，素丝五纽；退食自公，委蛇委蛇。"文人一般认为这首诗借羔羊的纯白比喻官员的廉洁，如东汉博士薛汉认为"诗人贤仕为大夫者，言其德能称，有洁白之性，屈柔之行，进退有度数也"（《韩诗薛君章句》）。《卫风·有狐》曰"有狐绥绥，在彼淇梁。心之忧矣，之子无裳"，这是一首情诗，是妻子用淇水边一只孤单的狐狸的形象比喻丈夫独自在外，担忧丈夫没有足够御寒的衣物。汉以后有很多以兽为题材的赋作问世，如南朝宋颜延之的《赭白马赋》，晋代傅玄的《走狗赋》，唐代诗人虞世南的《狮子赋》和《白鹿赋》、独孤授的《放驯象赋》，等等。在大部分作品中，兽类动物被人格化，凭借某些卓越的特点成为某种人文精神的象征，为人所崇尚和借鉴。本文选取马和牛加以详细论述。

（一）马：老骥伏枥，志在千里

马，是奇蹄目草食性哺乳动物，体形高大，性格温顺，善于奔跑。早在4500年前，中国人就开始驯养马。从《三字经》的"马牛羊，鸡犬豕"来看，马是"六畜"之首，对人类社会发展所起的作用十分突出。马被人类驯化以来，在漫长的历史中，其用途经历了从肉用、乳用到农业生产、交通运输、军事和运动娱乐等递进融合的过程。

可以说，在人类进入工业文明之前，马是人类最为重要的生产生活资料和国家军事资源，是国家实力的指标。如在先秦时期，四匹马拉一辆战车为"一乘"，于是形容国家军力强盛，就称它为千乘之国、万乘之国。孔子讲"道千乘之国，敬事而信，节用而爱人，使民以时"（《论语·学而》），所谓的"千乘之国"，就是拥有数千马匹的大国。《周礼·夏官》有"大司马"官职，"掌邦政"，实为武官的最高职务。

马在中华传统文化中具有举足轻重的地位，因其忠于职守被称为"义畜"，是其他任何动物都无法比拟的。

1. 龙马精神是中华精神的核心

《周易·系辞上》中有"观鸟兽之文"句，其中的兽，在很大程度上是就马而言的。为什么这么说？因为《周易》最重要的乾坤两卦都以马取象。《周易·说卦》曰："乾为马，坤为牛。"乾卦有"天行健，君子以自强不息"，"行健"就是善于奔跑、运动不止而且积极健康的生命状态，这很符合马的特征。庄子云："人生天地之间，若白驹之过隙，忽然而已。"（《庄子·外篇·知北游》）庄子用白马的奔跑来比喻时间永不停止。坤卦的象辞为"元亨，利牝马之贞"，直接用雌马来做比喻，展现地道的随顺宽厚之德。乾卦六爻，其立象虽为龙，但龙实际上是马的特殊形态。《周礼·夏官》云"马八尺以上为龙，七尺以上为骒，六尺以上为马也"，龙本是马中的骏杰。汉代学者王充在《论衡》中认为："龙之象，马首蛇尾。"[1]《吕氏春秋·本味》曰："马之美者，青龙之匹，遗风之乘。"今天我们看到的龙，其头依然为马。

诗圣杜甫曾写过一首名为《丹青引赠曹将军霸》的诗，其中有"斯须九重真龙出，一洗万古凡马空"的佳句。这首诗发挥夸张的手法，描写了盛唐著名画马大师曹霸受唐玄宗之命为皇帝的御马玉花骢作画的故事。玉花骢是一匹万中无一的千里马，在阊阖宫的赤色台阶前，扬首卓立，神气轩昂。画家曹霸展开白绢当场写生，淋漓尽致地落笔挥洒，须臾之间，一气呵成。画成后，只见白绢上哪里是马，分明是一条活灵活现得好像要从宫门内腾跃而出的真龙，使得世间一切凡马都相形失色。龙最早就是人们想象中的天马的样子。

《西游记》中唐僧的坐骑名唤"白龙马"，统合了《周易》乾坤两卦的

---

[1] 黄晖撰：《论衡校释》，北京：中华书局，1990 年版，第 285 页。

龙马意象，寓意为唐僧取经合天地之德，他本人既有坚忍不拔、顽强不息的意志力，又有任重道远、利益众生的慈悲心，元亨利贞备矣，事必成。成语"马到功成"，亦为此意。

甘肃省历史博物馆中有一件镇馆之宝，是 1969 年 10 月出土于甘肃省武威市雷台汉墓的铜奔马，又名马踏飞燕、马超龙雀。铜奔马造型矫健精美，天马三足腾空，做昂首嘶鸣、疾足奔驰状。其中有一马足踏于飞鸟之上，超掠飞鸟的一瞬间，飞鸟回首惊顾，更增强奔马急速向前的动势。这件铜奔马的力学重心集中于超越飞鸟的那一足之上，准确地掌握了力学平衡原理，显示出到东汉时期，青铜器的设计铸造技术已达到叹为观止的高超水平。这件文物既是国宝级文物，也是中国旅游标志。

这匹马之所以能踏超飞燕，因为它是一匹天马。东汉时，与西域的丝绸之路开通，很多良马传进中原，开始流行天马文化。汉武帝刘彻曾作过三首《天马歌》，第一首原名《太一之歌》。歌曰："太一贡兮天马下。沾赤汗兮沫流赭。骋容与兮跇万里。今安匹兮龙为友。"《汉书》还记载有一段故事：汉武帝时，南阳新野有一个叫暴利长的人，因犯罪被流放到敦煌屯田。他在一处名叫"渥洼水"的地方发现一群野马，其中有一匹长得神异非凡，常到这里来饮水。暴利长用泥土塑了一个假人，让它手持马笼头和缰绳立在水旁。久而久之，野马对土人习以为常，失去了警惕。有一天暴利长代替土人，同样持绳索立于水旁，趁马不备时将其套住，献给了武帝。暴利长想把此马说得不同寻常，便诡称它是从水中跃出的。汉武帝本是个十分爱马的人，之前占卜得"神马当从西北来"之语并派人到乌孙去求取神马。这次暴利长称有马从水中跃出，正好应了占卜的结果，武帝喜出望外，因而认定此马便是太一神所赐，兴之所至，作了《太一之歌》。

后李广利出征大宛，得大宛马，汉武帝又作《西极天马歌》，其中有"天马徕，龙之媒，游阊阖，观玉台"（《汉书·礼乐志》），他令司马相如等编制歌诗，按叶宫商，合成声律，号为乐府。颜师古注引应劭曰："言天马者乃神龙之类，今天马已来，此龙必至之效也。"[1]可见，中国古代人们就认为，龙虽无影无踪，难一睹尊容，可天马，特别是那些高大威武的宝马正是龙在人间的化身，十分尊贵。

龙马也与中国哲学的起源河图洛书有关。《山海经》中说："伏羲得河图，夏人因之，曰《连山》。"《周易·系辞上》曰："河出图，洛出书，圣人则之。"传说中伏羲氏对日月交替、四季轮回、寒来暑往等虽有一番观察，他并未深入地发现其中的规律并理出头绪。直到有一天，他看到洛阳东北孟津县境内的黄河中忽然跃出了一匹"龙马"，其身上带有类似星象的神秘图案。也就是这一刻，伏羲突然感受一种强烈的精神震撼，高深的智慧在其脑中闪现，他似乎第一次捕捉到某种规律性的存在，那是"道"，是宇宙万物遵循的原则。正是龙马身上的图案，启发了伏羲的思考，点燃了伏羲的智慧，他画出了"八卦图"，使之成为中华哲学的肇端，而龙马身上的图案被叫作"河图"。

以上种种，都是马最为重要的文化意象。马和龙是人们对马的阴阳化，正如凤和凰是对凤的阴阳化一样。其在地为马，在天为龙，蕴天地之精，合阴阳之德，龙马精神正是古圣先贤感悟人生动静之间、德行关系所总结出的核心要义。

2. 千里马是栋梁之材的象征

千里马原指善跑的骏马，可以日行千里。《楚辞·卜居》中有"宁昂昂若千里之驹乎？"《史记·赵世家》也有"缪王日驰千里马，攻徐偃王大破之"。在历史文学中有项羽的乌骓、关羽的赤兔、刘备的的卢、曹操

---

[1]（汉）班固撰，（唐）颜师古注：《汉书》，北京：中华书局，1962年版，第1061页。

的爪黄飞电、薛仁贵的白玉驹、狄青的青鬃兽等，都是一骑绝尘的千里名马。

后来，人们用千里马比喻国家的栋梁之材。据《战国策·燕策一》记载：战国时期，燕昭王为振兴燕国，召见谋士郭隗，向其请教招贤纳才之道，郭隗于是给昭王讲了一个"千金买骨"的故事。从前有位国王，一心想得到一匹千里马，就派人在全国各地张贴布告，说愿出一千两黄金购买一匹千里马。可三年过去了，一匹马都没有买到。国王身边有个侍臣说他愿意带上一千两黄金出外寻找千里马。国王同意了。这个人花了三个月的时间，才打听到一点消息，可等他赶到时，那匹千里马已经死了。侍臣毫不犹豫地拿出五百两黄金，买下了那匹千里马的尸骨，带回来献给国王。国王斥责道："我要的是一匹日行千里的活马，可你却白白花掉五百两黄金，买回一堆千里马的尸骨，这有何用呢？"侍臣不慌不忙地说："大王，您买了好几年的千里马都没买到，这并非是世上没千里马，而是人们不相信您真的会出千金买马呀！如今我花掉五百两黄金，为您买了一堆千里马的尸骨，消息传开后，天下人都知您珍爱千里马，过不了多久，就会有人把活的千里马给您牵来。"果然，不到一年，就有好几匹千里马被送到了国王那里。郭隗讲完故事后，意味深长地说："大王若真的想招贤纳士，不如先从我开始，天下贤人见像我郭隗这样的人都能被您重用，那么，比我更有才能的人便会主动来找大王了。"燕昭王觉得郭隗言之有理，当即拜他为师。各诸侯国的贤士闻讯，纷纷前来向燕昭王自荐。燕昭王任用各国的能人贤士治理国家，后来，终于击败了强大的齐国，收复了全部失地。[1]

---

[1]崔钟雷主编：《成语典故大全》，哈尔滨：哈尔滨出版社，2018年版，第250～251页。

唐代文学家韩愈在杂文《马说》中指出："世有伯乐，然后有千里马。千里马常有，而伯乐不常有。"他借千里马和伯乐的关系分析发现人才、善待人才的重要性。晋代王嘉所著《拾遗记》中说周穆王某日得八骏，为"赤骥、盗骊、白义、逾轮、山子、渠黄、华骝、绿耳"，乘八骏征战和游历四方，唐代李商隐作《瑶池》："八骏日行三万里，穆王何事不重来？"八骏，实际上象征周穆王因有圣德而身边人才济济。

唐代诗人李贺作咏马组诗二十三首，借历史上诸多关于马的典故来抒发自己怀才不遇的悲愤。其中有"龙脊贴连钱，银蹄白踏烟。无人织锦韂，谁为铸金鞭"（《马诗·其一》），意思是：龙马脊毛图案像连接着的铜钱，银蹄飞驰一片白色宛如踏云烟。可是没有人为它编织锦绣障泥，又有谁肯为它铸造饰金的马鞭？诗人寄寓了自己空有满腹才华却无人赏识的感慨。第五首比较有名："大漠沙如雪，燕山月似钩。何当金络脑，快走踏清秋。"（《马诗·其五》）这首诗前两句用极少的文字却出色地铺设了一个边关战场的奇景，继而抒怀："骏马何时才能套上镶金的笼头，冲锋陷阵飞驰在那深秋的战场啊！""快走"和"清秋"不仅表现出马轻捷矫健的风姿，而且有一种快意人生的愉悦美感。

清代诗人龚自珍作有："九州生气恃风雷，万马齐喑究可哀。我劝天公重抖擞，不拘一格降人才。""万马齐喑"是作者对清朝末年腐朽守旧、死气沉沉的政治社会局面的形容，比喻社会各方面人才得不到合适而有效的使用，因此后两句建议朝廷应改革旧制，破格荐用人才。

3. 马的忠诚、勇敢、奉献是民族精神的魂

几千年来，马身披鞍鞯供人驱驾役使、耕田运输任劳任怨、征战沙场视死如归，为中华民族发展做出了不可磨灭的贡献，是动物中的大功臣。自古以来，无论是汉族，还是藏族、蒙古族等民族都十分敬爱马，视马为人类最忠诚的伙伴、无私奉献的代表。歌颂马的作品比比皆是。

蒙古族被誉为"马背上的民族"，其整个历史文化都与马息息相关。马的忠诚与勇敢使得蒙古族认为马是天神赐给人类的神物，是苍天的使者。在《克什克腾旗志》中记载有"千里疾风万里霞，追不上白岔的铁蹄马"的谚语。历史上成吉思汗的铁骑兵曾横扫欧亚，蒙古马威震世界。《马可波罗游记》中曾记载成吉思汗拥有数量过万的白马群，蒙古族认为白马是忠义、智慧、吉祥的象征。在今天鄂尔多斯的成吉思汗陵，供奉着成吉思汗的神物，被统称为"八白室"，其中唯一的活神物是存在 800 多年的用以祭祀长生天的转世白马"温德根查干"。在蒙古族著名史诗《江格尔》中，英雄洪古尔的马用尾巴击翻有毒的酒杯，挽救了英雄的生命。此外，马头琴、马奶酒、套马杆等等都是蒙古族重要的文化象征。牧民将马奶作为圣洁、辟邪之物，送别朋友时用勺子把酸马奶向天洒散，祝福一路平安。蒙古族每年一次举行庆贺牧业大丰收的传统盛会——那达慕大会，其中必有的一个项目就是赛马。赛马并不是简单的娱乐，其中蕴含着对深厚民族历史文化的精神寄托和英雄豪情。

藏族人民的历史文化中也赫然烙印着马的蹄迹。藏族自古以来是一个农牧兼营的民族，驯马是其从狩猎采集走向畜牧业的标志。因为有了马做交通运输工具，大大减轻了人在广袤青藏高原崎岖陡峭山路上的气力消耗，大大促进了藏地政治经济文化的发展，也推动着藏族与其他民族的经济文化交流。因此，藏族人视骏马、青年、长刀为"吉祥三宝"，其原始信仰苯教认为马为往返于人神之间的通神物，禁忌食用马肉。佛教入主藏地以后，在藏传佛教信仰体系中出现了马头人身的护法神"马头明王"，据说是观世音菩萨的化身，外表威猛异常，能摧伏妖魔。甘肃肃南裕固族自治县马蹄藏族乡境内有一始建于晋代的规模宏大的藏传佛教石窟群，叫作马蹄寺，传说是天马下凡时一蹄落在了这里的一块岩石上，踩下了一只蹄印，寺院由此而得名。

在中华民族几千年英雄史中，英雄与战马共同冲锋陷阵、为国御侮，创造了马革裹尸、铁马冰河、金戈铁马、戎马一生的伟大斗争精神，立下了无数铭刻"汗马功劳"的丰碑。那些描写边关和战争情景的诗词，常咏马抒怀，如万楚的"汗血每随边地苦，蹄伤不惮陇阴寒。君能一饮长城窟，为报天山行路难"（《骢马》），杜甫的"所向无空阔，真堪托死生。骁腾有如此，万里可横行"（《房兵曹胡马诗》），岑参的"剑河风急雪片阔，沙口石冻马蹄脱"（《轮台歌奉送封大夫出师西征》），王昌龄的"饮马渡秋水，水寒风似刀"（《塞下曲四首》），辛弃疾的"马作的卢飞快，弓如霹雳弦惊"（《破阵子·为陈同甫赋壮词以寄之》），戚继光的"一年三百六十日，多是横戈马上行"（《马上作》），等等，这些诗词今天读起来，依然能深切体会到，在那个冷兵器时代中，人与马共同浴血奋战、誓死捍卫家国的壮怀和激情。

4. 老马是经验丰富与壮心不已的象征

老马是经验、智慧与忠诚的象征。《韩非子》中记载着"老马识途"的故事：管仲、隰朋从于桓公伐孤竹，春往冬返，迷惑失道。管仲曰："老马之智可用也。"乃放老马而随之，遂得道。大意是：齐桓公率军出征，春去秋还，迷了路，是军中的老马帮助齐桓公找到归路，脱离险境。

曹操在建安十二年（207 年）亲自统率大军平定北方，历经多次艰难的战斗终于打败了乌桓，消灭了袁绍的残余势力。这一年他已经 52 岁了，两鬓斑白，在古代算得上是一位老人了。在带领大军凯旋的途中，曹操有感而发，写出了一首气势豪迈的组诗《步出夏门行》，其中第四篇为《龟虽寿》，写道："神龟虽寿，犹有竟时。腾蛇乘雾，终为土灰。老骥伏枥，志在千里。烈士暮年，壮心不已。"曹操用志在千里的老马与神龟、腾蛇进行对比，认为生命的价值不在于寿命的长短，而在于为了理想而自强不息、锐意进取、乐观积极。老马虽然伏在马槽旁，但其雄心壮志仍是驰骋千里，就好比壮志凌云的人士即便到了晚年，奋发思进的心也永不止息。

人生就是要干出一番可歌可泣的大事业。"老骥伏枥，志在千里。烈士暮年，壮心不已"也成为人生励志的千古名句。

（二）牛：拓荒孺子，任劳任怨

牛属于偶蹄目大体形草食性动物，种类很多，包括非洲水牛、美洲野牛和与人类非常亲近的黄牛、水牛、奶牛和牦牛；等等。我国是家牛最早驯化地之一，驯养牛的历史可追溯至新石器时代早期。古代，牛是耕耘土地最重要的畜力，因此又被称为"耕牛"。此外，牛全身都是宝，无私地为人类提供着牛乳、牛肉、牛皮、牛角等重要生活原料，也在交通、运输、祭祀、娱乐等方面发挥作用，是人类不可或缺的重要伙伴，为人类文明发展做出了不可磨灭的贡献。

牛的文化价值历来受到人的青睐。牛吃苦耐劳、忠诚奉献的品格与中华民族内在的艰苦奋斗、集体主义的精神基因十分相似。在2021年全国政协新年茶话会上，习近平对领导干部提出要发扬为民服务孺子牛、创新发展拓荒牛、艰苦奋斗老黄牛的"三牛"精神，在全面建设社会主义现代化国家新征程上奋勇前进。"孺子牛、拓荒牛、老黄牛"的"三牛"精神以牛取象，为人立德，不仅是对牛文化及其时代价值的精练概括，更是鼓舞全体人民披荆斩棘、脚踏实地、为实现中华民族伟大复兴而继续努力的热情号召。牛，已经成为中华民族实干兴邦、砥砺奋进、埋头苦干的重要精神标识。

1. 拓荒牛精神

牛是人类在无垠洪荒中开创出绿色农耕文明的重要助手。中国北方地区以旱地耕作为主，而黄牛对环境的适应能力极强，无论在炎热干旱的夏天还是寒冷难耐的冬天，黄牛都可以正常劳作，饲养成本也相对较低。而中国南方地区属于亚热带季风气候，年降水量丰富，耕地类型主要是水田，水牛便是水田里劳作的主力。水牛皮厚且汗腺不发达，需要在夏天进入水中发散体内热量，而且其生理构造如膝关节、腹部、表皮等使其可以长时间浸泡在水中，因而成为南方最普及的牛种。除了这两种牛之外，在我国青藏高原的高海拔地区，还广泛驯养着大量的牦牛。牦牛有着粗实的毛发、强健的身体和强大的心肺功能，使其足以在高寒缺氧的恶劣环境下生存劳作，既可从事农业耕作，也可以用来交通运输，被誉为"高原之车""冰河之舟"。

牛的命运扎根于大地，故《周易·说卦》称"坤为牛"。牛与人类长期共同拓荒的历史给予了牛特殊的文化地位。传说中的炎帝是"人身牛首"，蚩尤是"人身牛蹄，头有角"，道教尊神太上老君的坐骑是一头青牛，《西游记》中的牛魔王本领高强。

在古代祭祀中，牛是最为重要的祭品，《礼·曲礼》称，"凡祭宗庙之礼，牛曰一元大武"。祭祀等级中，第一等级是"太牢"，第二等级是"少牢"。"太牢"，就是祭祀社稷时需要有牛、羊、豕备齐，而"少牢"只用羊和豕，没有牛。我们从"牺、牲、牢"字都能看出牛在祭祀中的地位。

在文字中，牛字旁的字与事理有关，如物、牝、件等。《说文解字》称："牛，大牲也。牛，件也。件，事理也。"所谓"大牲"，不光指体形大，也指作用重要。"物，万物也。牛为大物，天地之数起于牵牛，故从牛勿声。"《说文解字注》："事也者，谓能事其事也，牛任耕也；理者，谓其文理可分析也。《庖丁解牛》：'依乎天理，批大郤，导大窾。'牛、事、理三字同在古音第一部。"[1]"天地之数"就是天地之事，民以食为天，天大的

---

[1]（清）段玉裁:《说文解字注》，上海：上海古籍出版社，1988年版，第50页。

事，就是耕种以饱腹，而耕种需牵牛而作。因此，"物"是所有事物的总称，涉及根本。此外，牝牡指阴阳，泛指与阴阳相关的男女、雌雄，牝为母，牡为公。如《荀子·非相》曰：夫禽兽有父子而无父子之亲，有牝牡而无男女之别。"牝为凡畜母之称。而牝牛最吉，故其字从牛也"[1]，母牛繁衍产子被先民视为维持种群繁衍的吉祥瑞兆。以上种种，说明古人在观天文地理、鸟兽之文形成文化的过程中，牛是继马之后重要的动物媒介之一，牛的拓荒精神塑造了其特殊的文化地位。

北宋诗人梅尧臣曾赞美拓荒的耕牛："破领耕不休，何暇顾羸犊。夜归喘明月，朝出穿深谷。力虽穷田畴，肠未饱刍粟。稼收风雪时，又向寒坡牧。"（《和孙端叟寺丞农具十五首其十耕牛》）老黄牛不眠不休地犁田耙地、春耕夏耘，早出晚归、披星戴月却无暇照顾自己的牛犊，它负重前行，汗洒田地，自己却饥肠辘辘。秋天丰收、冬天降雪时，它来不及欢喜，又默默地走向另一块有待开垦的冰冷荒地。

今天，我们提倡学习"拓荒牛"精神，就是要披荆斩棘，敢走前人没有走过的路，敢拓前人没垦过的荒，既敢闯敢拼，又脚踏实地，奋力在危机中育新机，于乱局中开新局。

在深圳，有一座青铜的牛雕塑，老百姓称它为"拓荒牛"。这头老牛正努力将身后一个巨大的盘根错节的树根拉出地面，它弓背低头，四蹄紧蹬大地，奋力向前拉顶，全身的筋肉暴起，有一种不达目的决不罢休的豪气，树根已经被它拉出了一大半。这座雕像表现的是中国改革开放初期，几十万建设者排除万难、从无到有创造深圳特区的伟大拓荒牛精神。老牛

---

[1]（清）段玉裁：《说文解字注》，上海：上海古籍出版社，1988年版，第51页。

拼命拉出的树根，不仅代表曾经的贫穷落后，更是阻碍向前发展的思想观念上的桎梏。

2. 孺子牛精神

"孺子牛"原出自《左传·哀公六年》记载的一个典故：齐景公有个小儿子名叫荼，齐景公非常疼爱他。有一次和荼在一起嬉戏时，齐景公作为一国之君竟然口里衔根绳子，让荼牵着走。不料，儿子不小心跌倒，把齐景公的牙齿拉折了。齐景公临死前遗命立荼为国君。景公死后，大臣陈僖子要立公子阳生，另一位大臣鲍牧对陈僖子说："汝忘君之为孺子牛而折其齿乎？而背之也！"所以，"孺子牛"的原意是表示父母对子女的舐犊之爱。清代文学家洪亮吉在《北江诗话》曾引清代文人钱季重作的柱联："酒酣或化庄生蝶，饭饱甘为孺子牛。"

后来，鲁迅先生对"孺子牛"的寓意进行了升华，他在《自嘲》中写下名句"横眉冷对千夫指，俯首甘为孺子牛"。人们用"孺子牛"来比喻心甘情愿为人民大众无私奉献的人。鲁迅先生还曾说过："我好像一只牛，吃的是草，挤出来的是奶、血。"路遥在《平凡的世界》中也写道："像牛一样劳动，像土地一样奉献。"宋代抗金名臣、诗人李纲曾写下《病牛》一诗："耕犁千亩实千箱，力尽筋疲谁复伤？但得众生皆得饱，不辞羸病卧残阳。"牛耕耘千亩地，换得粮食装满千座粮仓，但它自己却累得一生伤病，力气全部耗尽，谁来怜惜它呢？但为了众生都能够饱，即使拖垮了身体，病倒卧在残阳之下，也在所不辞。

"含德之厚，比于赤子。"孺子牛无私奉献的精神与中华文化主张先人后己、克己奉公、以天下为己任的价值追求高度一致，因而得到广泛认同。

在新中国发展史中，记载了许许多多的英雄模范人物，如以钱学森、邓稼先等为代表的奋斗在国家两弹一星和尖端军事科技事业中的科学家，他们进行高强度的科研工作，承受着妻离子别的痛苦和隐姓埋名的孤独，有的还患有核辐射带来的身体病痛，默默无闻几十载，换来的是国家的安全和民族的强大；如以焦裕禄、孔繁森等为代表的扎根在祖国基层的干部，他们甘当人民公仆，为人民排忧解难，恪尽职守，廉洁奉公，有的人甚至献出了自己年轻的生命，换来的是国家的繁荣和人民的幸福。他们永远都是铭刻在共和国丰碑上的伟大的"孺子牛"。

3. 老黄牛精神

"幸福是奋斗出来的"，"实干才能兴邦"。几千年来，中华民族一直秉持着艰苦奋斗的优良传统。无数祖辈面朝黄土背朝天，如老黄牛一样，辛勤耕耘，用一点一滴的汗水灌溉出中华民族的文明绿洲。如果说"拓荒牛"突出的是披荆斩棘的创新精神，"孺子牛"突出的是任劳任怨的奉献精神，那么"老黄牛"就代表着艰苦奋斗的实干精神。

唐代柳宗元作《牛赋》歌颂黄牛的任劳任怨，他写道："若知牛乎？牛之为物，魁形巨首。垂耳抱角，毛革疏厚。牟然而鸣，黄钟满脰。抵触隆曦，日耕百亩。往来修直，植乃禾黍。自种自敛，服箱以走。输入官仓，己不适口。富穷饱饥，功用不有。陷泥蹶块，常在草野。人不惭愧，利满天下。皮角见用，肩尻莫保。或穿缄縢，或实俎豆。由是观之，物无逾者。不如羸驴，服逐驽马。曲意随势，不择处所。不耕不驾，藿菽自与。腾踏康庄，出入轻举。喜则齐鼻，怒则奋蹄。当道长鸣，闻者惊辟。善识门户，终身不惕。牛虽有功，于己何益？命有好丑，非若能力。慎勿怨尤，以受多福。"柳宗元认为，牛虽身壮力大却吃苦耐劳，耕、种、收、耘无所不作，生尽其劳，死尽其用，却没有自己的私欲，因此牛有"物无逾者"的上善之德。作者进而将羸驴与黄牛做对比，羸驴不耕不作，跟着劣马混吃混喝，坐享其成，狐假虎威，就像社会上那些好吃懒做、投机取巧、偷奸耍滑却飞扬跋扈的人，它们反衬了黄牛的敦厚老实。柳宗元借此文不但鞭挞了官场腐朽的用人制度，也对如老黄牛般的勤劳工作者表达了敬意。最后一句

"慎勿怨尤，以受多福"，表达了作者的态度，认为好人终有好报，君子应素位而行，做好本职工作，保持良好心态，最终接受上天的赐福。

唐朝政治家、画家韩滉的《五牛图》是中国十大传世名画之一，也是流传至今的少数几件唐代纸绢画作品真迹，更是现存最古老的纸本中国画。画中的五头牛从右至左一字排开，或行走，或回头，或直立，或仰头，或吃草，姿态互异，神形兼备，独立成章。韩滉和友人探讨作画题材时曾说，从古至今，农业都是国家发展人民生存的基础，而用于农业的耕牛更是农民的宝贝，所以如果画家能够再细心观察，那么画出牛的特色应该并不是什么难事。他认为历代作家多画虎写龙，绘鸟描凤，很少着墨于牛等家常劳作之物。《五牛图》实际上蕴含着对劳动的歌颂、对勤奋的礼赞、对忠厚的咏叹，是作者独具人文匠心和充满生命关怀的创造，化平凡为神奇，贡献了中国美术史上难得的珍品。

总之，牛文化中蕴含着中华民族生生不息的精神密码。今天，为民服务孺子牛、创新发展拓荒牛、艰苦奋斗老黄牛的"三牛"精神已经成为中国共产党人新时代精神的重要组成，也是全国各族人民为实现中华民族伟大复兴的中国梦而不懈奋斗的生动写照。

三、虫

虫，即昆虫，属于无脊椎动物中的节肢动物。"昆"的本义是众多的意思，昆虫是地球上数量和种类最多、分布最为广泛的动物群体。昆虫对人类的重要性一点儿也不亚于鸟兽。一些昆虫的分泌物，如蚕丝、蜂蜜、染料等是人类衣食的重要原料。许多昆虫可以供人入药和食用。《周礼·天官》载"以五味、五谷、五药养其病"，汉代郑玄注："五药，草木虫石谷也。"昆虫作为药物治病，在我国有2000多年的历史。《神农本草经》列出的虫药有几十种，明代医学家李时珍的《本草纲目》则将虫药种类大大扩充，到目前为止，我国中医的药用昆虫达300多种。

昆虫是维持自然界生态平衡的重要一环，它们不仅是食物链重要的组成部分，而且是大部分有花植物的花粉传播者，还可以分解人和动物的粪便、垃圾，帮助土壤形成肥力以适应耕作等等。昆虫虽然体形微小，但有时也是人类生存的主要竞争者，以蝗虫为代表的"害虫"可使人类的粮食等农产品大量减产，甚至成为人类社会爆发农民起义、改朝换代的灾难性因素。白蚁等可破坏人类的建筑和家具。苍蝇、蚊子、蟑螂、虱子等传播多种人畜疾病。蜈蚣、蝎子、臭虫、马蜂等毒虫也会蜇伤人类。

因为昆虫对于人类健康以及农业有密切的利害关系，中国人很早就观察昆虫、研究昆虫并尝试利用和防范昆虫以趋利避害。比如对蚕的研究使得中国成为世界上最早植桑、养蚕和缫丝的国家。由蚕丝作为原材料的丝绸是中国最早的国际性商品。有人统计，在中国最早的诗歌总集《诗经》中，涉及昆虫的就有40多处，其中包括20多种有名称的昆虫，如螽斯、蟋蟀、蜜蜂、蜉蝣、蚕、螟、螣、蜇等，其中光是与蚕桑有关的就达27篇之多。《周南·螽斯》《召南·草虫》《唐风·蟋蟀》《曹风·蜉蝣》《甫田之什·青蝇》等直接以昆虫为题。《诗经》开昆虫文学之先河。到了魏晋时期，咏虫的诗赋不断出现，如曹植的《蝉赋》《萤火论》、傅玄的《蝉赋》、傅咸的《粘蝉赋》《鸣蜩赋》《青蝇赋》《叩头虫赋》、郭璞的《蜜蜂赋》《蚍蜉赋》等。再到后来，唐诗、宋词、元曲、明清小说中，以昆虫为题材的文学作品就更加丰富多彩了。蝴蝶、蜜蜂、蝉、蚕、萤火虫、蟋蟀、蜻蜓等都是诗词曲中常出现的形象。

在昆虫文学中，人们在以虫喻人、托虫言志的背后，体现的依然是"观鸟兽之文""类万物之情"的哲学思维。我们的祖先从对昆虫的审美中体会大自然的造化神功，试图提炼昆虫的精神，借鉴昆虫身上的优点，获得用以教化社会的资粮，形成可贵的昆虫文化。

首先，人通过昆虫感悟时间进程中的生命迭代。

相比人类及其他哺乳动物，昆虫有着极为迥异的生物学特性。最显著的，一是其体形相对微小，二是其生命周期很短。人看到微小昆虫的朝生暮死，仿佛经历了"上帝视角"下对一个完整生命周期的微观，感受到时间的相对性和生命的短促性，获得的是对生命价值和人生意义的思考。《诗经·曹风·蜉蝣》是其中最有代表性的作品。"蜉蝣之羽，衣裳楚楚。心之忧矣，于我归处。蜉蝣之翼，采采衣服。心之忧矣，于我归息。蜉蝣掘阅，麻衣如雪。心之忧矣，于我归说。"这首诗是对生命时光的咏叹，全诗大意是：啊！柔嫩的蜉蝣刚刚破土而出，轻轻舞动雪白的麻纹衣服。叹其生命短暂我忧郁满怀，到哪里寻找我人生的归宿？作者借蜉蝣这种朝生暮死的小虫写出了脆弱生命拥有的短暂美丽和对于终须面临消亡的困惑。庄子在《逍遥游》中有"朝菌不知晦朔，蟪蛄不知春秋"。王充则在《论衡·变虚篇》中写："人坐楼台之上，察地之蝼蚁，尚不见其体，安能闻其声。"他在《论衡》中还有"萤火之明，掩于日月之光；忠臣之声，蔽于贤君之名"之言，庄子和王充借蝉、蚂蚁、萤火虫对生命的大小长短进行了深入的哲学思考。白居易曾写下"朝生夕俱死，气类各相从"（《秋蝶》），生命终将消亡，各有归宿，不必强求。宋代苏轼则用"寄蜉蝣于天地，渺沧海之一粟，哀吾生之须臾，羡长江之无穷"（《赤壁赋》）表达了一种豁达的人生态度，人在天地间，生命如微虫般短暂，如沧海一粟般渺茫，既然这样，为何不活得乐观旷达一些呢？

从这些诗歌可以看出，昆虫虽渺小但顽强，它们始终对人类进行着至关重要的生命教育、死亡教育、时间教育，启迪着人类的心智，推动着人类哲学的发展。

其次，人通过昆虫感知时节季候的变换流转。

昆虫是季节的使者，是感应节候的小精灵。在文学艺术作品中，人们往往借昆虫来表达时节的流转以及人在其中微妙的情绪变化。如《诗经·豳风·七月》中"五月斯螽动股，六月莎鸡振羽。七月在野，八月在宇，九月在户，十月蟋蟀入我床下"，《礼记·月令》中季夏之月"蟋蟀居壁""腐草为萤"、仲夏之月"蝉始鸣"、孟秋之月"寒蝉鸣"等。西汉《诗纬》中有"立秋促织鸣"，司马光也说过"蟋蟀俟秋吟"。唐代诗人刘方平有名句"今夜偏知春气暖，虫声新透绿窗纱"（《月夜》），诗人见微知著，从细鸣的虫声中感知天气变暖，虫声透过窗纱，透露出春天来临的消息，原本蛰伏的生命开始活动起来，诗句写得生趣横溢。东汉蔡邕有《蝉赋》残篇曰"白露凄其夜降，秋风肃以晨兴。声嘶嗌以沮败，体枯燥以冰凝。虽期运之固然，独潜类乎太阴。要明年之中夏，复长鸣而扬音"（《艺文类聚》九十七《初学记》宋本三十），作者通过蝉的秋鸣表达感时伤逝之情。

再次，人通过昆虫感受自然的精微可爱。

昆虫体现着大自然精微灵动的美。《诗经·卫风·硕人》描写了齐女庄姜出嫁卫庄公的盛况，诗人用"手如柔荑，肤如凝脂；领如蝤蛴，齿如瓠犀，螓首蛾眉。巧笑倩兮，美目盼兮"来形容庄姜的美貌，同时提到好几种昆虫来形容美女的五官。蝤蛴是天牛的幼虫，色白身长，形容庄姜脖颈的丰润白皙。螓是似蝉的一种昆虫，头宽广方正，形容庄姜额头的饱满。蛾眉则是蚕蛾的触角，细长而曲，形容她眉毛细长弯曲。这首诗歌表现出早在先秦时期人们就对昆虫有很独到的审美，善于欣赏它们的精致。

有些昆虫体态轻盈，色彩鲜艳，飞行时舞姿翩翩，就像大自然中可爱的小天使，观之令人赏心悦目，浮想联翩。蝴蝶是最典型的代表，被称作大自然的舞姬、会飞的花朵，是诗歌的宠儿。唐诗宋词中咏蝶之作最多，还有词牌名"蝶恋花"。杜甫有"留连戏蝶时时舞，自在娇莺恰恰啼"（《独步江畔寻花》），李白有"八月蝴蝶来，双飞西园草"（《长干行》），李商隐有"孤蝶小徘徊，翩翩粉翅开。并应伤皎洁，频近雪中来"（《蝶》），陆游有"庭下幽花取次香，飞飞小蝶占年光"（《蝶》）。

蝴蝶还有天人合一、物我两忘的哲学意象。《庄子·齐物论》留下了

"庄周梦蝶"这一美丽而迷幻的传说。有一天，庄周在草地上睡觉，做了一个梦。他在睡梦中觉得自己变成了一只蝴蝶，蝴蝶在空中翩翩然飞舞着，四处游荡，快乐地忘记了自己本来的样子，也忘了自己是由庄周变化而成的。过了一会儿，庄周忽然醒了过来，但是梦境还清晰地印在他的脑海里。他起身看了看自己，又想了想梦中的事情，一时间有些迷惘。他竟然弄不清自己到底是庄周还是蝴蝶了。究竟是他在自己的梦中变成了蝴蝶，还是蝴蝶在它的梦中变成了庄周？竟然分不清哪一个是真的。蝴蝶的可爱仙灵引起了庄周对精神自由的深度向往，愿意与之合而为一。唐代鱼玄机《江行》有"梦为蝴蝶也寻花"，李商隐《锦瑟》有"庄生晓梦迷蝴蝶"，元代王和卿《醉中天·咏大蝴蝶》有"弹破庄周梦，两翅驾东风"，这些诗句都借用了庄周梦蝶的典故。

除了蝴蝶外，蜻蜓也是昆虫中颇具特色的一种，它以身形轻盈、飞行迅捷而著称。元稹有"蜻蜓怜晓露，蛱蝶恋秋花"（《景申秋八百》），刘禹锡有"行到中庭数花朵，蜻蜓飞上玉搔头"（《春词》）。杨万里的"小荷才露尖尖角，早有蜻蜓立上头"则借助娇嫩的小荷花苞，将蜻蜓轻盈精巧的形象美描写到了极致。

最后，人通过昆虫理解人生的价值在于奉献和劳动。

昆虫的生命虽然微小而短暂，可它们的一生却依然精彩纷呈。每个小生命，不论对人类是有益或有害，都在彰显自身的价值，都在为各自种群的繁衍而无私奉献、努力劳动。它们有的至死都在劳作，有的则为集体而牺牲，这就是《三字经》用"蚕吐丝，蜂酿蜜，人不学，不如物"来教育孩子的道理所在。人有七尺之躯，但如果不能为社会做出贡献，那还不如一只微小的昆虫。

自古以来蜂和蚕是人们赞美奉献和劳动精神的重要参照。

中国是世界蚕业的发源地，在古代男耕女织的农业社会经济结构中，桑蚕纺织占有重要的地位。古代在蚕业发达的地区，民间还会有蚕神崇拜。

李商隐有名句"春蚕到死丝方尽，蜡炬成灰泪始干"（《无题》），使得蚕成为无私奉献者的代名词。此外，唐代诗人于濆有"野蚕食青桑，吐丝亦成茧。无功及生人，何异偷饱暖。我愿均尔丝，化为寒者衣"（《野蚕》），宋代戴表元有"物亦有仁者，蚕功不可量。将身甘鼎镬，与世作衣裳"（《咏蚕》），元代王冕有"老蚕欲作茧，吐丝净娟娟。周密已变化，去取随人便"（《蚕作茧》），等等，这些诗借物抒怀，通过小小的蚕来赞美劳动人民的伟大。蜜蜂也是孜孜不倦劳动的楷模。唐代诗人罗隐有"采得百花成蜜后，为谁辛苦为谁甜"（《蜂》），宋代姚勉有"但得蜜成甘众口，一身虽苦又何妨"（《咏蜂》），蜜蜂的勤劳工作和集体主义精神，契合中华文化中己欲立而立人、己欲达而达人的家国情怀，值得世人效仿。

萤火虫在中华文学中有明德慎独的君子意象。晋代傅咸的《萤火赋》用"进不竞于天光兮，退在晦而能明"赞美萤火虫有如贤臣般忠正的品格。李白写有"雨打灯难灭，风吹色更明。若飞天上去，定作月边星"（《咏萤火》），虞世南写有"恐畏无人识，独自暗中明"（《咏萤》），他们通过描写微不足道的萤火虫，歌颂内心光明而独立、在黑暗中依然熠熠生辉的君子人格。

（一）蝉：垂緌饮露，品清操高

蝉，又名知了，是昆虫纲半翅目蝉科动物，生活在温带至热带的沙漠、森林、草原地区，以植物根茎的汁液为食。蝉有独特的生命周期，一生经过卵、幼虫、成虫三个阶段。之所以人们会有蝉生命短暂的错觉，是因为成年蝉仅能存活几个月，但蝉的幼虫阶段能够在土壤中存活几年甚至十几年。它们利用刺吸式口器刺吸植物根部的汁液，削弱树势，使枝梢枯死，影响树木生长。成熟后，钻出土表，爬到树上，然后抓紧树皮，蜕皮羽化，留下蝉蜕。整个过程需要一个小时左右。雄蝉会鸣叫，其发音器在腹肌部，鸣肌每秒能伸缩一万次，鸣声特别响亮。雄蝉每天唱个不停，可以发出多种不同的鸣声，有集合声、求偶声、受惊声。

蝉在中国古代文献中被叫作"蜩"，记载较多。在《诗经·豳风·七月》里有"四月秀葽，五月鸣蜩。八月其获，十月陨萚"，蝉在古代常作为反映社会风气的象征物。《诗经·大雅·荡》中有"文王日咨，咨汝殷商，如蜩如螗，如沸如羹"，用蝉鸣比喻政治昏庸中老百姓痛苦的哀鸣。《小雅·小弁》中则有"菀彼柳斯，鸣蜩嘒嘒"，借鸣蝉来表达诗人的忧愤哀怨。在庄子笔下，蝉是志小、短视的代表。比如在《逍遥游》中，庄子利用蝉体小命短的特征，通过"蜩与学鸠"与鲲鹏的对话，阐释"小知不及大知，小年不及大年""朝菌不知晦朔，蟪蛄不知春秋"的辩证哲学；在"螳螂捕蝉黄雀在后"的寓言故事中，蝉是不明深陷危机，只顾眼前利益的食物链最底端。庄子用"蝉"比喻那些胸无大志、目光短浅之人，蝉似乎是"不善者善人之资"的典型。

其实，蝉在中国古代文化中有更为重要和独立的意象，那就是清高廉洁的儒家君子意象。这一意象与成蝉生命周期短和蝉鸣不止的特征巧妙结合，形成了仕林文人往往借蝉来表达感时伤逝、自我清高和怀才不遇的特殊文化现象。这一意象在战国时期产生萌芽，在魏晋文学得到成熟，对唐诗宋词有很大影响。

1. "蝉"之崇拜："死而复生"的蜕变

由于观察到蝉不断地破土而出，并且能登枝羽化，留下旧的躯壳获得崭新的生命，古人便认为蝉有死而复生、脱胎换骨、生生不息的神奇力量，并且蝉只饮树木的清露，而不食蚊虫或其他不洁之物，因而认为蝉非凡虫，可通灵，甚雅洁，对蝉有极深的生命崇拜，这种"待遇"是其他昆虫都无法比拟的。

在距今约8000年前的新石器时代聚落遗址——兴隆洼文化所出土

的文物中，有一件长3.2厘米、宽1.8厘米，青玉质地的玉蝉，做工十分精巧。在良渚文化遗址以及商代至战国墓葬如殷墟"妇好"墓中也出土了类似的玉蝉。制作玉蝉的工匠以简明的线条在玉上刻画蝉的眼、翅，蝉腹钻有穿孔，用以佩戴或悬挂。同时，在一些出土的玉坠、玉琮上也可见蝉纹作饰。殷墟墓中还曾出土有一面雕蝉、一面雕蛙的结合体实物，推断蝉也是反映生殖崇拜的象征。在汉代，有著名的"八刀蝉"，即用八刀简洁的直线，就雕绘出一件栩栩如生的玉蝉。玉蝉分为佩蝉、冠蝉和琀蝉三种。所谓琀蝉，就是下葬时放入死者口中的葬玉蝉，这在汉墓中比较常见。北朝墓志中也多见关于"蝉"的图腾和文字，如"弈弈修徽，蝉联遐胤，分琼乾芳，别华景振"（《元鉴墓志》），"蝉联"一词的原意便指蝉不断破土而出、蜕变羽化的生生不息之状。总之，古代葬礼中的玉蝉和蝉纹图腾蕴含着古人希望逝者能够起死回生、投胎转世、家族繁衍不息的美好祝愿。"蝉蜕"也是仙家修道之人期盼能脱胎换骨、羽化成仙、获得长生的文化寄托，如班固在《终南山赋》中写道"彭祖宅以蝉蜕，安期繪以延年"，边韶的《老子铭》中也有"道成身化，蝉蜕渡世"，嵇康的《游仙诗》则有"蝉蜕弃秽累，结友家板桐"之句，等等。

2. "蝉"之象征：高风亮节的君子

    战国末期的伟大思想家荀子对蝉洁身自好的特征进行了人格化的发展演绎。他在《荀子·致士篇》中将蝉比喻为贤士君子，对君主与人才的关系进行了分析。他说："人主之患，不在乎不言用贤，而在乎不诚必用贤。夫言用贤者，口也；却贤者，行也；口行相反，而欲贤者之至、不肖者之退也，不亦难乎！夫耀蝉者，务在明其火、振其树而已；火不明，虽振其树，无益也。今人主有明其德者，则天下归之，若蝉之归明火也。"所谓"耀蝉"，是一种捕蝉的方法，即夜晚点燃火把，同时敲打枝叶，因为蝉有趋光特性，惊动蝉使其扑向火光，便可捕捉。荀子的比喻非常高明：天下贤士就如同那趋向光明的蝉，君主虽然嘴上说乐意纳才，但如果自身缺乏贤明的品德，便不会吸引来人才，因而君主要以修身为本。《荀子·大略》曰"饮而不食者，蝉也"，说明蝉有清流的特质，就像那些对财富看得很淡的君子一般。孔子说："士志于道，而耻恶衣恶食者，未足与议也。"(《论语·里仁》) 蝉的特质正好符合少私寡欲、注重内在的君子人格。

西晋文学家陆云作有《寒蝉赋》，将蝉的君子意象推向高峰。"夫头上有緌，则其文也。含气饮露，则其清也；黍稷不享，则其廉也。处不巢居，则其俭也。应候守常，则其信也；加以冠冕，取其容也。君子则其操，可以事君，可以立身，岂非至德之虫哉？"陆云认为蝉具有文、清、廉、俭、信五德，君子借鉴学习蝉的品质，外可治国平天下，内可立身做人。郭璞也认为"虫之精洁，可贵惟蝉。潜蜕弃秽，饮露恒鲜。万物皆化，人胡不然"(《尔雅图赞·释虫·蝉》)。西晋傅玄作《蝉赋》，有"美兹蝉之纯洁兮，禀阴阳之微灵"之句，认为蝉和合阴阳之灵气。其子傅咸作《鸣蜩赋》，有"且明明以在公，唯忠谠之是与；佚履道之坦坦，登高衢以自栖"之句，借蝉歌颂忠诚、廉洁、清高的官德。汉代官员帽子上多有蝉纹，侍中、中常侍等官员的礼帽被称为貂蝉冠，上面特加两种装饰，一是貂尾，二是刻有蝉形花纹的黄金片，合称貂蝉，提醒官员清正廉俭，洁身自好。

唐代诗人虞世南作有著名的五言古诗《蝉》："垂緌饮清露，流响出疏桐。居高声自远，非是借秋风。"他是唐贞观年间画像被悬挂在凌烟阁的二十四勋臣之一，博学多能，名声在外。他与唐太宗谈论历代帝王为政得失，能够直言善谏，唐太宗称他有德行、忠直、博学、文辞、书翰之"五绝"，并赞叹："群臣皆如虞世南，天下何忧不理！"虞世南面对至高的荣誉，刻意用一只不甚起眼的蝉来自比，表达有自知之明之意，却也借助蝉的五德意象亮明自己对官德的看法，那就是"居高声自远，非是借秋风"，即品格高尚的人，并不需要凭借外力而自能声名远扬，他强调士人君子为官，应具有正直清廉的操守，不断提高自己的修养，做到以德配位。

3. "蝉"之伤时：时运不济的君子

古人还塑造暮蝉、残蝉、病蝉等意象，表达对时运不济、仕途蹉跎的哀伤。

暮蝉，即秋蝉。秋天，蝉的生命临近终点，蝉鸣急促而带有撕裂声，似哀号，闻之凄凉。王维有"倚仗柴门外，临风听暮蝉"（《辋川闲居赠裴秀才迪》）之句，表达自己客居异乡和事业未成的愁绪。秋蝉之鸣是悲秋伤怀的经典意象，夹杂着文人对时运不济的慨叹，如罗邺的"才入新秋百感生，就中蝉鸣最堪惊"（《蝉》），贾岛的"病蝉飞不得，向我掌中行。折翼犹能薄，酸吟尚极清"（《病蝉》），柳永的"寒蝉凄切，对长亭晚"（《雨霖铃·寒蝉凄切》）和"残蝉渐绝"（《应天长·残蝉渐绝》），冯延巳的"寒蝉欲报三秋候"（《采桑子·寒蝉欲报三秋候》），陆游的"世间最是蝉堪恨，送尽行人更送秋"（《秋日闻蝉》），等等。

三国时期才高八斗却深陷宫廷政治斗争的曹植曾写下《蝉赋》以自喻处境，他在"实淡泊而寡欲兮，独怡乐而长吟。声皦皦而弥厉兮，似贞士之介心。内含和而弗食兮，与众物而无求。栖高枝而仰首兮，漱朝露之清流"这几句中，借蝉的怡然自乐和高洁淡泊表达自己并无争夺权位之心，后用"黄雀之作害""螳螂之劲斧""蜘蛛之网罟""草虫之袭予"，特别是那"捷于狝猿"的"狡童"等诸多天敌对蝉"围猎"，描写蝉的弱小和可怜，最后以"吟嘶哑以沮败，状枯槁以丧形"表达无法逃脱死亡的悲哀。曹植在赋中利用蝉的遭遇暗示自己受到兄长曹丕的无端猜忌与排斥，多次被流放，亲近之人遭戮，对因政治而身不由己、生不逢时表达最强烈的悲愤，成为文学史上咏蝉之范文。

唐高宗仪凤三年（678 年），刚升为侍御史的骆宾王因上疏论事触忤武则天，遭诬陷，以贪赃罪名下狱。他在幽愤中写下《在狱咏蝉》一诗，诗中说："露重飞难进，风多响易沉。无人信高洁，谁为表予心。"他借秋蝉表达对官场黑暗的控诉和对文人不遇的感慨。在序中，他用一则短而精的骈文对蝉的君子人格大加赞美，曰："每至夕照低阴，秋蝉疏引，发声幽息，有切尝闻，岂人心异于曩时，将虫响悲于前听？嗟乎，声以动容，德以象贤。故洁其身也，禀君子达人之高行；蜕其皮也，有仙都羽化之灵姿。候时而来，顺阴阳之数；应节为变，审藏用之机。有目斯开，不以道昏而昧其视；有翼自薄，不以俗厚而易其真。吟乔树之微风，韵姿天纵；饮高秋之坠露，清畏人知。"作者说，每到傍晚太阳光倾斜，秋蝉鸣唱，发出凄切的声息，悲凉超过先前所闻。难道是心情不同往昔，抑或是虫响比以前听到的更悲？哎呀，蝉声足以感动人，蝉的德行足以象征贤能。所以，它的清廉俭信，可说是秉承君子达人的崇高品德；它蜕皮之后，有羽化登上仙境的美妙身姿。它等待时令而来，遵循自然规律；适应季节变化，洞察隐居和活动的时机。它有眼就瞪得大大的，不因道路昏暗而不明其视；有翼能高飞却自甘淡泊，不因世俗浑浊而改变自己本质。它在高树上临风吟唱，那姿态声韵真是天赐之美，饮用深秋天宇下的露水，洁身自好，深怕为人所知。这首诗作于患难之中，感情充沛，取譬明切，于咏蝉中寄情寓兴，由物到人，由人及物，达到了物我一体的境界，是咏物诗中的名作。

（二）蜂：勤劳不辍，奉献协作

蜜蜂是膜翅目蜜蜂科动物，是人类在自然界中重要的邻居。它们完全以花粉和花蜜为食，在树洞里、屋檐下、墙洞内或大树上筑造大型蜂巢，一窠蜂可多达数千只。蜜蜂是典型的社会性昆虫，由蜂王、雄蜂、工蜂等个体组成，重视种群内部的分工协作。外界蜜源丰富时蜂群将采集回来的花蜜酿制成蜂蜜并储存在蜂巢中，作为以备不时之需的食物。

蜜蜂对人类十分重要，因为它是维护整个生态系统和自然界生物多样性的关键物种，因此联合国将每年5月20日定为世界蜜蜂日。在人类赖以为食的农作物中，很大一部分离不开蜜蜂的授粉。爱因斯坦曾说："如果蜜蜂从地球上消失，人类将只能再存活4年。"蜜蜂也一直为人类提供蜂蜜和蜂蜡。蜂蜜是人类所需的重要营养品，因其中含有丰富的脂肪、果糖和葡萄糖，不仅可以恢复体力，而且能润肠通便。蜂蜜中丰富的微量元素还可以补充人体的电解质，预防骨质疏松。女性喝蜂蜜可以补充雌激素，从而起到延缓衰老、美容养颜的功效。蜂蜡则是人类在工业、农业、医药方面的重要原料。中国养蜂的历史可追溯到春秋时期，据说范蠡曾著经商之书记载养蜂可以致富。

蜜蜂是动物界中勤劳工作和分工合作的典范，由于这两种品质十分契合人类社会发展的精神需要，因此自古以来咏蜂者、借蜂喻人、教人者不在少数。但在中国早期的文字记载中，特别是汉代以前，蜜蜂是作为蜇人毒虫、避之而不及的形象存在的。《诗经·周颂·小毖》有"莫予荓蜂，自求辛螫"，意为"不要轻忽小草和细蜂，受毒被螫才知道烦恼"，《山海经·中山经》记载："缟羝山之首，曰平缝之山。南望伊、洛，东望谷城之山。无草木，无水，多沙石。有神焉，其状如人而二首，名曰骄虫，是为螫虫，实惟蜂蜜之庐，其祠之。"《说文解字》曰："蜂，飞虫螫人者。"在古书中，蜂经常与蛇蝎等毒虫放在一起，如《道德经》有"含德之厚者，比于赤子。蜂虿虺蛇不螫"，《后汉书》有"古人以蜂虿为戒，盖畏此也"。成语"蜂目豺声"出自《左传》，用以形容恶人相貌凶煞，声音可怕。蜜蜂的这一意象实际上也提醒人要小心提防被陷害，注意不要招惹麻烦。汉以后，蜜蜂的形象才逐渐正面起来。

1．为谁辛苦为谁甜

汉代以后，随着养蜂业的发展和蜂蜜的普及家用，蜜蜂的文学形象发生了变化，"勤奋劳作"逐渐代替了"毒刺伤人"的形象。蜜蜂文化意象的转变离不开人们对蜂蜜的喜爱，蜂蜜可佐食、可入药，有营养。《楚辞·招魂》中就有"瑶浆蜜勺"，王充在《论衡》中也有"蜂液为蜜，蜜难益食"。"蜜"字中"虫"指"蜂","宓"则义为"隐匿处","宓"与"虫"联合起来表示"蜂的隐匿处"或"蜂巢"。后来人们用蜂蜜的味道，即"甜甜蜜蜜"表示美好的心情或状态。

蜂蜜得来不易。有数据表明，蜜蜂每酿成一公斤蜜，需要采集200万至500万朵花，平均往返飞行累计约45万公里，而采蜜只是蜜蜂整体工作中关于储备食物的一部分，还有哺育幼蜂、筑巢安家等其他工作，说蜜蜂是动物中的劳模实在一点儿都不为过。

蜜蜂熙熙攘攘、集体采蜜的形象，提醒人们，创造甜蜜而美好的生活不仅需要人们用社会的形式彼此团结起来，形成分工，更离不开勤奋的工作与日常的积累。蜜蜂的特质如果被人格化，正好符合孔子所提倡的"居之无倦，行之以忠"（《论语·颜渊》）、"敏于事而慎于言"（《论语·学而》）以及"志同道合"等观念。《三字经》中有名言"蚕吐丝，蜂酿蜜。人不学，不如物"，借蜜蜂告诫孩子们劳动最光荣，珍惜时间最重要。

在中国一些少数民族，如怒族、彝族、壮族、独龙族、纳西族的历史神话传说中，都有关于蜜蜂的神话传说，如纳西族的《东巴经》、彝族的《阿诗玛》中，人们歌颂蜜蜂的勤劳勇敢，它不仅为人类带来蜂蜜，而且有很强的繁殖力，是受到人们崇拜的"神虫"。云南西部的怒族更是将本民族视为蜜蜂的后代。

诗词文学中有不少咏蜂的佳作。唐代诗人罗隐创作的七言绝句《蜂》，是家喻户晓的经典。其诗曰："不论平地与山尖，无限风光尽被占。采得百花成蜜后，为谁辛苦为谁甜？"这首诗用简练的语言不仅生动描绘了蜜蜂们上上下下、热火朝天的劳动"风光"，更歌颂了蜜蜂无私奉献的利他精神。

有些诗通过描绘蜂蜜的来之不易和甘之如饴来体现蜜蜂的伟大，如杨万里的"蜜蜂不食人间仓，玉露为酒花为粮。作蜜不忙采花忙，蜜成犹带百花香"（《蜂儿》），苏轼的"不如春瓮自生香，蜂为耕耘花作米""君不见南园采花蜂似雨，天教酿酒醉先生"（《蜜酒歌》）。有歌颂蜜蜂勤恳终日的，如宋代连文凤的"群居崖谷间，不食人间食。春风百花场，来往无虚日"（《蜜蜂》）、宋代姚勉的"百花头上选群芳，收拾香腴入洞房。但得蜜成甘众口，一身虽苦又何妨"（《咏蜂》）。有替蜜蜂劳而不获感到委屈的，如唐代白居易的"蚕老茧成不庇身，蜂饥蜜熟属他人。须知年老忧家者，恐是二虫虚苦辛"（《禽虫》）、明代王欣的"采酿春忙小蜜蜂，何消振翅蛰邻童。应愁百卉花时尽，最恨烧烟取蜡翁"（《咏蜂》）、清代王锦的"纷纷穿飞万花间，终生未得半日闲。世人都夸蜜味好，釜底添薪有谁怜"（《咏蜂》）。还有描写蜜蜂寻花智慧和轻盈体态的，如宋代陆游的"来禽海棠相续开，轻狂蛱蝶去还来。山蜂却是有风味，偏采桧花供蜜材"（《见蜂采桧花偶作》）、明代吴承恩的"穿花度柳飞如箭，粘絮寻香似落星。小小微躯能负重，嚣嚣薄翅会乘风"（《咏蜂》）。

当然，借蜜蜂托物言志，鼓舞和感召人们用务实的劳动和无私的奉献创造美好新生活是蜜蜂文学最重要的立意。近代文学家邓拓有《咏蜂》一诗曰："踏遍溪山十二尖，艰难生计不须占。世间多少伤心客，何惜捐输一滴甜？"据说此诗写于1926年，是年仅14岁的邓拓读罗隐的《蜂》有感而作，诗中充满着对近代中华民族面临危亡的忧患，感召世人应努力奋发，为天下苍生的幸福而奋斗。当代诗人葛显庭也作有《咏蜂》一诗曰："三百天来九州跑，南疆北国采花娇。终日酿蜜身心劳，甜蜜人间世人效。"诗人借蜜蜂歌颂新中国成立初期全国上下如火如荼、斗志昂扬的伟大的社会主义建设事业，赞美那些夜以继日、无私奉献的建设者和劳动者。现代作家杨朔在《荔枝蜜》一文中这样称赞蜜蜂："蜜蜂是在酿蜜，又是在酿造生活；不是为自己，而是在为人类酿造最甜的生活。蜜蜂是渺小的，蜜蜂却又多么高尚啊！"

纵观中华文学，蜂蝶经常结伴出现，如"繁杏枝头蜂蝶乱，香风阁坐微闻"（宋·蔡伸《临江仙·繁杏枝头蜂蝶乱》）、"残冬未放春交割，早有黄蜂紫蝶来"（宋·杨万里《腊里立春蜂蝶辈出》）。但是，蜂蝶虽同为授粉昆虫，意象却不同。如果说蝴蝶在文人笔下是花仙子般美丽风韵、如梦如幻的象征，那么平凡朴实的小蜜蜂完全就是在为劳动和奉献而代言。

2. 团结协作的美德

蜂群内部的分工协作最能体现大自然造物的精妙。蜂群一般由三种形态不同、职能不同的个体组成，即蜂王、雄蜂和工蜂组成，它们各自承担不同的责任，成了一个有机的社会整体，被人类称作"蜜蜂王国"。蜂王的职能是产卵，是蜂群的母亲。雄蜂的职能是单纯与蜂王交配，交配后雄蜂就会死亡。工蜂则是蜂群中数量最多的群体，属于繁殖器官发育不完善的雌蜂。一个蜂群中有几千到几万只工蜂，它们按蜂龄有严密的分工，如幼年工蜂主要进行巢内工作，包括保温、扇风、清理巢房、调制蜜粉、饲喂幼虫并进行认巢飞翔。青年工蜂主要负责饲喂小幼虫和蜂王、清理蜂巢、拖弃死蜂或残屑、夯实花粉、酿蜜、筑造巢脾、用蜂胶填补孔隙、守卫蜂巢等工作。壮年工蜂是从事采集的主力工蜂，主要在外部采集花蜜、花粉、树胶、水等。老年工蜂多从事搜寻蜜源、采水等工作。

人们观察到蜜蜂的群体生活，便创造出"蜂起""蜂拥""蜂出""群蜂"等词表达事物的数量之多，如《汉书·艺文志》中有"是以九家之术蜂出并作"[1]。有心思细敏的哲人，通过蜜蜂联想到人类社会的过程，认为分工合作是一个社会发展的客观规律。据说请老子写下《道德经》五千言的函谷关关令尹喜著有《关尹子》一书，其中认为："圣人师蜂，立君臣；师蜘蛛，立网罟；师拱鼠，制礼；师战蚁，置兵。众人师贤人，贤人师圣人，

---

[1]（汉）班固撰，（唐）颜师古注：《汉书》，北京：中华书局，2000年版，第1378页。

圣人师万物。惟圣人同物，所以无我。"[1]这段话写圣人以许多昆虫和动物为师，构建了人类社会的分工，体现了道法自然的哲学。《汉书》中也有："京师虽有武蜂精兵，未有能窥左足而先应者也。"[2]将防卫京师的军队比喻为守卫蜂巢的工蜂。

晋代郭璞著有《蜜蜂赋》，通过描写蜜蜂生活的各种习性特征，提醒人们应当从蜜蜂那里获得启示。他认为："嗟，品物之蠢蠢，惟贞虫之明族。……尔乃察其所安，视其所托。恒据中而虞难，营翠微而结落。应青阳而启户，徽号明于羽族，阍卫固乎管钥。诛戮峻乎铁钺，招征速乎羽檄。集不谋而同期，动不安而齐约。大君以总群民，又协气于零雀。每先驰而葺宇，番岩穴之经略。"[3]郭璞认为，在种类繁杂的自然中，唯有蜜蜂是最为聪明的种族。一是蜜蜂善于择居。蜂群缜密地去侦查安全的所在，看准能生存的地方，选择青山筑家做巢，顺应春天的阳气启开巢门。二是蜜蜂工于戒备。蜜蜂无时无刻不处于戒备中，它的门户像加了锁一般坚固。惩罚入侵强暴者像斧钺般严厉。三是蜜蜂精于组织。其征召速度比鸟类还迅速。集合不用商量就能同时到达，行动无须安排而能整齐划一。四是蜜蜂注重团结。蜂王统率全群蜜蜂，蜂群和睦相处、同心协力地酿制蜂蜜，能够未雨绸缪地经常修葺蜂巢，轮番治理本群所属的岩穴。

总之，蜜蜂是人类师法自然的重要对象。它兼备仁义礼智信多种美德。它们采集花蜜有利世人是谓仁。善于集体行动、不独享花蜜是谓义，清代

---

[1]朱海雷编著:《关尹子·慎子今译》，杭州：浙江大学出版社，2012年版，第31页。

[2]（汉）班固撰，（唐）颜师古注:《汉书》，北京：中华书局，2000年版，第1678页

[3]李凤根:《晋·郭璞〈蜜蜂赋〉校译》，《养蜂科技》1994年第1期，第34页。

学者蓝鼎元在《鹿洲公案·偶记上》中写道"蜂见花不采结尔群，鹿见灵芝不逮鸣其众，占其义"。善于择居和酿蜜是谓智，愿意为集体献出生命是谓信。蜂群协调分工、组织有序，是为礼。蜂群的社会组织和团结协作符合儒家对礼制的追求，如荀子所提倡的"人生不能无群，群而无分则争。争则乱，乱则离，离则弱，弱则不能胜物"(《荀子·王制》)、"礼者，断长续短，损有余，益不足，达爱敬之文，而滋成行义之美者也"(《荀子·礼论》)。蜜蜂精神在任何时代、任何地方都有着重要的价值，在企业文化层面是提倡敬业诚信，在社会文化层面是提倡劳动与协作，在国家文化层面是提倡奉献与务实。正如作家秦牧在《蜜蜂的赞美》中写道："我们尽可把蜜蜂人格化，为它献上一顶桂冠。"

四、瑞

瑞兽，是人类早期动物崇拜发展到某一历史阶段的文化产物，有龙、凤、麒麟、玄武、朱雀、貔貅、金蟾，等等。《礼记·礼运》曰："麟、凤、龟、龙，谓之四灵。"麟为百兽之长，凤为百禽之长，龟为百介之长，龙为百鳞之长。这些瑞兽虽然不客观存在于现实之中，是人们想象中的神兽灵物，但在本质上依然体现的是人"观鸟兽之文"的取法自然的智慧。一方面，龙、凤、麒麟等瑞兽形象是多种禽与兽的综合，体现中华文化"包容和合""美美与共""止于至善"的风格；另一方面，这些瑞兽普遍都有圣贤明君的象征意义。圣贤明君出现，天下太平，大吉大利，反映了中华文化以道德立教、以王道治国的浓厚文化主张。

（一）龙：利见大人，福泽众生

龙是中华民族最重要的精神象征、文化标识和情感纽带。中华民族号称是龙的传人。龙是诸多动物图腾中最为殊胜之物，其完整形象既集合了蛇、鳄、鱼、鲵、猪、马、牛、鹿、熊、鱼等各种动物的某一特点，又融合了雷、电、云、雨、虹、风等自然气象之物。东汉王充在《论衡》中写道"世俗画龙之象，马首蛇尾"。到宋代，画家董羽认为龙"角似鹿、头似牛、眼似虾、嘴似驴、腹似蛇、鳞似鱼、足似凤、须似人、耳似象"。经过历史发展，龙的形象不断发展，日趋成熟和丰满。

总体来看，龙文化大致经历了四个发展阶段。一是创造阶段：作为神兽灵物的图腾；二是发展阶段：作为天道与圣贤的象征；三是升华阶段：作为帝王政权的符号；四是成熟阶段：作为中华民族的精神标识。

1. 神兽灵物的图腾：行云布雨与部落联合

中国是一个农业国，降水关系农业的命脉，龙被认为是可以行云布雨的司水神兽。龙崇拜背后是农耕文明对风调雨顺的渴求。《山海经》记载："蚩尤作兵伐黄帝，黄帝乃令应龙攻之冀州之野。应龙蓄水。"应龙是有翼之龙，曾用蓄水法为黄帝出力战败过蚩尤。应龙后来在道教中成为中斗七宿之神和五星天官之一，主宰天上群星，司掌四季、风雷、雷雨，水神、河伯之属。考古发现商周时期有雕作龙形的玉，名为"珑"，《说文解字·玉部》："珑，祷旱玉，龙纹。"由此可知"珑"是在旱季求雨用的礼器。古有"云腾致雨"之说，《周易》乾卦《文言》有"云从龙，风从虎"之言。在中原地区广泛存在的龙王庙，反映了民间龙文化具有与求雨相关的现实基础。

龙的形象是上古时期部落之间因战争发生兼并和联盟的缩影，是古代"统战"智慧的体现。炎黄部落为了安抚和团结那些被吞并、联合的部落，将这些部落的图腾与本部落已有图腾相结合。闻一多先生曾考证龙的最初原型是蛇图腾，伏羲女娲都是蛇身人首，是以蛇为图腾的部落的祖先。蛇图腾部落在消灭了鹿图腾、鹰图腾等部落后，就把鹿角和鹰爪加在了蛇的身上，随着被兼并部落逐渐增加，便形成了"博采众家"的龙形象。我们看到的龙，正是对古代中原各部落"逐鹿战争"历史的图腾化记事和艺术化具象，而龙复杂形象的背后蕴含着中华文化主张天下一统、和合共生的智慧，是中华民族和文化的一个源头。

2. 圣贤贵人的象征：见龙在田，利见大人

《周易》乾卦取象于龙，刻画了天道"元亨利贞"的基本规律。乾卦的六个爻代表一条龙成长的六个不同阶段——潜龙、见龙、惕龙、跃龙、飞龙、亢龙。在《周易》义理中，龙原是哲人对天道的解释工具，龙的变化就是天道的变化，运用在占筮中，龙成为圣贤与贵人的象征。乾卦爻辞"见龙在田，利见大人"，是指看见龙出现在郊野，便会有圣贤出世，贵人现身，天下太平。南怀瑾先生在《原本大学微言》中认为：四书中《大学》之名原指"大人之学"，而"大人"正是出于《周易》乾卦的"利见大人"。《大学》就是一篇系统介绍"圣贤之学""圣人之道"的文章。由此，人们期待自己的孩子事业有成叫作"望子成龙"，形容人有贵人之相叫"龙眉凤目"，形容高人的神秘莫测叫"神龙见首不见尾"。

《史记·老子韩非列传》中，孔子将老子比喻为龙，这是龙作为圣贤象征的另一出处。孔子前往周都，拜谒老子，向其请教"礼"的学问。老子对孔子说了一番话，大意为："你所说的礼，倡导它的人和骨头都已经腐烂了，只有他的言论还在。况且君子时运来了就驾着车出去做官，生不逢时，就像蓬草一样随风飘转。我听说，善于经商的人把货物隐藏起来，好像什么东西也没有，君子具有高尚的品德，他的容貌谦虚得像愚钝的人。抛弃您的骄气和过多的欲望，抛弃您做作的情态神色和过大的志向，这些对于您自身都是没有好处的。我能告诉您的，就这些罢了。"孔子离去以

后，对弟子们说："鸟，我知道它能飞；鱼，我知道它能游；兽，我知道它能跑。会跑的可以织网捕获它，会游的可制成丝线去钓它，会飞的可以用箭去射它。至于龙，我就不知道该怎么办了，它是驾着风而飞腾升天的。我今天见到的老子，大概就是龙吧！"

在《三国演义》中，罗贯中通过曹操之口，概述了龙的特点："龙能大能小，能升能隐；大则兴云吐雾，小则隐介藏形；升则飞腾于宇宙之间，隐则潜伏于波涛之内。方今春深，龙乘时变。"龙的隐和升，是对"君子穷则独善其身，达则兼济天下"的隐喻。此外，龙是天马的艺术形象，而天马的本质是与中国哲学起源相关的河洛文化。

3．皇权的象征：真龙天子

龙与上古时期的圣王们有扯不断的关系。据记载，中华先祖轩辕黄帝不仅"龙颜有圣德"（《竹书纪年》），而且平时"乘龙扆云"（《大戴礼记·五帝德》），在他辞世升天时，"有龙垂胡髯而下，迎黄帝"（《帝王世纪》）。五帝之一的颛顼"乘龙而至四海"，帝喾则"春夏乘龙"（《大戴礼记·五帝德》）。传说尧的母亲"出以观河，遇赤龙……唵然阴风，而感庆都。孕十四月而生尧于丹陵"（《周易正义》）。据说治水的大禹是其父鲧所化之黄龙，而其在治水中也得到龙的相助，"有神龙，以尾画地，导水所注，当决者因而注之也"（《楚辞补注》）。"禹尽力沟洫，导川夷岳，黄龙曳尾于前，玄龟负青泥于后"（《拾遗记》）。

秦朝开创了中央集权的皇帝制度，龙文化也与皇权开始结合。《史记·秦始皇本纪》记载，秦王政三十六年（公元前211年），一使者赶往咸阳，路经华山脚下，有人奉璧留言，称"今年祖龙死"，后秦始皇一年内果然驾崩。秦始皇是中国历史上第一位皇帝，"祖"是开始之意，所以后来一些史书称秦始皇为"祖龙"。

到了汉初，就出现了"真龙天子"之说。《史记·高祖本纪》记载，刘邦的母亲刘媪曾经在大泽的岸边休息，梦中与神相遇。这时电闪雷鸣，天色昏暗，太公去找刘媪，看见一条蛟龙趴在她的身上。不久之后刘媪有了身孕，产下高祖刘邦。刘邦高鼻梁，额头高高隆起，鬓角和胡须很漂亮，有"龙颜"。其担任泗水亭长时，饮酒醉卧，人见其上方有龙盘旋。

公元前49年，汉宣帝刘询以"黄龙"作为年号，龙成为帝位皇室的专属象征。之后的皇帝都自称为"真龙天子"，为了构建政权合法性，他们即位后乐于撰述自己与龙的种种关系。那些改朝换代的强人，更是如此，如民间流传明太祖朱元璋原本是天上一条黄龙，是玉皇大帝专门派到人间为拯救黎民百姓而来，身边的文臣武将们是天上二十八宿跟随下凡保驾。古代的皇帝着龙袍、坐龙椅、睡龙床、乘龙辇。皇家的陵墓宫殿要建在传统堪舆学（风水）认定的"龙脉"之上。

汉武帝推行"罢黜百家、独尊儒术"统治政策后，在儒家知识分子的推动下，龙的文化精神与帝王制度紧密结合，把龙作为圣贤君子与天道的象征融入皇权统治的制度文化中，借助龙对政治价值取向进行引导，有助于树立作为"真龙天子"的皇帝们的政治责任意识和民本观念，儒家所提倡的内圣外王的政德观也对皇室家族内部自我教育、自我管理和朝廷文物官员的修身为政形成在文化观念层面的一定程度的框塑和监督。

4. 中华民族的精神标识：龙的传人

龙文化发展的第四阶段就是成为中华民族公认的精神标识。1840年，鸦片战争爆发后，西方列强加紧对中国的入侵，原来闭关自守的清王朝同各西方列强的交往日益增多，中国知识分子逐渐认识到国家建构、国家认同和打造集体身份的重要性。在1862年"中英水兵斗殴事件"中，清政府因船只无国旗可悬挂而被英国人讹诈。两江总督曾国藩得知后，组织官员和学者会商，并报朝廷同意，把三角形的黄龙旗作为中国官船的旗子，成为准国旗。后来，担任清政府直隶总督兼北洋大臣的李鸿章在参加同西方列强的谈判、签约等外交活动中，看到西方诸国庄严悬挂国旗，而大清国却陷入无旗可挂的尴尬，深感有失"天朝威仪"。他于 1888 年上奏慈禧太后，请求制定大清朝国旗，经多方征集筛选，最后决定采纳郭嵩焘的建议，使用长方形"黄底蓝龙戏红珠"旗为大清国国旗，并"照会东西洋各国一体知照"。龙旗成为中国几千年以来正统王朝的第一面真正意义上的国旗。

从伏羲、女娲、黄帝、大禹到嬴政、刘邦、朱元璋等，都流传有和龙有关的传说。龙从神灵图腾升华为圣贤君子的象征，再发展为皇权的标志，到近代则成为中华民族集体的身份标识和文化符号，延续至今。对于遍布世界的华人华侨来说，龙就是中华民族血脉和文化的代表，是家的图腾。每逢春节，舞龙也是世界华人社区必不可少的社火项目。龙文化及其蕴含的天道和圣贤精神对团结中华民族、传播中华文化、塑造国家精神具有无与伦比的符号力量。

（二）凤：有凤来仪，鸾凤和鸣

凤是中华民族的文化符号，是中华文明发祥和肇端的重要象征。早在远古图腾时代，凤就被视为神鸟而予以崇拜，是天下太平的吉兆。"凤"的甲骨文和"风"字相同。《禽经》记载："凤禽，鸾类。越人谓之风伯。飞翔，则天大风。"凤是掌管风的神。《左传·昭公十七年》记载，"东夷少昊族以凤鸟氏为历正"，而"历正"是主管天文历法的官员，其重要工作之一是通过观测季风与候鸟的时序以正天时，指导种植业、渔业等生产生活，故有"凤鸟知天时，故以名历正之官"（杜预《春秋左传注疏》）之说。因此，凤文化的源头与明天文、制历法相关。

凤是神话传说中的"百鸟之王"。凤的形象在历史中不断变化发展，基本上是博采众多鸟兽身体特征而集成。最早详细描写凤凰的文献是《山海经》。其中的《南山经》云："丹穴之山，其上多金玉……有鸟焉，其状如鸡，五采而文，名曰凤凰……是鸟也，饮食自然，自歌自舞，见则天下安宁。"《山海经·大荒西经》记载："有五采鸟三名，一曰皇鸟，一曰鸾鸟，一曰凤鸟。"《说文解字》曰："凤，神鸟也。天老曰：凤之象也，鸿前麐后，蛇颈鱼尾，鹳颡鸳思，龙文虎背，燕颔鸡喙，五色备举。出于东方君子之国，翱翔四海之外，过昆仑，饮砥柱，濯羽弱水，莫宿风穴。见则天下大安宁。"《尔雅》郭璞注："鸡头、蛇颈、燕颔、龟背、鱼尾、五彩色，高六尺许。"人们出于对凤鸟的崇拜，对凤的形象不断美化，从最早的五彩颜色发展为复杂而博采众长的神瑞之鸟的形象。

从凤的形象可以看出，虽然它不断地被人赋予神话色彩，获得神鸟瑞鸟的尊贵地位，但本质上依然是自然界中多种禽、兽、鱼的形象集合，这种集合不仅没有脱离"取法自然""观鸟兽之文"的立象而取意的文化生成模式，反而强化了将自然之物人格化的意象，用"凤"的集成性突显禽鸟对人文教化的启迪作用。主要表现在以下两个方面：

1. 凤是圣人的象征

凤凰代表着圣人的降世，有圣人，太平盛世则有希望实现。《论语·子罕》记载："子曰：'凤鸟不至，河不出图，吾已矣夫！'"（孔子哀叹："凤凰不飞来，黄河不出河图，我这辈子算是无望了吧！"）因为凤凰和河图都是圣人王天下、开盛世的祥瑞之兆，所以孔子既感叹自己看不到圣王和太平盛世的出现，也失落于自己的政治学说得不到实践的机会。

在很多典籍中，凤凰与上古的圣王紧密联系在一起，比如舜帝。《尚书·益稷》有"箫韶九成，凤皇来仪"，相传箫韶为舜制的音乐，当箫韶之曲连续演奏达到高潮时，就会招来凤凰也随乐声翩翩起舞。成语"有凤来仪"和《三国演义》中著名的"凤仪亭"皆得名于此。《山海经》不仅有"舜祖句望鸟面人身"，而且记载"有载民之国。帝舜生无淫，降载处，是谓巫羝民。巫羝民盼姓，食谷，不绩不经，服也；不稼不穑，食也。爰有歌舞之鸟，鸾鸟自歌，凤鸟自舞。爰有百兽，相群爰处。百谷所聚"（《山海经·大荒南经》）。后人不断发挥联想。魏文帝曹丕作《秋胡行》曰："尧任舜禹，当复何为？百兽率舞，凤凰来仪。"南朝沈约所编写的《宋书》有《符瑞志》一章备述凤凰等瑞兆与黄帝、少昊、尧帝、舜帝、武王甚至汉光武帝的关系，如"黄帝黄服斋于中宫，坐于玄扈洛水之上，有凤凰集"等语，并引《易传》曰"上下流通圣贤昌，厥应帝德凤凰翔，万民喜乐无咎殃""圣人受命，厥应凤凰下，天子虏"。唐代《法苑珠林》也有故事："舜父夜卧，梦见一凤凰，自名为鸡，口衔米以食己，言鸡为子孙，视之，乃凤凰，以黄帝梦书占之，此子孙当有贵者。"《吕氏春秋·古乐》云："昔黄帝令伶伦作为律。伶伦……听凤凰之鸣，以别十二律。有雄鸣为六，雌鸣亦六。"

《诗经·大雅·卷阿》曰："凤凰于飞，翙翙其羽，亦集爰止。蔼蔼王多吉士，维君子使，媚于天子。凤凰于飞，翙翙其羽，亦傅于天。蔼蔼王多吉人，维君子命，媚于庶人。凤凰鸣矣，于彼高冈。梧桐生矣，于彼朝阳。菶菶萋萋，雍雍喈喈。"这首诗以凤凰为意象，赞美周天子的君子之德以及天下雍容祥和的盛世气象。陕西岐山县有座凤凰山，《竹书纪年》记载："文王梦日月著其身，又鸑鷟鸣于岐山。孟春六旬，五纬聚房。后有凤凰衔书，游文王之都。""鸑鷟"是传说中凤凰的一种，身为黑色或紫色。传说周朝将兴之前，岐山有凤凰栖息鸣叫，人们认为凤凰是由于文王的德政才来的，是周代商的吉兆，同时以凤比喻周文王。这就是"凤鸣岐山"的典故。

凤能够成为圣人的象征，大概有如下原因：

第一，与伏羲氏有关。《帝王世纪》记载"伏羲氏，风姓也"，而"风"与"凤"本是同一字，代表最早通过观察季风、候鸟等天象以制定天文历法与社会制度的中华文明始祖。

第二，与上古时代许多部落的鸟崇拜和部落融合有关。有学者认为，凤凰与龙都是部落氏族融合后共同的图腾。中华始祖中，女娲、盘古、炎帝、黄帝等以龙作为氏族图腾。凤凰则是虞幕、帝喾、舜以及商的部落祖先契的图腾。

第三，凤是集合了诸多美德的至圣化身。凤凰的形象集中多种动物的优势特点，是人们希望它能够完美无缺，成为至德至慧至美的鸟，如人中圣贤。《论衡》曰凤凰"鸟之圣也"，《淮南子》曰"凤凰之翔，至德也。雷霆不作，风雨不兴，川谷不澹，草木不摇"。《诗经·卷阿》云："凤凰之性，非梧桐不栖，非竹石不食。"凤凰的性情高雅至极。《山海经·图赞》说凤凰身上有"五德之文"："首文曰德，翼文曰顺，背文曰义，腹文曰信，膺文曰仁。"晋代郭璞注："凤凰灵鸟，实冠羽群；八象其体，五德其文。附翼来仪，应我圣君。"（《山海经注》）似乎古人钦定德、顺、义、信、仁这些重要的价值观念是来自神鸟凤凰身上图纹的启示。《太平御览》引《庄子》佚文记述老子对孔子的赞美："吾闻南方有鸟，其名为凤。……凤鸟之文，戴圣婴仁，左智右贤。"（《太平御览》）老子以凤喻孔子，赞扬孔子的圣德，而《史记》中孔子则赞老子为龙，老子孔子二圣，以龙凤相应。晋代葛洪在《抱朴子》里，将不同羽色的凤凰与五行、五常相对应，曰"木行为仁，为青凤，头上青，故曰戴仁""金行为义，为白凤，颈白，故曰婴义""火行为礼，为赤凤，背赤，故曰负礼""水行为智，为黑凤，胸黑，故曰向智""土行为信，为黄凤，足下黄，故曰蹈信"。

总的来看，人们将凤凰视为"圣人"的象征，是"仁义礼智信"五德的化身，认为"凤鸟至，则现太平盛世"。这种观念蕴含着中华民族深厚绵长的崇圣崇德的文化信念与"止于至善"的积极进取的人生观设定。凤文化虽源自原始的鸟图腾崇拜，却经历史发展成为圣贤与盛世的文化和意象。从"凤凰于飞，翙翙其羽"的美丽侧影中，我们能够看到中华民族对天人合一的境界追求、对君子人格的强烈崇尚以及可爱质朴的美学想象力和无与伦比的文化创造力。

2. 凤凰是婚姻和合的象征

在中华文化中，自天子以至于庶人，婚姻生活中随处可见凤的身影。中华文化主张"家和万事兴""家齐而后国治，国治而后天下平"（《大学》）、"君子之道，造端乎夫妇，及其至也，察乎天地"（《中庸》）。家庭中良好夫妻关系不仅带来和谐家风，更是社会安定、天下太平的根本。凤凰本是雌雄一对，雄曰凤，雌曰凰。据《左传·庄公二十二年》记载，齐国大夫懿仲想把女儿嫁给避祸于齐的妫氏陈国公子陈完。当时贵族中流行婚配前先行占卜的风气，懿仲的妻子悄悄地为这门尚在酝酿中的姻缘卜了一卦，结果是"吉"，卦辞曰："凤凰于飞，和鸣锵锵。有妫之后，将育于姜。五世其昌，并于正卿。八世之后，莫之与京。"大意是：凤与凰比翼而飞，一唱一答和睦相亲。妫氏的苗裔，要在姜氏的田园里开花落英。一连五世繁荣兴盛，爵禄高登位比正卿。到了第八代以后，还有成为国君之福。懿仲立即决定把女儿嫁给陈完。此后果真如卦辞所预言：陈完的后人在齐国世世荣华，并最终取代姜氏成了齐国国君。从此，"鸾凤和鸣""凤凰于飞""和鸣锵锵""五世其昌"便成为新婚祝吉的贺词，其指夫妻恩爱、家庭和睦、子孙繁盛、家业兴旺。

汉代文学家司马相如作名赋《凤求凰》，其中写道："凤飞翱翔兮，四海求凰。无奈佳人兮，不在东墙"（《凤求凰·其一》）、"凤兮凤兮归故乡，遨游四海求其凰。时未遇兮无所将，何悟今兮升斯堂！……凰兮凰兮从我栖，得托孳尾永为妃。交情通意心和谐，中夜相从知者谁？双翼俱起翻高飞，无感我思使余悲"（《凤求凰·其二》）。传说才子司马相如为追求才女卓文君而作此赋，以"凤求凰"表达自己对卓文君的爱慕之情。他曾在卓家大堂上弹唱此赋，这种直率、大胆的表达方式使得在帘后倾听的卓文君怦然心动，最终赢得才女芳心，两人双双约定连夜私奔。后来卓文君才发现，司马相如原来家徒四壁，可她并不后悔自己的选择，不顾世人的嘲讽，回临邛老家开酒肆，最终使得父亲承认了他们的爱情。后来卓文君作《白头吟》，以一句"愿得一心人，白头不相离"感动司马相如，令两人重归于好。这一段爱情佳话以凤凰为始，对后世青年男女积极勇敢地追求爱情影响极大。在中华文化中，凤凰、鸾凤、双凤都是夫妻配偶的象征。用"凤侣鸾俦""凤友鸾交""凤协鸾和"等成语表现夫妻关系的和谐甜蜜。唐代诗人李商隐的"身无彩凤双飞翼，心有灵犀一点通"（《无题》）将那种深深相爱而又不能长相厮守的恋人的复杂微妙的心态刻画得细致入微、惟妙惟肖，成为千古名句。

1987 年，在湖北省荆门市的战国时期包山二号墓中出土了一件极为浪漫的文物"彩绘凤鸟双联杯"。这件双联杯是先秦时期新婚夫妇行合卺之礼所用的酒杯。杯足雕刻为雏鸟状，凤鸟的双翼雕刻在筒杯前壁，宛若振翅飞翔，还有微微上翘的鸟尾粘接于杯身。更加巧妙的是，杯底用一竹管相通，行礼时夫妇各执一根管子放入杯中，以同饮一杯酒来表示从此开始共同的生活，充满美好的寓意。

到了宋代，"龙凤"文化逐渐成熟。皇帝是"真龙天子"，而凤凰作为一个整体被女性化，成为皇后皇妃地位的象征。龙代表阳刚、坚毅、进取、果敢的一面，凤则代表阴柔、仁慈、宽厚、智慧的一面。凤的政治意涵更加明晰和强化，不仅以"百鸟朝凤"比喻皇后的权力与后宫的秩序，而且以"有凤来仪"象征皇帝的后妃们应"母仪天下"，做"齐家""妇德"的表率。在中华成语中，龙和凤放在一起往往表示和谐圆满的状态，如龙飞凤舞、龙凤呈祥、乘龙配凤、人中龙凤、龙蟠凤翥、龙楼凤池、凤髓龙肝、龙眉凤目、龙章凤彩、龙雏凤种、凤箫龙管、描龙绣凤等等，这些比喻既涉及政治、社会、家庭、个人等不同方面，也涵盖了文学、艺术、音乐等审美领域，"龙凤呈祥"体现了中华文化独有的追求阴阳平衡的审美观念。

（三）麟：太平之符，威而不猛

麒麟是《礼记》所记载的"四灵"（麟、凤、龟、龙）之首。麒麟的形象据《瑞应图》描述为"羊头，狼蹄、圆顶，身有五彩，高一丈二尺"。《京房易传》曰："麟，麕身、牛尾、狼额、马蹄，有五采，腹下黄，高丈二。"相比于龙、凤、龟等其他瑞兽意象，麒麟在史书中有相对严肃的记载，因而具有正统的文化地位。这里主要指《春秋》"西狩获麟"的重要记载、麒麟与孔子的特殊联系、"春秋三传"及儒家经典对相关内容的发展演绎。经过历史的不断沉淀，麒麟文化承载着中华文化特别是儒家关于圣贤之道的精神追求以及对大同世界、天下归仁的美好愿景，麒麟是圣人和君子的化身，是代表中华道德理想的重要图腾。

1. 圣贤的象征：儒家关于使命与理想的情结

《春秋》是中国古代非常重要的一部作品，是儒家典籍"六经"之一，是中国第一部编年体史书，记载着周朝时期鲁国的国史，据说由孔子修订而成。孟子、荀子、司马迁、班固等历代学者认为，《春秋》不仅记录历史，也包含着大量对古代政治思想、政治伦理严肃的讨论，以至于后来出现了很多对《春秋》义理进行解释、阐发的作品，被称为"传"。代表作品是被称为"春秋三传"的《左传》《公羊传》《穀梁传》。

《春秋》这样一部地位显赫的作品，又有一个广为流传的名字叫作"麟经"。这是为何呢？因为《春秋》一书以"十有四年，春，西狩获麟"作为最后一句话而戛然结尾，颇耐人寻味。后来在《春秋三传》《史记·孔子世家》《孔子家语》等书中对"西狩获麟"的故事进行细节的补充，大致是这样的：

鲁哀公十四年（公元前481年）春天，鲁国贵族叔孙氏的车夫钼商在鲁国西边大野泽（今山东菏泽）打猎时，射杀了一头似鹿非鹿、头生一角、尾巴像牛的奇特动物。因为没有人认识这是什么动物，大家担心不太吉利，于是将其尸体弃置在鲁国郊外的路旁。后来叔孙氏也不认得这个动物，于是派人请见多识广的孔子前去辨认。

孔子让学生子贡驾车带他到郊外。在离麒麟还有几步远的地方，孔子就说："好像是麒麟。"再走近一点，进一步断定："就是麒麟！"孔子曾认为麒麟是带来太平祥和的瑞兽，"刳胎杀夭则麒麟不至郊"（《史记·孔子世家》)，即世道若有杀戮暴戾之气则麒麟不至。如今看到麒麟出世却被错当成不祥之物而被人打死。孔子一时感慨万千，哀麒麟曰："孰为来哉？孰为来哉？"反袂拭面，涕沾袍。据《史记》记载，孔子还说："黄河中再不见神龙负八卦图出现，雒水中再不见神龟负书出现，我将要完啦！"当年颜渊去世时，孔子说："天丧予！"（这是上天要灭亡我呀！）子路遇祸时，孔子说："天祝予！"（这是上天诅咒我啊）这次看见麒麟，孔子说："吾道穷矣！"（我的主张到了尽头了！）据说孔子回到家，打开了修订多年的《春秋》，写下"十有四年，春，西狩获麟"后，便将笔扔在地上，从此不再写一个字。这就是唐代诗人李白所写的"希圣如有立，绝笔于获麟"（《古风诗》）的出处。后世在菏泽巨野建有"获麟台"，供人凭吊。

孔子之所以悲痛，因为其一生所追求的就是能够复兴礼乐、推行仁政，使天下太平，但实际情况却是自己如"丧家犬"般四处奔波、颠沛流离，其所主张的得不到当时诸侯的认可。麒麟的出现和死亡一则预示着世道之礼崩乐坏之不可救、不可逆，似乎向孔子宣告其此生使命的完成；二则麒麟的命运与孔子相似，有盛世理想和真才实学却生不逢时，不为所用，反被误解中伤。西狩获麟两年后，孔子去世。东汉何休认为："麟者，太平之符，圣人之类。时得麟而死，此亦天告夫子将没之征。"（《春秋公羊传解诂》）东汉王充在《论衡·指瑞篇》中指出："（孔子）知其不为治平而至，为己道穷而来，望绝心感，故涕泣沾襟。……孔子见麟之获，获而又死，则自比于麟，自谓道绝不复行，将为小人所徯获也。"

孔子与麒麟的故事在后世继续被演绎，晋代王嘉在《拾遗记》中撰有"麒麟于孔家吐玉书"的故事。在曲阜，有一条阙里街，孔子的父亲孔纥与母亲颜徵在仅育有孔孟皮一个男孩，但孟皮患有足疾，不能担当祀事。夫妇俩觉得太遗憾，就一起在尼山祈祷，盼望再生个儿子。一天夜里，忽有一头麒麟踱进阙里。它举止优雅，不慌不忙地从嘴里吐出一方帛，上面还写着文字"水精之子孙，衰周而素王，徵在贤明"，然后离去。过几日，颜氏便怀孕，生下孔丘。民间遂形成"麒麟送子"之说，认为求拜麒麟可以生育得子，并画有"麒麟送子图"，新婚夫妇贴于卧房之中。因人们迷信孔子是天上文曲星下凡，可保佑家中学子金榜题名，故有对联"天上麒麟儿，地上状元郎"。中国民间对聪颖可爱的男孩子也有"麟儿"的美称。

总之，"西狩获麟"的故事，特别是其中孔子对麒麟的崇敬、怜悯和悲叹，使麒麟在中华传统文化中获得了与圣人孔子的特殊关联，成为王充口中"不王之圣"的象征。麒麟在儒家文化视域下不仅代表着对盛世、圣贤、明王的无限期盼，也多多少少蕴含有"圣人之道穷""生不逢时""道之不行矣"的悲剧意象，如先秦《获麟歌》所咏："唐虞世兮麟凤游。今非其时来何求。麟兮麟兮我心忧。"唐代韩愈作《获麟解》曰："角者吾知其为牛，鬣者吾知其为马，犬豕、豺狼、麋鹿，吾知其为犬豕、豺狼、麋鹿。惟麟也，不可知。不可知，则其谓之不祥也亦宜。虽然，麟之出，必有圣人在乎位。麟为圣人出也。圣人者，必知麟，麟之果不为不祥也。又曰：'麟之所以为麟者，以德不以形。'若麟之出，不待圣人，则谓之不祥也亦宜。"韩愈借古喻今，通过对麒麟"祥"与"不祥"之辩，表达了对怀才不遇的怨怼。麒麟是儒家的一种情结，包含着古与今、道与人、理想与现实的矛盾。

2. 君子的象征：威而不猛，仁爱祥和

《公羊传》记载："麟者，仁兽也。"《诗经》中有《周南·麟之趾》一

诗曰："麟之趾，振振公子，于嗟麟兮。麟之定，振振公姓，于嗟麟兮。麟之角，振振公族，于嗟麟兮！"大意是"麒麟脚蹄不踢人，仁厚有为的公子们，你们个个像麒麟！麒麟额头不撞人，仁厚有为的公姓们，你们个个像麒麟！麒麟尖角不伤人，仁厚有为的公族们，你们个个像麒麟！"此诗借麒麟威而不猛的性格来赞美贵族公子的美德。宋代严粲《诗辑》评价此诗曰"有足者宜踶，唯麟之足，可以踶而不踶；有额者宜抵，唯麟之额，可以抵而不抵；有角者宜触，唯麟之角，可以触而不触。"宋代朱熹在《诗集传》中认为："文王后妃德修于身，而子孙宗族皆化于善。故诗人以麟之趾，兴公之子，言麟性仁厚，故其趾亦仁厚。"

麒麟虽身具牛、鹿、狼、马等众兽特征，却无兽性，外表威武却温性和善，恰似君子之德。如《弟子规》言："果仁者，人多畏，言不讳，色不媚。"仁者，是外表严肃端庄，不巧言令色，内在具有"温良恭俭让"的美德的人。古人认为，麒麟有好生之德，"不履生虫、不折生草"（《毛诗草木鸟兽虫鱼疏》），麒麟行为端庄，智慧有礼，"行步中规，折旋中矩，游必择土，翔必有处，……不群不旅，不入陷阱，不入罗网，文章彬彬"[1]。

《说文解字》记载："麒，仁宠也，麋身龙尾一角；麐（麟），牝麒也。"段玉裁注："状如麔，一角，戴肉，设武备而不为害，所以为仁也。"麒麟威而不猛、设武备而不为害的特性十分符合中华文明"以和为贵"的整体气质。秦始皇横扫六合是为了"以战止战"，郑和下西洋是"怀远以德""友善邻邦"。中华文明建长城、强国防，其目的不是对外侵略，而是对内防御，

---

[1]张辑：《广雅》，转引自杜预注，孔颖达疏：《春秋左传正义》，台北：艺文印书馆，2001年版，第1030页。

在对有狼子野心的敌人构成有效威慑的同时，一如既往反对以武力解决问题，主张和谐万邦、世界和平。麒麟威而不猛的文化意象与中华民族和平崛起的战略思想是一脉相承的。

结语

对"天"与"人"关系的认知是中华传统文化中最基本且最核心的观念，涉及中华传统文化本质属性，中国先民的价值取向、精神信仰等。我们在学习中华传统文化的过程中，经常看到"天人合一""格物致知"等说法。它们究竟为何意？如何去理解？我们在践行道德和静养修身时，如何"立心"？如何"诚意正心"？这些都是很基本的问题。传统文化不是无本之木、无源之水，而是有深厚的根脉和清澈的源头，如《中庸》所讲"溥博如天，渊泉如渊"。理解"天"就是我们理解文化的一把钥匙，而"天者，万物之总名也"（郭象《庄子集释》），因此，要学习中华文化，势必首先要锻炼自己对天地山水等自然事物的观察力、感知力，其次要能对自然加以抽象把握，形成一种正面抑或反面的审美意象，付诸情感，进而提炼出有关人生的智慧、义理和精神，从而"观天之道""则天之明""执天之行"，这就是从天文到人文的过程。这样一种学习和体会，是修证"天人合一"的起点，也是"格物致知"的方法。古人说的"读万卷书，行万里路"，《中庸》里说的"鸢飞戾天，鱼跃于渊，言其上下察也""君子之道，造端乎夫妇，及其至也，察乎天地"等，也是讲这个道理。

本书以《周易·系辞下》中伏羲氏创造文化时"仰则观象于天，俯则

256

观法于地，观鸟兽之文与地之宜，近取诸身，远取诸物""以通神明之德，以类万物之情"为纲而纲举目张，分天、地、诸物、鸟兽四章十六个方面五十五个细目进行阐述。我们不能不感佩于传统文化的博大精深、先哲圣贤从文智慧的精妙，不能不向中华先祖们报以"高山仰止"的无限钦敬。

"导论"详细分析了《周易》贲卦的"刚柔交错，天文也；文明以止，人文也。观乎天文，以察时变；观乎人文，以化成天下"。这句话以微言大义展现了中华文明的原生性文化特征，那就是"观天之道""则天之明""执天之行"的师法自然的根本哲学方法和上薄拜神教、下防拜物教的人文主义的道德价值取向。

第一、二章以《周易》"天行健，君子以自强不息""地势坤，君子以厚德载物"为纲领，分析了天与地在中华文化中所具有的精神内涵。"天道"的"刚柔之性"是中华哲学辩证法的起源。"行健之义""生生之德""无言之教"均是中华道德关乎人生勤勉、奋斗不息、学习不止的大纲目；"地道"展现了"仁"的要义，充满为人处世、与人为善的智慧。大地的"势坤之性""载物之德""和合之义"是儒家忠恕之道的源头，也是社会礼仪制度的内核。把握天地之道是知晓人道的根本，自强不息、厚德载物也是中华文化的核心精神。

第三章围绕自然之中与人息息相关的几种常见之物展开论述，分析了水、山、石、木的文学意象和被赋予的人格精神。水是一切生命的源泉，既蕴含着以柔克刚、有容乃大的慧根妙理，也通过川流不息、渊澄取映的动静之态彰显种种自然法则乃至人生哲理。水代表着上善的智慧，是智者的象征；山是仁者的化身，内藏着"知其所止"的人生智慧，也代表着君子穷则独善其身、追求自由宁静的隐士心理，同时也是政权稳固、久不崩弛的象征；石是矿物的总称，有石、玉、金之别。石是淳朴自然、藏愚守拙和文人风骨的象征。玉有君子温润如玉的重要道德意象，是中华文化的符号。金则是圣贤品格与情感至纯至精的象征。木，即植物，是上天赐给人类的珍宝。自古以来，中国人就乐于通过诗歌、绘画、音乐等艺术形式表达对树木花卉的美学情感。梅的谦逊、兰的清雅、竹的高直、菊的豪迈、松的常青、荷的不染，通过赋予这些植物以丰富多彩的人格化意象，中华民族表达了对道德的坚持和对君子的敬仰。除此之外，金木水火土这五行的相生相克也反映着中华文化对宇宙万物规律与联系的深刻探寻和系统总结，是人类智慧的结晶。

第四章论述"观鸟兽之文"。在古人看来，动物不仅是人类在自然界中的邻居伴侣，更是良师益友，动物独特的本领和个性是人类社会可资借鉴的精神财富。鸟中鹤的圣洁、雁的信义，兽中马的忠诚、牛的踏实，虫中蝉的清廉、蜂的勤劳，在中国文学中留下了数之不尽、感人肺腑的赞誉。人们更是集合多种动物的特质，创造出龙、凤、麒麟等瑞兽的形象，表达"止于至善"的完美与和合共生的神圣，更使这些形象成为中华民族的整体图腾和文化符号。

取法自然，以天地为师是中华文化的本色。"中华文明 5000 多年绵延不断、经久不衰，在长期演进过程中，形成了中国人看待世界、看待社会、看待人生的独特价值观体系、文化内涵和精神品质。"[1]

中华文化的基本特点是"天人合一""尊圣崇德""以人为本"，这三点统筹于对人和天地自然的关系的认知中，人在创造文明的过程中，通过系统的观察及运用抽象的思辨，将天、地、水、山、石、玉以及花草树木和鸟兽鱼虫等客观存在物上升为一种文化意象，使其产生独特的审美价值，进而再以道德理性将之升华为一种人格化的精神——一种可用作"观乎人文以化成天下"的社会教育资源。

---

[1] 习近平同志 2019 年 8 月在敦煌研究院座谈时的讲话。

对这种文化现象，我们或称之为"直觉体悟"，或称之为"立象尽意"，或称之为"比德"，又或称之为"格物致知"。现代人往往只崇尚理性思维、科学思维，看不起直觉的智慧，而中华文化恰恰是以直觉的智慧为根基的。在认识世界中，人的直觉是先行的，因为直觉中蕴含着人生俱来、圆满具足、秉承天性的智慧，进而才是理性（理性的表达、理性的创造、理性的教化、理性的总结），落脚点是人和社会发展的根本需要。

师法自然的文化特征，其成因是多元的。它与中华文明其他文化特征和基本文化精神相互作用、相辅相成。

首先是基于地理环境的物质文明。半封闭的相对隔绝的大陆性地域，以黄土高原和华北平原为核心的大面积农耕区，自给自足的小农经济，日出而作日落而息的与自然和谐共处的生活方式，对政治秩序、社会组织力、社会稳定的强大需要，这些使得中华文明重视个人的自我完善，重视伦理道德生活，重视文化教育。如果问中华文化的类型是什么，那就是尊圣贤之道、讲天人合一、重道德修身的伦理型文化。

其次是整体观念。地缘板块的相对完整性、农耕文明靠天吃饭的经济属性、血缘纽带下分工协作的社会属性，塑造了中华文明认为自然界与人是和谐统一的整体观念。《易传》说："知周乎万物，而道济天下。"万物和人一样，都是天生地养而内藏天地之性的。天道人道物道、天性人性物性是相类相通的。如果说"礼"是对天与人、人与人、人与物、人与内心等一切关系的总称谓，那么古人认为"夫礼，天之经也，地之义也，民之行也。天地之经，而民是则之"（《左传》）。人作为万物之灵，要想活得好，过得幸福，必须要了解生命的意义、人生的真谛，破解智慧的密码，但所谓"不识庐山真面目，只缘身在此山中""破山中贼易，破心中贼难"，自我开发、自我启蒙、自我觉悟是很难的，观察天道、揣摩天理、认知天性反倒是一条可行的路径。孟子讲"尽其心者，知其性也，知其性则知天矣"，人性天性内在贯通。宋代张载说："乾称父，坤称母；予兹藐焉，乃混然中处。故天地之塞，吾其体；天地之帅，吾其性。民，吾同胞；物，吾与也。"张载的气本论认为人与万物都是天地所生，由气所构，天地犹如父母，人性物性相通于天性。儒家也好，道家也罢，都认为道德原则和自然规律同出一源，都是"天道"的彰显。当代国学大师楼宇烈先生也指出："人是在向天地万物学习的过程中，才提升出各种各样的道德规范。"[1]

再次是崇圣尊德，重视教化。圣贤智慧开启文明，教育是文明得以存在和延续的基础，此两者是人类与动物的核心区别。我们在一个个鲜活的自然意象中，总能找到圣贤、君子的身影。这都是"以化成天下"这一教育思维的反映。真正的教育，除了将人类已有的知识和劳动生活等技能传给下一代外，更重要的是将民族的哲学观念、道德伦理、人格精神等文化信息传递下去，这些是一个文明所有经验中最重要的部分。哲学观念就像是织布机上的经线，轻易不能改变，也不会改变，只有掌握它，才能获得最经济的效益和最长远的回报，故称之为"经典"。所谓"师者，传道，授业，解惑也"，教育的首要目标就是"传经布道"，使受教者在能够理解的程度内循序渐进，发育健全的心智。古代蒙学经典中的那些义理，使受教者在人生起步阶段就能够学习到那些已经无数前人验证的可靠的核心经验，获得由历史中一代又一代最智慧的人提供给后人的"人生路线图"，从而避免走许多弯路。"圣贤之道"是对这些经验的总称，古代教育于是以学为圣贤为终极的教育目标。

圣贤之道源自天地自然，那么在施加教化的过程中，用天地自然万物作为教学的生动参照、鲜活案例和说理工具也是水到渠成的结果。《中庸》讲"诚则明矣，明则诚矣"，意思是圣人自发至诚从而明白天理，后人因

---

[1]楼宇烈:《中国文化的根本精神》，北京：中华书局，2016年版，第8页。

教而明，继而诚于天性。《中庸》讲"天命之谓性，率性之谓道，修道之谓教"，意思是社会要发展，文明要延续，需要一种持之以恒的教化，而教化需要有一个总支点，所谓万变不离其宗，这个支点就是天地自然。老子说："人法地，地法天，天法道，道法自然。"庄子说："天地与我并生，而万物与我为一。"因此，我们在传统文化典籍，尤其是诗词文学作品中，能够看到大量的托物言志、以物喻人、以物怡情的手法的运用，这些都与尊圣崇德、重视教化的文化特征相关。

最后是以人为本、经世致用。中华文化认为，人不是神，而是社会发展的决定性力量，是一切问题的起点和终点。中华文化重视是经世致用的智慧，而不是玄之又玄的屠龙之术。观察自然，感悟自然，不是以自然为神（尽管文明早期具有一定物崇拜的特征），而是让自然服务于人、教化于人、陶冶人的情操、充实人的道德。"从天文到人文""推天道，明人事"具有逻辑上的必然联系，"天文"中的宇宙之道的密码，由人悟解，更由人阐释和实践，一切文化的最终目的，是为了人的发展以及整体视域中社会的进步、民族的兴盛和文明的繁荣。实用的态度和包容的品格是中华文化几千年绵延不绝的内在韧性所在，是中华文化的优势。钱穆先生言："近百年来，世界人类文化所宗，可说全在欧洲。最近五十年，欧洲文化近于衰落，此下不能再为世界人类文化向往之宗主。所以可说，最近乃是人类文化之衰落期。……以过去世界文化之兴衰大略言之，西方文化一衰则不易再兴，而中国文化则屡仆屡起，故能绵延数千年不断。这可说，因于中国传统文化精神，自古以来即能注意到不违背天，不违背自然，且又能与天命、自然融合一体。我以为此下世界文化之归趋，恐必将以中国传统文化为宗主。"（《中国文化对人类未来可有的贡献》）

作为中华民族伟大复兴道路上的中国人，我们已经走出近代的文化迷雾。近代 100 多年来浴血奋战的民族自救历程和今天祖国大地日新月异、欣欣向荣的蓬勃发展景象，给予今天的中国人更充实的文化自信的底气。我们认真梳理和继承中华传统文化，感受到古圣先贤的伟大和中华道德魅力的强大，就会自然而然地强化对国家的热爱和对中华民族共同体的认同。伟大的时代已然来临，"为天地立心，为生民立命，为往圣继绝学，为万世开太平"是中国人永远的信仰。"文明以止，人文也"，也依然是中华文明永恒的追求。

参考书目：

1. 杨天才、张善文译注:《周易》[M]，北京:中华书局，2011 年版。

2. 杨伯峻译注:《论语译注》[M]，北京:中华书局，2019 年版。

3. 中国国学文化艺术中心编:《道德经》[M]，北京:人民教育出版社，2011 年版。

4. 方勇译注:《庄子》[M]，北京:中华书局，2015 年版。

5. 方勇译注:《孟子》[M]，北京:中华书局，2017 年版。

6. 方勇、李波译注:《荀子》[M]，北京:中华书局，2011 年版。

7. 王国轩译注:《大学 中庸》[M]，北京:中华书局，2016 年版。

8. 汤可敬译注:《说文解字》[M]，北京:中华书局，2018 年版。

9. 管锡华译注:《尔雅》[M]，北京:中华书局，2014 年版。

10. 郭丹译注:《左传》[M]，北京:中华书局，2016 年版。

11. 黄铭、曾亦译注:《春秋公羊传》[M]，北京:中华书局，2016 年版。

12. 黄晖撰:《论衡校释》[M]，北京:中华书局，1990 年版。

13. 王秀梅译注:《诗经》[M]，北京:中华书局，2015 年版。

14. 汤漳平译注:《楚辞》[M]，郑州:中州古籍出版社，2005 年版。

15. 霍松林主编:《辞赋大辞典》[M]，南京:江苏古籍出版社，1996 年版。

16. （汉）司马迁:《史记》[M]，北京:北京联合出版公司，2016 年版。

17. （宋）朱熹:《四书章句集注》[M]，长沙:岳麓书社，2008 年版。

18. 陈成译注:《山海经译注》[M]，上海:上海古籍出版社，2008 年版。

19. 陆永胜译注:《传习录》[M]，北京:中华书局，2021 年版。

20. 马积高:《赋史》[M]，上海:上海古籍出版社，1987 年版。

21. 胡大雷:《〈文选〉诗研究》[M]，西安:世界图书出版西安有限公司,2014 年版。

22. 楼宇烈:《中国文化的根本精神》[M]，北京:中华书局，2016 年版。

23. 冯友兰:《中国哲学简史》[M]，北京:民主与建设出版社，2017年版。

24. 梁漱溟:《中国文化要义》[M]，芜湖:安徽师范大学出版社，2014年版。

25. 余英时:《中国文化史通释》[M]，北京:生活·读书·新知三联书店,2011年版。

26. (晋)张华撰，范宁校证:《博物志校证》[M]，北京:中华书局，1980年版。

27. 朱狄:《原始文化研究》[M]，北京:生活·读书·新知三联书店，1988年版。

28. 李泽厚:《美的历程》[M]，北京:生活·读书·新知三联书店，2014年版。

29. 王逊:《中国美术史》[M]，北京:人民美术出版社，2018年版。

30. 邓晓芒、赵林:《西方哲学史》[M]，北京:高等教育出版社，2005年版。

31. [美]黄仁宇:《中国大历史》[M]，北京:生活·读书·新知三联书店,2008年版。

32. 于阳:《中国政治时钟:三千年来国家治理的周期运动》[M]，北京:当代中国出版社，2016年版。

33. 赵汀阳:《天下的当代性:世界秩序的实践与想象》[M]，北京:中信出版集团，2016年版。

34. 李勇刚:《中国韧性》[M]，北京:新世界出版社，2021年版。

35. 刘哲昕:《我们为什么自信》[M]，北京:学习出版社，2018年版。

36. 杨立华:《中国哲学十五讲》[M]，北京:北京大学出版社，2019年版。

37. 宗白华:《美学散步》[M]，上海:上海人民出版社，2020年版。

后　记

本书审校之际，正值中国共产党第二十次全国代表大会胜利召开。党的二十大报告指出："坚持和发展马克思主义，必须同中华优秀传统文化相结合。……中华优秀传统文化……同科学社会主义价值观主张具有高度契合性。"这样的论断，令人敬服，令人深省，使人心潮澎湃。

中国是一个有着5000多年文明史的国家，这样的国家，必然有着非凡的生存智慧和本领。中华优秀传统文化是中华民族的根和魂，是蕴藏这些智慧本领的遗传基因。在文明曙光时、历史源头处，我们的祖先和圣哲究天人之际、通古今之变、察万物之源，得出一系列治国之道、为人之学和修身之法。这些智慧具有超越地域和时空的价值，令后人取之不尽、用之不竭，造就了中华文明历久弥新、生生不息的强大生命力。

本书内容由我在统一战线教育培训中所讲授的专题课"文化自信的底气：中华优秀传统文化的时代价值"的一个部分扩展而来，本来旨在疏"格物致知"之义，未承想积沙而成塔、众木而成林。我认为，"从天文到人文"的文化建构路径是中华文明与众不同的显著特征，伏羲氏等古圣先贤所开创的这种源头性的思维方法，使得中华文化在流金岁月中呈现出以"经世致用"为基本内涵、以"立象取意"为主要路径、以"以人为本"为价值导向、以"生生不息"为最高境界的诸多人文精神和丰富道德观念，构成了中国人看待世界、看待自然、看待社会、看待人生的"天人合一"的价值体系，形成中华民族共同体的精神本色，必须加强对这一文化标识的研究。

"坚守中华文化立场，提炼展示中华文明的精神标识和文化精髓"，应是每一代炎黄子孙，特别是身处百年未有之大变局的我们这代人，重要而持续的使命任务，因为对中华优秀传统文化的自信是中国人一切底气的根源。我很庆幸在自己步入中年时，能有机会调整人生轨道，系统地学习和研究中华文化并将传播和弘扬它作为自己的职业。我愿意带着"路漫漫其修远兮，吾将上下而求索"的文化使命感和宁静致远的平常心，在这条路上继续不断地前行。

感谢甘肃社会主义学院领导对本书出版的大力支持和帮助；感谢北京时代华文书局诸位编辑老师为本书出版付出的辛勤劳动；感谢我的朋友闫丽红老师在成书过程中给予我的宝贵建议；感谢我的母亲、妻子、岳父、岳母对我无私的关心和鼓励；感谢王永铮、王蒲悦两位小朋友进入我的生命并带给我永恒的温暖和幸福，我愿将这本书作为一份特殊的礼物送给你们！最后，更该感谢此刻正在阅读这些文字的您，感谢缘分如此美好！

王凯

2022 年 10 月 28 日于甘肃兰州继圣私塾